TANZansage für ein lebendiges FrauSEIN

ThereSia W. Nestlang

Für Deine gesunde Weiblichkeit,
für Deine gesunde Männlichkeit,
für Deine GANZheit!

Impressum

ISBN Druck: 978-3-949790-89-8

ISBN E-Book: 978-3-949790-79-9

1. Auflage – Veröffentlicht zum 3. November 2022

Gestaltung Buchcover & grafische Umsetzung durch
Katrin Ochs – www.my-souldesign.com
Coverbild, Autorinnenportraitbild von Danila Amodeo – www.danilamodeo.com
Lektorat durch Nadja Bobik – Lektorat mit Herz
Korrektorat durch Laura Fiala & Isabella Handsteiner

Verlegt durch
CoLibri FairLag, www.colibri-books.de
Colibrij Media UG, Meilinger Weg 16, 82234 Weßling

Druck und Bindung durch
FINIDR, s.r.o., Lípová 1965, 737 01 Český Těšín Tschechische Republik

Die Autorin ist für Reaktionen, Hinweise oder Meinungen dankbar.
Wenden Sie sich diesbezüglich an home@abunDANCER.at.

Möge Dein LebensTANZ mit diesem Buch NOCH schöner werden!

*Playlist**

- **Jetzt** von Irie Révoltés
- **An guten Tagen** von Johannes Oerding
- **Never too late** von Three Days Grace oder
- **Never too late** von Elton John oder
- **Never too late** von Nat Turner Rebellion oder
- **Never too late** von Tiikk
- **Never too late** von Hedley
- **Lieb Dich selbst** von Janin Devi und André Maris
- **Love Myself** von Andy Grammar
- **Unikat** von SDP
- **I Release Control** von Alexa Sunshine Rose
- **Anfassen** von Johannes Oerding
- **Das Gefühl** von Annett Louisan
- **Anpassungsstörung** von Grossstadtgeflüster
- **Solfeggio Frequencies 528 Hz** von Miracle Tones
- **Wie schön Du bist** von Sarah Connor
- **Thoughts in the Rain** von Elm Lake
- **Healing Senses** von Parijat
- **The White Spirit** von Uman
- **Remember** von Omkara
- **Grateful** von Nimesh Patel & Daniel Nahmod
- **Tears Alone (Nagee'sh Twoo')** von Douglas Spotted Eagle

* Mit dem Barcode direkt auf Spotify zu finden.

Speck of Gold von Afterlife

Way Way Back (Acoustic Version) von Lvly, Megan Wofford

Leb' Deine Träume von Luxuslärm

Happy Feelings von After12

Back – Original Mix von Obstinate

Breeze – Original Mix von Cairn

Auf das, was da noch kommt von Max Giesinger & LOTTE

Leichtes Gepäck von Silbermond

My Enemy von CHVRCHES, Matt Berninger

The River von Geoffrey Oryema

La marcheuse von Christine and the Queens

Free Tibet von Highlight Tribe

The Story von Brandi Carlile

Minimum von Charlie Cunningham

Heart of Courage von London Music Works

Andrew's Song von IMAscore

Krigsgaldr von Heilung

Crystallize von Lindsey Stirling

Throwback von Michael Patrick Kelly

Guitaria von Deep Dive Corp.

Inhaltsverzeichnis

Vorwort

„Mensch, lerne tanzen, sonst wissen die Engel nichts mit dir anzufangen.“
(Augustinus Aurelius)

Ich bin in meinem Leben meinem Herzen gefolgt und habe auf mysteriösen Pfaden meinen Weg gefunden, Menschen zu begleiten, die nach irgendetwas auf der Suche sind. Meine Dienstleistung ist es, Menschen zu begleiten, ihren Tanz zu suchen und zu finden.

Auf diesem Weg bin ich ThereSia begegnet und habe gespürt, dass wir uns gegenseitig wunderbar spiegeln. Da war ein Bewegungsdrang von tief im Inneren, ein unstillbarer Durst nach mehr Wissen und ein unermüdlicher Geist + Spirit – alles zu hinterfragen, auf den Kopf zu stellen und neu zu erfinden, um das Bestmögliche daraus zu machen. Eine Schmetterlingsreise mit allen Entwicklungsstadien ist immer wieder präsent.

Als ihre Nia-Ausbilderin durfte ich dabei sein, sie unterstützen und ihr Werkzeuge geben, die dieser tanzenden Frau halfen, die eventuell noch nicht wusste, wie all das Schöne, das sie in sich hat, zum Ausdruck kommen kann. Wir konnten es auf eine spielerische Art herauslocken, Dinge mit Humor nehmen und sehen, dabei schwitzen, lachen und gute Musik hören – was will Frau mehr?

Ich sehe die bereits im Menschen vorhandene Ganzheit von Beginn weg, wenn ich meinen Teilnehmern begegne, und ich gebe dann mein Bestes, damit dieses Potenzial an Kreativität, Heilung und Weisheit zum Vorschein kommen und tiefe Wurzeln und große Flügel bekommen kann.

ThereSia hat diese Wurzeln und Flügel noch viel weiter entwickelt und wachsen lassen, als ich je hätte vorhersehen können! Ich wusste sofort, da steckt etwas ganz Besonderes in dieser Frau – und jetzt tanzend und mitten im Leben steht sie nicht still, sondern ist voll da, lockt immer wieder mehr Schätze aus ihrer persönlichen kreativen Quelle und berührt jeden Menschen, dem sie begegnet, mit dieser unglaublichen Kraft!

Ob es schreiben ist, tanzen, lachen oder Dinge anders zu betrachten – ThereSia findet mit ihrer Einfühlsamkeit, Ehrlichkeit und authentischen Art und Weise die richtigen Worte und Bewegungen, die uns auffangen, reflektieren und dann weiter tanzen lassen. Etwas, das bereichert und Bewunderung für dieses große Geschenk, das wir bekommen haben mit sich bringt: das LEBEN.

Ann Christiansen

VorSPÜRung

Dieses Buch ist nicht als klassisches Sachbuch zum schnellen Durchlesen konzipiert. Es ist ein SPÜRbuch. Es ist ein WIRKbuch. Es ist kein TUNbuch, selbst, wenn sich Frei-Schreib- und Tanzeinladungen darin finden. Es ist ein SEIN-Buch – mit dem Fokus, dass Dein SEIN einmal mehr Raum bekommen darf. Der Blick in meine Kugel... Scherz – in mein Inneres – sagt mir, dass dieses Buch von Frauen gelesen wird, die SEHR gut im TUN sind – vor allem im Tun für ANDERE. Und es sind Frauen, die viel WISSEN, weil sie gewillt sind dazuzulernen. Entsprechend hoch wird die Frustration, wenn keine nachhaltige Veränderung im Leben eintritt. Irgendwann sind diese Frauen dann ausgelaugt, fühlen sich leer. Nur den wenigsten Frauen wird überhaupt Bewunderung zuteil. Und jene, DIE welche bekommen – bei denen löst sich das Gefühl der inneren Leere, der Unzufriedenheit ebenso wenig auf.

Du weißt, wovon ich spreche?
Du fühlst Dich gesehen, erkannt, angesprochen?
Dann ist dieses Buch für DICH!

Dieses Buch lädt Dich nicht zum Rechtschreibfehlersuchen ein. Das „Du" ist im Sinne der Wertschätzung DIR gegenüber bewusst großgeschrieben. All die Worte, Teile von Worten, die sonst GROSSgeschrieben sind, sollen Dir ein Gefühl meiner Stimmmelodie, meiner Betonungen geben. Keinesfalls sind sie dafür gedacht, dass Du Dich angeschrien fühlst. Dass Du aufgrund dessen langsamer liest, ist durchaus FÜR Dich. So bist Du eingeladen, immer wieder kurz innezuhalten, nachzuspüren – gerade bei den Fragen, die ich auf den folgenden Seiten an Dich richte. Sie sind FÜR Dich – selbst, wenn Du Dich möglicherweise unangenehm ertappt fühlst.

All das Wissen, das Du Dir schon angeeignet hast, darf einmal mehr in Dich hineinsickern. Bei all Deinen Erfahrungen und Deinem bisherigen Wunsch, einen mutigen, aktiven Veränderungsschritt zu machen, verstärkt sich das Vertrauen IN Dir und in Dich für DEINEN Weg. Dieses Buch ermöglicht Dir einmal mehr die Lücke vom Wissen, der VerKOPFung hin zur VerKÖRPERung zu schließen. Mögest Du auf diese Weise einmal mehr Sicherheit in Dir finden, aus der heraus Du mit dem Außen neu und anders agierst. Mögen Deine Beziehungen in ihrer Qualität und Dein Erfolg – wie immer Du ihn definierst – genährt und bestärkt sein. Ich glaube fest daran, dass all die Impulse nicht SPÜRlos an Dir vorüberziehen, sondern in bester Absicht für Dich wirken.

Ab jetzt hält neue Leichtigkeit, ein Gefühl von Lebendigkeit Einzug. Deine Fähigkeit mit und im Leben zu tanzen wird angeregt. Du verstärkst sie, sodass es egal ist, welche Musik gerade im Leben spielt.

Dafür ist es weder zu spät, noch bist Du zu alt.

Hast Du Lust auf DEINEN freudvollen LebensTANZ, in dem Du Deiner Weiblichkeit Raum gibst, Deine Beziehungen als nährend erlebst und Dich als erfolgreich anerkennst?

Ganz ohne Tanzsaal, einfach im Alltag bist Du mittels der Anregungen aus diesem Buch in der Lage, Dich zu erSPÜREN. DICH besser kennenzulernen und von alten Konzepten und Mustern zu befreien, um die beste Version Deiner Selbst ins Leben zu tanzen.

Damit dies gelingen kann, haben wundervolle Frauen für dieses Buch geWIRKt und dazu beigetragen – ob durch die Beispiele aus ihren Leben oder die Unterstützung für die Buchbaby-Geburt. Du hältst wahrlich ein WIRKbuch in Händen, das von ganz viel nährender und heilsamer HERZensenergie aufgeladen ist.

Solltest Du nicht ohnehin schon an der Kasse stehen, ist JETZT ein guter Moment dorthin loszustarten und das Buch für Dich oder/und gerne ein paar weitere Frauen zu kaufen. DEIN Beitrag für DEINE Weiblichkeit ist wesentlich für mehr Weiblichkeit in unserer Welt und DAS bringt wertvolle Dominoeffekte mit sich.

JETZT ist die Zeit für DEIN lebendiges Leben.

JETZT ist die Zeit, Deinen LebensTANZ zu beLEBEN.

JETZT ist DEINE Zeit, geliebte Schwester – um es mit den Worten zum ersten Gedicht von Elvira Falkensteiner[1] zu sagen.

1 Elvira´s Poesie leitet auch die anderen Hauptkapiteln ein bzw. finden sich im LebensTANZtrainingsbuch – dem Ergänzungsbuch zu diesem WIRKbuch wieder. Das LebensTANZtrainingsbuch ist das zugehörige NACHwirkbuch.

Geliebte Schwester,

wann hast du aufgehört zu kreiseln, zu tanzen,
auf Seitwegen zu wandeln ohne Ziel?
Wann hast du aufgehört mit den Gezeiten zu fließen?
Wann hast du aufgehört dich zurückzuziehen
und in dir zur Ruhe zu kommen?
Wann hast du aufgehört andere Weiber als Schwestern zu sehen?
Wann hast du aufgehört lustvoll zu stöhnen?
Wann hast du aufgehört dein Becken zu wiegen?
Wann hast du begonnen dich durch die Augen der Männer zu sehen
statt durch deine eigenen?
Wann hast du begonnen dein Strahlen zu verstecken
aus Angst schief angemacht zu werden?
Wann hast du begonnen flach zu atmen
aus Angst vor deinem gewölbten und weichen Bauch?
Wann hast du begonnen dich zurückzuhalten
und deine Gefühlsflut hinter einem Staudamm zu verstecken?
Wann hast du aufgehört Weib zu sein?
Und wann bist du Frau geworden?

TANZansage für ein lebendiges Leben

Egal, welches Leben Du gerade führst – wenn es sich für Dich wie ein Kampf anfühlt, es eine Schwere gibt, die verhindert, dass Du DEIN Leben lebst, hast Du das richtige Buch in Händen, WENN Du daran etwas ändern möchtest.

Der LebensKampf darf zum LebensTANZ werden – sodass Du selbst in Momenten und Situationen, wo Du Dich sehr gefordert fühlst, doch einmal mehr aus DIR heraus motiviert dranbleibst und einen Sinn in dem siehst, was Du tust – wie Du durch Dein Leben tanzt und noch tanzen wirst!

Dazu brauchst Du keine Tanzerfahrung in der wortwörtlichen Bedeutung und doch stehen die Chancen gut, dass Du mit dem und durch das Buch Lust auf Tanzen bekommst – befreit vom Glauben, dass Du das nicht könntest. Tanzen heißt in meiner Welt Dich SELBST, in Deinen eigenen Lebensbewegungen liebevoll wahrzunehmen und zu spüren, was sie mit Dir machen. Indem sich Deine Wahrnehmung im Kontakt mit Dir schärft, bist Du befähigt, bei Bedarf Veränderungen einzuleiten, die Deinem System, Deiner GANZheit guttun. So habe ich es für mich erlebt, erlebe es weiter und gebe genau das weiter – jetzt gerade an Dich!

Stichwort „GANZheit" – ein Wort, das unter anderem als Erklär-Wort für heil, im Sinne von gesund, auftaucht, wenn Du im Internet danach suchst. Entsprechend bist Du eingeladen, Dich einmal mehr gesund zu fühlen, etwas für Deine Gesundheit zu tun, selbst, wenn der Körper noch nicht einmal klagt.

Spüre gerne nach, wenn ich Dich frage:

Wieviel GANZheit lebst Du in Deinem Leben?

Ist GANZheit ein Ziel oder ein Weg für Dich?

Ich kann Dir in jedem Fall versprechen, dass Du so viel mehr kannst und schaffst, als Du vielleicht jetzt noch glaubst. Es gibt einiges, was Du an Dir, für Dich noch entdecken darfst. Auf dieser Buchreise wirst Du neben der Qualität, dass Du Deinen Mann im

Leben stehst, auch Deiner Weiblichkeit einmal mehr mutig Raum geben können. Ich spreche von Deinem Weib-Sein und DAS ist in Wahrheit ein Kompliment.

In all meiner Beschäftigung mit Sprache und KommUNIKATion[2] lade ich Dich gleich jetzt ein, Dich einmal mehr als Weib zu sehen – der Weiblichkeit Raum zu geben, weiblicher zu werden. Im Spiel mit dem Wort Frau zeigt sich mir eine Benachteiligung Deiner Schöpferinnen- und Gestaltkraft. WEIBLICH ist etwas anderes als FRAULICH. Das Wort „fraulich" führt mich zu den Worten „zutraulich", „nachgiebig" und schmälert den Raum für Weiblichkeit. Die Wortwirkung WEIB darf deswegen in seiner positivsten Form für Dich anerkannt und genutzt werden.

Du musst nicht nachgiebiger in Deinem So-Sein als Frau sein. Das magst Du bis jetzt gelebt haben. Auf diese Weise ist Deine INNERE Weiblichkeit geschrumpft und der so entstandene Raum wurde von Deinem inneren Mann eingenommen. Ich sage nicht, dass das schlecht ist, und doch kann es Dir über die Zeit schlecht damit gehen. Das ist vielleicht eben einer der Gründe, die Dich veranlasst haben, zu diesem Buch zu greifen.

Du fragst Dich – möglicherweise mehr unbewusst als bewusst:

„Warum ist das so?"

„Wie kann ich das ändern?"

„Wie kann ich dieses Ungleichgewicht in mir auflösen?"

„Wie kann ich die negativen Auswirkungen auf mein Umfeld unterbrechen?"

Indem Deine Bewusstheit mit den Inhalten der kommenden Seiten angeregt und ausgeweitet wird, weitet sich der Raum in Dir. D.h. Dein innerer Mann muss keinen Platz hergeben. All die Qualitäten und Fähigkeiten, die Du Dir bis jetzt angeeignet hast, BLEIBEN Qualitäten und Fähigkeiten. Du brauchst nichts abgeben, auf nichts verzichten. Du bleibst handlungsfähig. Vielmehr gleichst Du aus, indem neben all Deinem TUN mehr SEINsqualität Einzug hält. Auf diese Weise kommst Du Dir selbst wieder näher UND Deiner Umgebung – OHNE dass Du Dich verlierst, Dich verleugnest.

Ich weiß nicht, wie viele Pausen Du wirklich machst. Wie oft Du Dich hintanstellst. Wie sehr Du Deine Grenzen überschreitest, überschreiten lässt. Ob Du mehr funktionierst als zu funkeln – als Weib mit Deinem SEIN glänzt. In Deinem Leben, Deinem Alltag mag dies einmal mehr, einmal weniger gelingen. In welchem Ausmaß beziehungsweise in

2 Unikat steht für die EinzigARTigkeit und DIE stelle ich in den Fokus meiner Trainings, mit der Absicht, einen gesunden Selbstausdruck zu ermöglichen. Die HALTung ist zentraler als die Worte beziehungsweise ist ART in EinzigARTigkeit groß, da ART im Englischen für Kunst steht und für mich gefühlt einmal mehr diese unerschöpfliche Kreativität, SchöpferInnenkraft ausdrückt. SchöpferInnenkraft ausdrückt, die in jedem von uns enthalten ist.

welcher Bewusstheit? Dem darfst Du Dich auf den Folgeseiten widmen. Glaube mir:

Dein Alltag bietet vielfältige Erfahrungs- und ErSPÜRungsschätze.

Damit hast Du alltäglich die Möglichkeit, Deinen LebensTANZ zu erforschen. Dies gelingt, indem Du in SPÜRbarem Kontakt mit dem bist, was Du tust und WIE es sich für DICH anfühlt.

Noch wirkt die Dysbalance zwischen männlich und weiblich. Die Lösung ist nicht zu denken, dass Du Dich aus dem Leben ausklinken musst. Das ist ein Gedanke, der vielmehr ein Bedürfnis zum Ausdruck bringt:

Dein Bedürfnis nach Weiblichkeit.

Geleitet von dieser inneren Sehnsucht – der Suche nach SEIN, nach Weiblichkeit, nach mehr Weiblichkeit in Dir, mehr Raum für Weiblichkeit – hältst Du nun dieses Buch in Händen. Weiblichkeit, die in ihrer ursprünglichsten Form wahrhaftig für ein SEIN steht – frei von Anforderungen, Ansprüchen, Erledigungen. Weiblichkeit ergibt sich aus einem Öffnen, einem Empfangen – getragen von ganz viel Vertrauen in das Leben und das, was es Dir schenkt. Dieses Vertrauen wiederum stärkt die Hoffnung, dass alles seinen HERZstimmigen[3] Weg findet. Dies versorgt Dich mit Ruhe, in die all die Fülle des Lebens hineinsinkt. Frei von einem Gefühl, etwas dafür tun zu müssen. Frei vom Bedürfnis nach Kontrolle, vom Wissen-Müssen, was die Zukunft bringt.

Wie klingen diese Worte in Dir?
Was schwingt in Dir nach?
Spürst Du die Möglichkeit für noch mehr Lebendigkeit in Dir und für Dich?
Offenbart sich Dir einmal mehr, dass Du noch gar nicht DEIN Leben lebst?

Im bisherigen Verkennen und gelernten EINgepasst-Sein in die Gesellschaft fühlst Du das Leben natürlich als EINbahn, als Sackgasse, wie eine Gefangenschaft. Das heißt nicht, dass Du nichts dagegen TUST, und doch geht es ja einmal mehr darum, aus der Noch-mehr-Tun-Schleife auszubrechen. Es ist sonst wie ein Karussell, das stetig Bewegung vorgaukelt, ohne dass weib[4] vom Fleck kommt. Unter diesem Blickwinkel erscheint das Deinen-Mann-STEHEN sicherlich mehr und mehr unattraktiv, oder?

3 Dem Herzen entsprechende und in Anbindung an Deinen Körper fühl- und spürbar gute Entscheidungen für DICH zu treffen beziehungsweise Handlungen für DICH zu setzen
4 Wenn es um Weiblichkeit geht und Du als FRAU angesprochen werden sollst, verwende ich weib statt man.

Dich gegen Deine männlichen Qualitäten zu wehren, macht jedoch ebenso wenig Sinn. Selbstkritik und Selbstgeißelung sind nicht dienlich – verstärken sogar die Karussell-Dynamik. Es ist an der Zeit, dass Du aus dem schwindelbringenden Karussell aussteigst, Erfolg UND Beziehungsqualität lebst – auf eine Art und Weise, die im Einklang mit DEINEM So-SEIN ist.

Mit Deinem So-SEIN! Diese TANZansage braucht es für Dein lebendiges Leben!

Noch erlebst Du Dich vielleicht in dieser Schleife, in der Du Dich – durchaus unbewusst – an der Bestätigung durch andere nährst beziehungsweise nähren willst oder wo es Dir darum geht, Dich in Deiner Wertigkeit zu erleben.

Es ist dieser innere Ruf nach einem Ausgleich zwischen männlich und weiblich, der laut geworden ist. Ein innerer Ruf, der nicht SPÜRlos an Dir vorbeigeht – vor allem, wenn das Ungleichgewicht größer und größer geworden ist. Dieser unangenehme, immer hörbarer werdende innere Aufschrei ist DEIN BeWEGgrund, der Dich wiederholt veranlasst, Bücher zu lesen, Seminare, Ausbildungen zu besuchen, vielleicht einen Coach, eine Beraterin an Deine Seite zu holen.

Manchmal ist genau DAS, dieses stetige Bemühen und dieser Weg der Selbst-optimierung, die Ursache für Deine verstärkte Frustration und Dein Gefühl von Sinnlosigkeit. Aus meiner eigenen Beratungs- und Trainerinnenerfahrung weiß ich, dass dieses Gefühl mehrere Gründe und Ursachen haben kann. Diese greife ich in diesem Buch auf, um Dich zu unterstützen, für Dich diese Brücke zu schlagen, sodass es WIRK-lich, wirklich[5] für Dich möglich wird, DEIN lebendiges Leben zu tanzen!

Es ist an der Zeit, unbewusste Ausgleichsstrategien aufzudecken, um von der ungesunden und unnatürlichen Einpassung zu einer gesunden und NATÜRLICHEN Anpassungsfähigkeit zu kommen. Für das eine Weib mag das bedeuten, sich einmal mehr Urlaubsinseln im Alltag zu ermöglichen, anstatt zu glauben, einzig und allein in EINEM Urlaub die Ruhe finden zu können. Eine Ruhe, die sie sich das ganze Jahr über wünscht. Eine Ruhe, die über das ganze Jahr hinweg greifbar IST. Für das andere Weib mag es bedeuten anzuerkennen, dass vermeintliches Nichts-Tun dem Tun dienlich ist. Es heißt anzunehmen, dass InSPIRITion im Sinne einer aktivierenden Stimulation des eigenen Geistes, des eigenen SEINs ein HERZstimmigeres Tun ermöglicht. Eine Stimulation, die Du durch Lesen, Tanzen, Schreiben, Anhören (etwa eines Liedes), Bewegung etc.

5 Und Nein – das ist KEIN Rechtschreibfehler, sondern der Hinweis auf das WIRKEN, das betont wird.

anregen kannst. Ob Ruhe oder InSPIRITion – beide Zugänge sind Öffner für Weiblichkeit, Öffner für und in Dein INNERES. Gehen wir davon aus, dass das Ungleichgewicht zwischen weiblich und männlich im INNEREN herrscht, packen wir das Thema auf diese Weise an der Wurzel.

So einfach das klingt, so fordernd kann das Integrieren, das Wandeln, das Finden dieses Ausgleichs sein, da es gerade an der gesunden Verwurzelung fehlt. Was immer in Deinem Leben passiert ist: Dein System hat versucht, bestmöglich zu wachsen. Welche Gewohnheiten auch immer Du entwickelst hast, sie dienten vor allem Deinem Überleben und in manchen Fällen der Kompensation dieser ungesunden Basis. Diese Gewohnheiten wirken – im Positiven und im Negativen.

Was heißt das konkret?

Im INNEREN kommt diese Form der Dysbalance einer Untreue Dir selbst gegenüber gleich. Im AUSSEN führt der Versuch der Angleichung zu ungesunden symbiotischen Beziehungen und Abhängigkeiten. Dort, wo die Übereinstimmung im Inneren fehlt, soll das Außen herhalten, zur Bestätigung, dass weib richtig ist. Was immer in Deiner DNA, Deiner Ursprungsprogrammierung für Dich vorgesehen ist, steht leider im Widerspruch zu angelernten Glaubenssätzen. Glaubenssätze sind in Sprache gefasste Grundlagen der Nicht-/Handlungen eines Menschen – je nachdem, welche Wahrheiten Mensch glauben gelernt hat, wirken diese förderlich oder hindernd in Bezug auf den gesunden Selbstausdruck. Auch, wenn diese unbewusst sind, WIRKEN sie. Selbst, wenn Du GLAUBST, dass Du Dir selbst treu bist, erlebt Dein inneres System das manchmal anders. Diese Dysbalance gilt es entsprechend im INNEREN aufzulösen. Die gelebte Praxis ist zumeist eine andere, nämlich der Versuch, diese über das Außen, über andere Menschen und deren Zuspruch zu regulieren.

In einer Leistungsgesellschaft ergibt sich diese erhoffte Bestätigung, indem Du aktiv bist und handelst. In einer NOCH sehr geschätzten Leistungsgesellschaft wurdest Du zu einer Leistungsbringerin, die stark nach dem Motto zu leben gelernt hat[6]:

„Geht es den anderen gut, geht es mir gut!“

Dieses Motto könnte in seiner Tiefe gleichsam für Dich bedeuten:

„Wenn die anderen zuerst versorgt sind, bin ich sicherer!“

6 Ich bin zuversichtlich, dass sich das ändert – ob in dieser, in späteren Generationen – die Zukunft wird es zeigen.

Spüre gerne in diese beiden Aussagen hinein.
Geht etwas in Dir in Resonanz?
Wird etwas TIEF in Dir bewegt?

Die SELBSTbestimmung, von der wir so gerne glauben, dass sie unsere Entscheidungen leitet, ist vielfach überlagert von Fremdbestimmung. Daran haben wir Menschen uns gewöhnt. Entsprechend wird Fremdbestimmung als SELBSTbestimmung interpretiert. Weib verliert den Kontakt, die Beziehung mit sich selbst – eine Basis, die es braucht, um wahrhaftig freud- und friedvoll durch das Leben zu tanzen.

Mit diesem Buch bist Du eingeladen, Dir selbst einmal näher zu kommen, die Beziehungsqualität mit Dir als Basis für Beziehungsqualität mit anderen zu erfahren und den Begriff des Erfolgs für Dich neu und aus DIR heraus zu definieren.

Werde einmal mehr DIE, als die Du gedacht bist!

Nimm Dir einmal MEHR Raum, lade die Weiblichkeit ein und erSPÜRe, wie Du letztlich DEIN Leben genießt und meisterst. Erlebe Dich einmal mehr eingebunden in eine nährende Umgebung, die sich wie von selbst ergibt. Dann, wenn Du aufhörst, Dich als Bonsai-Baum zu sehen, und erkennst, dass Du eine riesige Eiche bist, die weiter nach oben und unten wachsen will.[7]

In keinem Fall ist es zu spät!

7 Finde gerne Dein eigenes Vergleichsbild, für den Fall, dass Du etwas gegen Bonsais und Eichen hast.

Bist du bereit

Bist du bereit dir zu begegnen ohne dir auszuweichen?
Kannst du bei dir bleiben in deiner größten Not?
Kannst du all die tausend guten Gründe,
warum es sinnvoll ist zu fliehen, einfach beobachten,
ohne im Außen aktiv zu werden?
Kannst du deine tiefe Sehnsucht nach dir selbst spüren
und gleichzeitig deine Angst davor?
Ich bin während der Raunächte durch einen tiefen Prozess gegangen,
der mich mit meinem stärksten Notprogramm konfrontiert hat.
Ich bin mein Leben lang vor Intimität und Nähe davongelaufen
und hab es auf meine Partner geschoben.
Ich hatte tausend gute Gründe, warum ich gehen muss.
Und ich habe diesen Gründen geglaubt.
Dabei habe ich mich immer nur selbst verlassen.
Ich bin vor der Nähe zu mir selbst geflohen.
Ich bin vor meiner Einsamkeit geflohen.
Ich bin vor der Liebe geflohen.
Ich bin vor dem Schmerz geflohen.
Ich habe gekämpft.
Hauptsächlich gegen mich selbst.
Das zu spüren und ganz zu mir zu nehmen war die grauenvollste
und zugleich heilsamste Erfahrung.

Jetzt ist es gut.
Ich bin in Frieden.
Ich sehe alles von mir.
Ich zeige alles von mir.
Ich lasse mich da sein.
Ich bin anWESENd.
Bist du bereit für deine dunkelste Stunde?
Ich begleite dich.
Ich halte deine Hand.
Ich bin da.
Lass uns gemeinsam ein neues Miteinander kreieren.
Zwischen Mann und Weib.
Es beginnt mit dir.

Weil es NICHT zu spät ist!

Voranstellen möchte ich, dass ich wiederholt – mit mir selbst und mit meinen KlientInnen[8] – erfahre, dass es nicht darum geht, alle Äußerlichkeiten zu verändern. Es ist nicht der neue Job, der neue Partner, die neue Wohnung, das neue Auto, wodurch sich zwingend etwas verändert – ausgehend davon, dass wir uns jeweils immer selbst mitnehmen. Dabei handelt es sich um Äußerlichkeiten, Oberflächlichkeiten, die nichts darüber aussagen, WIE es sich im Inneren der Betroffenen anfühlt.

NUR DU weißt, WIE sich DEIN Leben für DICH anfühlt. Ob Du Dich lebendig oder tot fühlst.

NICHT EINMAL fühlte sich jemand berührt, wenn ich feststellte, dass Menschen innerlich tot sind, aber eben nicht tot genug, um begraben zu werden. So lange Dich diese Aussage noch berührt, bist Du wohl bereit, Dein Leben lebendig zu leben!

Natürlich könnte ich auch sagen: So lange Dich diese Aussage noch berührt, bist Du nicht bereit zu sterben! Aber GANZ ehrlich – Du BIST eingeladen zum Sterben – nicht Du als Mensch, sondern all das, was Dir im Weg steht, um GANZ Mensch, ganz DU zu sein, darf sterben.

Ich weiß natürlich nicht, welche Konzepte, Ideen, Gedanken, Konstrukte und Systeme Du abgekauft hast, was immer Du bisher gelernt hast, wie immer Deine Programmierung aussieht. Aber glaube mir: selbst für Dich als Mensch gibt es eine Art Reset. Eine Zurückführung zu Deiner DNA, Deinem Blueprint, Deiner Seelenessenz – befreit von all den Glaubenssätzen, die Dein wahres Sein in Deiner Essenz verhindern. Ein Reset ermöglicht einmal mehr, DEIN Leben zu leben – mit allem, was DICH ausmacht.

8 KlientInnen, die ich wie TrainingspartnerInnen sehe, die keinesfalls unterlegen sind, sondern Aktivierungsunterstützung annehmen – und JA, ich arbeite vor allem mit Frauen, aber nicht nur.

DEM Raum zu geben – darum geht es. Und keine Angst – es geht nicht darum, Deine Erinnerungen und Erfahrungen, Deine guten Qualitäten und Fähigkeiten zu löschen. Es geht vielmehr um einen veränderten Umgang mit dem, was aus dem Außen auf Dich zugekommen ist beziehungsweise noch zukommt – indem Du stärker IN Dir verankert bist. Es geht um mehr als nur um das weibliche und männliche Prinzip. Und doch brauchst Du Deine weibliche Schöpferinnenkraft, um Dich SELBST einmal mehr ins Leben zu gebären. Glaube mir – indem Deine Weiblichkeit wächst, nährst Du gleichsam Dein Männliches und Du wirst nicht weniger aktiv sein. Deine Leistungsvitalität steigert sich. Die Freude, mit der Du die Dinge tust, wächst. All das lässt Dich am Ende des Tages weniger ausgelaugt und attraktiver auf Dich und andere wirken.

DAS wiederum klingt doch nach einem erstrebenswerten Lebensgefühl, oder?

Diese Aussicht verschafft Dir hoffentlich ein Gefühl von Machbarkeit in kürzerer Zeit. Sei Dir bewusst, dass Du Dich gerade diesem Lebensgefühl, DEINEM LebensTANZ näherst. Schrittchen für Schrittchen ist ALLES möglich, was für DICH wertvoll und wichtig erscheint.

Das erinnert mich an ein Interview in meinem Onlinekongress „Lebendigkeitsqualität“. Im Gespräch mit Hanna Fiedler, die ihren dementen Mann begleitet hat, zogen wir beide das Resümee, dass es nie um LebensQUANTITÄT geht, sondern um LebensQUALITÄT. Nicht die Jahre, die wir leben, machen den SPÜRbaren Unterschied für uns, sondern WIE wir diese Zeit empfinden, erleben, genießen und bewusst wahrnehmen.

Allein das bewusste Wahrnehmen ist bereits das Gegenstück zur Illusion, dass uns die Zeit davonrennt. Es sind unsere Gedanken, die uns aus der JETZT-Zeit herauswerfen, es ist das Einwirken von daraus entstehenden Emotionen aus der Vergangenheit. Und es sind die Ängste und Sorgen in Bezug auf die Zukunft, die uns gefühlt in einer Dauerkrise halten.

Das klingt übertrieben?

Naja. Ausgehend davon, dass eine Krise sich als Phase erklärt, in der das Alte nicht mehr ist und gleichsam das Neue noch nicht sicher ist, birgt sich in jedem MOMENT Krisenpotenzial. In jedem Moment, in dem Du NICHT im Hier und Jetzt bist. Und ja, mir ist klar, dass es nicht 24 Stunden am Tag gelingt, im Hier und Jetzt zu sein. Darum geht es nicht. Es geht vielmehr um das Sterbenlassen von Bewertungen und Kategorisierungen, die verhindern, dass wir das, was wir erleben, einmal mehr unvoreingenommen erleben.

Wie anders ist es, jeden einzelnen Moment als einen NEUEN Moment zu empfangen, sozusagen als „frisch-in-den-Moment-geboren"?

In meiner Welt spreche ich gerne vom „Beginner's mind", der sogenannten Haltung des Anfängers, übernommen aus dem Zen-Buddhismus. Sie ist ein wahres Goldstück für unsere westliche Gesellschaft, übrigens auch deshalb, weil sie wirklich selten zu finden ist. ☺

Wie viele Menschen kennst DU, die wahrlich unvoreingenommen sind?
Bist Du völlig unvoreingenommen?

Deine Unvoreingenommenheit nährt das Feld von Unvoreingenommenheit!

Wenn ich vom Feld der Unvoreingenommenheit spreche, meine ich die Gesamtheit an Unvoreingenommenheit, die es auf der Welt gibt. Entsprechend wertvoll ist Deine Unvoreingenommenheit. Die Haltung des Beginner's mind nährt und ermöglicht diese Unvoreingenommenheit. Es ist diese Offenheit, mit der Du MEHR aus diesem Buch mitnimmst und in Deinem Leben fühlst und spürst. Diese Haltung, Anregungen und Übungen aufzugreifen, ist SEHR zu empfehlen. Sie wirken folglich in Dein Leben ein – im positivsten Sinne des Lebens.

Unter der Prämisse,

Was sein darf, kann sich verändern!

wirst Du Dein Denken, Dein Fühlen, Dein Spüren bewusster wahrnehmen und erkennen. In der Folge ergibt sich wie durch Zauberhand eine Veränderung, die FÜR Dich ist, ohne dass Du dafür viel tun müsstest, geschweige denn Dich hetzen. Das Hetzen endet, wenn Du Dich vom Konzept Zeit löst. Zeit ist ein Konzept, das Du abgekauft hast als etwas, von dem Du zu wenig hast, als etwas, das Dich antreibt, als etwas...

Vielleicht magst Du diesen begonnenen Satz für Dich in Gedanken oder Frei-Schreibend[9] fortsetzen:

Zeit ist ein Konzept, das ich abgekauft habe als etwas, von dem ich zu wenig habe, als etwas, das mich antreibt, als etwas...

Glaube mir – diese Auseinandersetzung damit, welches Konzept Du WIE in Dir hast, ist schon der erste Schritt, um das Neue, Andere einzuleiten. Fünf Minuten FreiSchreibZeit reichen und sind durchaus erkenntnisreich.

9 FreiSchreiben heißt Raum geben für ein Schreiben mit einer großen Erlaubnis für ALL das, was da IST.

Greife diese FreiSchreib-Einladung gerne gleich jetzt auf.

Gerne wiederhole ich mich – frei von einem schlechten Gefühl, dass ich Deine Zeit stehle:

Was sein darf, kann sich verändern!

♥ In meiner Welt hat sich mit meinem täglichen Schreiben[10] viel verändert. Indem ich mir FreiSchreibend selbst nähergekommen bin, mich selbst mit meinen Gefühlen, meinen Bedürfnissen kennengelernt habe, indem ich ihnen Raum gab – zuerst auf dem Papier und in weiterer Folge im Alltag – wurde ich wieder mehr zur aktiven Gestalterin meines Lebens. Bis dato – wir schreiben 2022 und acht Jahre täglicher Schreibpraxis liegen hinter mir – kann ich es noch immer an EINER Hand abzählen, wie oft ich meine Morgenseiten, mein geistiges Zähneputzen in Form von FreiSchreiben, NICHT geschrieben habe. Dieses tägliche 30-Minuten-früher-Aufstehen war und ist es wahrlich wert, selbst für mich als Nachteule. Sogar in den Anfangszeiten, als meine Tochter noch sehr klein war und Schlaf gefühlt ohnehin zu wenig gegeben war, war es das wert!

JETZT frage ich Dich:
WAS ist gerade da?
Spürst Du Lust, Motivation zum FreiSchreiben?
Zeigt sich Frustration, weil Du das Buch von Julia Cameron, ihr Programm kennst und es nicht umgesetzt hast?
Ärgerst Du Dich, dass Du an einem Dir-Gutes-Tun NICHT drangeblieben bist?
Denkst Du gerade „NEIN, ich mag nicht schon wieder etwas tun!"?
Möchtest Du mehr darüber wissen, WIE das gelingen kann?

Ob Dich diese Zeilen motivieren, ärgern, stressen oder Du weiter, immer wieder (denn Tiefs kommen) offen für Möglichkeiten bleibst – in diesem Fall die Möglichkeit des FreiSchreibens -, wird sich an Deiner gelebten Praxis des Beginner's mind zeigen.

Offen SEIN steht wiederum für das Weibliche, und ja – es braucht dafür ein gewisses Vertrauen und Zuversicht ins Leben. Mit dem Beginner's mind kannst Du Dich achtsam und vorsichtig in Deiner natürlichen Zeit an DAS herantasten, was sich für Dich an Möglichkeiten ergibt, und Dein Vertrauen, Deine Zuversicht durch Mini-Schritte aufbauen!

10 Seit 29.3.14 – dem Tag, an dem ich mit dem 12-Wochen-Programm von Julia Camerons „Weg des Künstlers" begonnen habe.

Sei Dir bewusst:

Es sind die Schritte, die Dich voranbringen – so klein sie auch sein mögen.

Und diese Schritte dürfen sich GUT anfühlen. Es sind Schritte, die von Liebe angereichert sind – Liebe zu Dir selbst. Es gibt so wertvolle SelbstLIEBE- und SelbstFÜRsorge-Möglichkeiten. Du kennst sicherlich einige. Du weißt, was Dir guttut, und obwohl Du es weißt, fehlt es vielleicht an der Umsetzung. Ob es WIRKlich, wirklich an der fehlenden Zeit liegt?

Ich frage Dich: Ist es WIRKlich, wirklich aufgrund von Zeitmangel?

Woran liegt es?

Du findest die Antworten IN Dir!

Aus meiner Erfahrung weiß ich, dass sich hinter der Zeitthematik meist die Angst vor dem Unaufhaltbaren, vor der Veränderung verbirgt. Entsprechend wirkt diese Angst wie ein Verbot – ein Verbot Du SELBST zu sein. Wir wäre es, dieses in eine Erlaubnis zu verwandeln? In die Erlaubnis Du SELBST zu sein?

Wie steht es um die Erlaubnis Du SELBST zu sein?

Wo hältst Du Dich zurück?

Welche Gründe liegen hinter Deiner Zurückhaltung?

Die fehlende Erlaubnis ergibt sich oft aus einem ERLERNTEN Glauben darüber, wer Du angeblich bist, was Dich angeblich interessiert oder eben nicht.

Du SPÜRST, was ich meine?

Gerade, was die Zeit anbelangt, sind wir in unserer Gesellschaft sehr auf Leistung und Effizienz getrimmt und verhindern in der Folge vor allem...

... uns SELBST.

Falls Du die vorherige FreiSchreibÜbung schon gemacht hast, bist Du Dir selber einmal mehr auf die Schliche gekommen. Wenn Du dem noch keinen Raum gegeben hast, ist das immer noch machbar. Zum Beispiel JETZT. ☺

Welche FreiSchreib-Einladung?

Gemeint ist die schriftliche Fortführung dieses Satzes:

Zeit ist ein Konzept, das ich abgekauft habe als etwas, von dem ich zu wenig habe, als etwas, das mich antreibt, als etwas...

All die anderen Fragen, die ich bis dato gestellt habe, sind ebensolche FreiSchreib-Einladungen. Für den Fall, dass Du ein bisschen mehr Input brauchst, wie das FreiSchreiben für Dich funktionieren kann, ohne dass Du gleich eines meiner

FreiSchreibangebote buchst, in aller Kürze hier für Dich eine Anleitung:

Nimm einen Satz, einen Satzteil als Anfang, oder eine Frage, und lass den Stift für zumindest fünf Minuten in stetigem Kontakt mit dem Papier mit der Schreibhand tanzen. Stell Dir dazu gerne einen Timer, um Dir eine machbare Grenze zu setzen und Dir zu beweisen, wie und was Du Dir in fünf Minuten bereits ermöglichst. Selbst, wenn es keinen Sinn macht, was Du schreibst, oder Du Wellenlinien zeichnest, lass es aus Dir herausfließen und verzichte auf die schreibhemmende Gewohnheit, auf korrekte Rechtschreibung und Grammatik zu achten. FreiSchreiben ist wie gesagt eine große Erlaubnis für das DA-SEIN-LASSEN, für das RAUM-GEBEN dessen, was IST!

Noch einmal:

Was sein darf, kann sich verändern!

Ergänzt um eines meiner Lieblingszitate, das angeblich von Einstein stammt:

„Wahnsinn ist, immer wieder das Gleiche zu tun und andere Ergebnisse zu erwarten."

Sei es diese neue Art des Schreibens, dieser neue Zugang, dieser STARtschuss[11] für Dein Schreiben – was auch immer kommen mag, hilft Dir, Dich IN Dir neu zu organisieren, zu strukturieren, und es gibt Raum frei. Du kennst das sicher vom Aufräumen, wonach im erfolgten Tun mehr Raum frei geworden ist, obwohl die Dinge nicht zwingend weniger geworden sind.

In dem Sinne – fröhliches FreiSchreiben mit diesen Impulsen:

Zeit ist ein Konzept, das ich abgekauft habe...

Zeit ist ein Konzept, das ich abgekauft habe als etwas, von dem ich zu wenig habe....

... als etwas, das mich antreibt...

Lass mich SEHR gerne wissen, wie es Dir mit diesem ersten Schreiben ergangen ist, und schreib mir per Mail an home@abunDANCER.at. Und nein – das biete ich nicht an, um Dich über einen Trick zu noch mehr Schreiben zu bringen – was natürlich ein schöner Nebeneffekt ist. Nein. Es lädt Dich zu der Erfahrung ein, dass ein WIRKliches Gegenüber vorhanden ist und die Energie, die Du in dem Buch findest, real existent IST – nicht nur durch mich als die, die das Buch gerade schreibt, geschrieben hat.

Du hast das noch nie gemacht, dass Du eine Mail an jemanden schickst, dessen Buch Du liest?

11 STAR steht für Hauptrolle und ausgehend davon zeigt sich, dass DIE Frauen, die bei mir sind, WIRKlich, wirklich gewillt sind, die Hauptrolle in ihrem Leben zu übernehmen.

Wundervoll. Entlang Einsteins Prämisse ist es ein guter Schritt entgegen dem Wahnsinn, denn

„Wahnsinn ist, immer wieder das Gleiche zu tun und andere Ergebnisse zu erwarten."

Übrigens kannst Du Dich in Deinem FreiSchreiben natürlich ganz oft wiederholen. Es zeigt Dir in der Form einfach mehr, was Dir WIRKlich, wirklich bedeutsam ist. So mache ich es auch in diesem Buch, in der Annahme, dass Du durch das Beginner's mind ohnehin nicht gelangweilt werden kannst...Nein – im Ernst. Vieles von dem, was Du noch lesen wirst, braucht Zeit und Raum zum Integrieren. Je ähnlicher die Impulse, desto besser wird Deine Zeit genutzt. UND: Deine Zeit schätze ich wert. Es darf sickern.

Um Dir DICH in DEINER Bedeutsamkeit einmal mehr zugänglich zu machen, sei erinnert:

Es ist NICHT zu spät! JETZT ist ein guter STARtpunkt!

Im JETZT ist der Raum für das Beginner's mind. Mit dem Beginner's mind fängst Du ein etwaiges Tief ab, indem Du Dir selbst Gutes tust. Das Beginner's mind lässt Dich dranbleiben, wenn die Motivation fehlt und Du glaubst, Du lässt es doch wieder bleiben, weil es ja NOCH nichts gebracht hat. UND Du bist bereit zu hinterfragen, was es braucht, damit es DIR möglich ist, dranzubleiben.

In der Form fühle Dich gerne eingeladen, Dir gleich noch ein Fünf-Minuten-FreiSchreib-Zeitfenster einzuräumen mit dem STARtpunkt:

Was wird für Dich möglich, wenn Du dem Beginner's mind WIRKlich, wirklich Raum in Deinem Leben gibst?

Für den Fall, dass Du glaubst, dass Du dafür jetzt keine Zeit hast, und Du Impulse zu Vorsprüngen und Abkürzungen möchtest, frage Dich:

Muss es WIRKlich, wirklich erst weh tun, damit ich in die Gänge komme?

Werfen wir einen Blick auf so gedachte Vorsprünge und Abkürzungen.

Von Vorsprüngen und Abkürzungen

Jetzt bin ich interessiert, ob Du DEINE Antwort/en schon gefunden hast auf die Frage

Muss es WIRKlich, wirklich erst weh tun, damit ich in die Gänge komme?

Nehmen wir an, dass Du zu einem JA als Antwort gekommen bist. Vielleicht haben sich Dir sogar Gründe hierfür offenbart. Einmal mehr OFFENbarungen mögen Dir die nun folgenden Gedankenimpulse geben:

Du erinnerst Dich an Situationen, bei denen bereits so etwas wie eine innere Warnung in Dir war, bevor etwas passiert ist?

Sei es,

- *dass der innere Stress Dich zu einem lieblosen Umgang mit Menschen führt, die Dir wichtig sind, und Du einmal mehr leidest, weil Du Dich schuldig fühlst.*
- *dass Du einen Anruf beantwortest, obwohl Du schon beim Klingeln des Telefons ein ungutes Gefühl hast.*
- *dass Du schwerer krank wirst, obwohl die ersten Zeichen schon viel früher wahrnehmbar waren.*

Oft glauben wir, dass wir etwas verhindern können, und verursachen durch unser Verhalten genau DAS, was uns am meisten Angst macht.

Kennst Du das?

Obwohl Du etwas NICHT willst?

Das Wort NICHT mag für den Moment etwas beiseiteschieben. Gelöscht wird dieses „etwas" deswegen nicht. Zum Glück. Denn es geht um DICH und das, was DIR wichtig IST. Sei eingeladen, Dich einzulassen und Veränderungen anzuregen, die FÜR Dich sind. Du weißt:

Was sein darf, kann sich verändern!

Das könnte adaptiert werden als:

Wenn ich ICH bin, verändere ich die Welt FÜR mich.

Wie wäre es mit fünf Minuten-FreiSchreibZeit, um in einen Dialog mit Deinem Körper zu gehen und einmal zu fragen, was aktuell so los ist IN Dir?
Ja – Du hast richtig gelesen: ein Dialog.

Auf dem Papier kann ebenfalls ein Dialog geführt werden. Hierfür kannst Du abwechselnd „I:" für „Ich" und „K:" für „Körper" eine Stimme geben. Stell Dir ein Gespräch vor. Ein Gespräch lebt auch davon, dass Menschen einander zuhören, auf Gesagtes eingehen, sich ab und zu unterbrechen und keinesfalls einer einen Monolog hält, bei dem der andere gar nicht zu Wort kommt. Das ist auch der Grund, warum ich zu Pausen, zu geistigem oder geschriebenem Beantworten einlade.

Du hast eine Idee davon, wie ich das mit dem Dialog meine?

Es ist sozusagen ein Papiergespräch – ein Gespräch – auf dem Papier geführt.

Also gibt es prinzipiell keine Ausrede mehr – denn ein Stift und ein Blatt Papier finden sich im Normalfall immer. Sei es, dass ein Blatt aus dem Drucker genommen wird, Du Deine Mitbewohner fragst oder auf der Arbeit etwas Papier greifbar hast. Und falls nicht, besorge Dir einen Block, ein Schreibjournal beziehungsweise hole eines hervor, das irgendwo in Deinen Schränken liegt und vor lauter „es ist so schön...zu schade, dass..." beinahe vergessen ist.

Was immer in DIR vergessen wurde, gilt es zu erinnern und auf diese Weise wiederzubeleben. DICH wieder lebendiger zu fühlen ist Deine darin enthaltene Chance. In liebevollem Kontakt mit Dir selbst schaffst Du die Grundlage von Beziehungsqualität – mit Dir UND anderen. Zudem brauchst Du Deinen Körper – als Handlungs-, Fühl- und SPÜRinstrument in Deinem Leben. Was wärst Du OHNE – insofern: Warum nicht einmal bewusst das Gespräch mit ihm suchen – auf eine neue Art und Weise, als Wahnsinnsgegenmaßnahme, entlang des Grundsatzes

„Wahnsinn ist, immer wieder das Gleiche zu tun und andere Ergebnisse zu erwarten."

Wie beschrieben – einfach abwechselnd „I:" für „Ich" und „K:" für „Körper" sprechen lassen. Nimm Dir gerne zehn Minuten Zeit dafür und finde einen Ein- und Ausgang des Gesprächs, wie Du sie aus dem Leben, aus Deinen Gesprächen kennst.

Hier ein kleines Eingangs-Beispiel:

I: Hallo, lieber Körper. Es ist eine Weile her, dass ich so bewusst mit Dir in Kontakt war, was? Hm. Schön, dass Du Dir dennoch Zeit nimmst für ein Gespräch.

K: Aber sicher doch! Wir sind schließlich hier auf einer gemeinsamen Reise und was immer ich Dir sagen kann, das sie Dir angenehmer werden lässt, mach ich SEHR gerne.

I: .....

K: ....

Gerade dieser Dialog mit dem Körper ist für mich IMMER offenbarend. Und Du liegst richtig in der Annahme, dass ich diese Übung oft und immer wieder mache. Das JETZT ist ja immer ein neues, anderes Jetzt und entsprechend gibt es weiter Unterhaltsames, Anregendes in meinem Austausch. Er wird mir nicht langweilig, obwohl ich sehr eng mit dem Körper zusammenarbeite, in täglichem bewussten Kontakt mit meinem Körper BIN.

Ich fühl mich gerade selbst wieder eingeladen, in ein kurzes Gespräch mit meinem Körper zu gehen.

Dann machen wir das doch – jede für sich, hm?

Bist Du dabei?

Der Körper mag langsam sein und ist doch immer auf dem Punkt mit dem, was er Dir mitteilt. Der Kopf hingegen ist schnell und oftmals im Gedankenkarussell gefangen, wo nichts Neues hineinkommt und Altes genährt wird. Ich sag nur Wahnsinn. ☺

Du hast Deine ErSPÜRung gemacht?

Etwas in Dir ist lauter geworden, was schon leise da war?

Hast Du Dankbarkeit oder Demut in dieser besonderen Begegnung gespürt?

Hast Du eine Ahnung davon, wo es Dich hinführt, wenn Du diese Signale nicht ernst nimmst?

Bekommst Du eine Idee davon, was Du Dir ermöglichst, indem Du dieses Gespräch wiederholt suchst?

Nochmals:

Du kannst etwas beiseiteschieben und doch nicht löschen
– im Da-Sein-Lassen wandelt sich die frei gewordene Energie, um FÜR Dich zu wirken.
Was sein darf, kann sich verändern!

Wenn Du bisher gedacht hast, dass eine Abkürzung dafür sorgt, dass Du etwas vermeidest, fühlst Du Dich hoffentlich einmal mehr bestärkt, mutig durch das durchzuTANZEN, was IST. Diese Form des bewussten Kontakts ist im Hinblick auf LebensQUALITÄT eine Abkürzung, die Du Dir ermöglichst, indem Du einmal mehr und bewusster wahrnimmst, was IN Dir lebendig ist, wirkt und wächst.

Im FreiSchreiben gibt selbst der dünnste Stift einen gewissen Halt, lässt Dich MIT dem sein, was ist, ohne gänzlich von diesem ETWAS vereinnahmt zu werden. Es ist ETWAS in Dir und nicht Du als GANZES – und doch weist es Dir den Weg in Deine GANZheit.

Je bewusster Du mit Dir in Kontakt bist, umso mehr verschafft Dir dieser Kontakt einen Vorsprung und verhindert, dass dieses ETWAS unangenehm laut werden muss.

Zurückkommend auf die Eingangsfrage

Muss es WIRKlich, wirklich erst weh tun, damit ich in die Gänge komme?

Hat sich für Dich die Antwort verändert?

Welche Antwort ist in Dir?

Gehe gerne FreiSchreibend darauf ein.

Aus meiner FreiSchreib-Erfahrung versichere ich Dir: Das „JA" auf diese Frage braucht diesen GRAD an Schmerz nicht mitzubringen, um aktiv zu werden. Das heißt natürlich NICHT, dass es nicht schmerzhaft IST, und doch:

Indem Du bereit bist, etwas in Dir sterben zu lassen, loszulassen,
wird Energie FÜR Dich und Dein Leben frei!

Egal, welches ungute Gefühl Du in der Bauchgegend spürst, welcher intuitive Gedanke sich aufdrängt – je mehr Du wiederholt in bewusstem Kontakt mit Dir, Deinen ErSPÜRungen BIST und Du ihnen vertraust, umso mehr bestärkst Du Dich in Deinem So-SEIN. Umso mehr fühlst Du Dich geleitet, begleitet und unterstützt – durch Dich, Deinen Körper und die Frequenz, die von Dir ausgeht. Diese HERZstimmige Frequenz zieht Menschen zu Dir, die ebenso FÜR Dich und Deine Lebendigkeit sind.

Das sind doch wundervolle Nachrichten, oder?

Warum also noch einen Gedanken an Zeitverschwendung verlieren?

Leidfaktor Zeitverschwendung?

Also – gerne nochmals:

Was sein darf, kann sich verändern!

Mit dem Beginner's mind, dieser Haltung, es wie zum ersten Mal zu hören, wirst Du keinesfalls genervt sein, wenn Du wiederholt mit etwas Zentralem in Kontakt kommst, sondern erkennst viel mehr, wie es sickert und sickert und sickert...

Und GANZ ehrlich?

♥ Sagen wir einmal, Du bist zum Beispiel 35, 40 oder 50, wenn Du diese Seiten liest. Und Du hast Dich zum Beispiel für Karriere entschieden, weil Dir – sagen wir – Deine eigenen Eltern (besonders zu Lebzeiten) so viel Energie abverlangt haben und das Gründen einer eigenen Familie keinesfalls die erste Wahl gewesen wäre. Zudem wolltest Du verhindern, dass Du dasselbe triste Familienleben führst, wie Deine Eltern es vorgelebt haben. Viel zu hoch wäre der Anspruch an Dich, dem gerecht zu werden, was Du Dir vorstellst. Dann gibt es für Dich lieber keine eigene Familie.

Das geschieht natürlich nicht bewusst. Es schleicht sich ein. Im stetigen Beschäftigt-Sein mit den eigenen Eltern fehlt die Zeit für Partnerschaft oder diese zerbricht, weil Dein Gegenüber erkennt, dass er und seine Männlichkeit in Wahrheit nicht gefragt sind. Weil Du davon selbst so viel in Dir trägst. Oder Du HAST doch einmal einen Partner, der jedoch mehr weibliche Seiten lebt – sozusagen als Ausgleich zu Deiner fehlenden Weiblichkeit. Das hat für den Anfang Anziehungskraft und kann in Folge zu einer Abstoßung führen – gerade, wenn Du Dich selbst einmal gerne anlehnen würdest und nicht immer die Checkerin sein willst. Zudem ist der Partner möglicherweise durch eigene Kinder vereinnahmt – Kinder, die Dich möglicherweise zusätzlich nerven. Weniger, weil sie WIRKlich, wirklich so schreckliche Menschen sind, und mehr, weil sie Partnerressourcen wegnehmen, auf die Du baust, und/oder weil sie Dich schmerzhaft an den Umstand erinnern, dass Du selbst keine Kinder hast.

Das tut weh.

Das schmerzt.

Das ist nicht schönzureden.

Das ist nicht wegzuwischen.

Das ist DIE WIRKlichkeit, mit der Du Dich in ähnlicher Form vielleicht selbst konfrontiert fühlst.

Woran denkst Du gerade?

Was ist in Dir lebendig?

Was fühlst und spürst Du?

Magst Du dem, was da ist, FreiSchreibRaum geben?

Für MICH wäre das SEHR okay.

Und für Dich?

Es wird etwas FÜR Dich verändern, wenn Du Dich angesprochen fühlst.

♥ Umgekehrt bist Du vielleicht eine der Frauen, die sich für Familie entschieden hat. Du bist mit gesunden Kindern gesegnet und einem liebevollen Ehemann. Du nimmst aber wahr, dass etwas fehlt: Raum für DICH. Mit all der Männlichkeit und Umtriebigkeit Deiner SELBST bist Du jedoch sehr beschäftigt. Du bringst Dich in allen möglichen Bereichen ein, um die bestmögliche Mutter für Deine Kinder und Ehefrau für Deinen Mann zu sein. Blöd nur, dass sich die männlichen Triebe Deines Partners mehr und mehr auflösen – zumindest bei und mit Dir zu Hause. Du hast gefühlt ein weiteres Kind zu Hause. All die Vereinnahmung durch die Kinder, den Parnter hinterlassen ein Fragezeichen in Dir. Es ist nicht so, dass Du Dein Leben bereust. Doch bleibt offen, wie es weitergehen kann, um es eben nicht später zu bereuen.

Wie fühlst Du es?

Bereust Du etwas?

Wenn ja – was?

Was würdest Du anders machen?

Was würdest Du brauchen?

Was kannst Du ab JETZT anders machen?

FreiSchreib darüber nach!

Es spielt keine Rolle, wie genau Dein Leben im JETZT aussieht, zumindest bis Du an einen WENDEpunkt gekommen bist. Einen ***WENDEpunkt, der Raum im JETZT bekommt***, wie Du noch im nächsten Kapitel erSPÜRen wirst. Hierher – zu DIESEM Lebensmoment

– bist Du gekommen, weil Deine innere Weiblichkeit aufbegehrt. Weil das Männliche weiter wachsen konnte und das Weibliche im Vergleich immer unscheinbarer wurde. Dabei ist das Weibliche so bedeutungsVOLL – für DICH als Weib. Für Dein Leben, Deine Umgebung. Es hat einen Grund, dass Du als DU geboren bist. Dass Du als WEIB geboren wurdest. Du hast etwas Versorgendes, Nährendes IN Dir – etwas, das Du Dir SELBST geben darfst. Etwas, das sich einmal mehr ergibt, wenn Du offen bist zu empfangen, was das Leben für Dich bereithält.

Indem Du dem Schmerz ausweichen willst, wird er größer und ist unter anderem Ursache dafür, dass Du einen Teil Deiner Lebenszeit als verloren ansiehst. In Dir gab es in Wahrheit schon früher Signale in eine andere Richtung. Du hattest Dich für ein anderes Leben gerufen gefühlt. „Anders" bezieht sich vor allem auf Dein LebensGEFÜHL. Da war und ist jedoch diese Angst, das fehlende Vertrauen in die Vorstellung, dass es WIRKlich einen anderen Weg geben sollte als den, den Du bisher eingeschlagen hast. DAS darf anders werden!

Selbst eine gefühlte Sackgasse sieht auf dem Rückweg ANDERS aus und macht vielleicht einmal mehr klar, was Du künftig beachten kannst. Deswegen scheue keine Rückschritte.

Die genauen, für DICH zutreffenden Antworten, warum Du bist, wo Du bist, ergeben sich in der bewussten Auseinandersetzung, dem bewussten Kontakt mit DIR. Die Beschäftigung mit der Vergangenheit IST wertvoll und zeigt sich, wenn Du Dich mit der Zukunft beschäftigst. Ich lade Dich ein, Dich mit der Zukunft, dem NEUEN zu beschäftigen, indem Du Dich fragst:

Wie kann es NOCH besser werden?

Diese Frage ist zukunftsweisend. Sie FÜHRT in die Zukunft und zeigt Wege des SPÜRbar guten WIE! Das NOCH lädt unmittelbar NEUES ein – ohne, dass lange und leidvoll in alten Geschichten gebadet werden muss!

Mit DIESER Frage beim STARt in den Tag steht der Tag selbst unter einem guten Stern, einem Leitstern, der neue Möglichkeiten einlädt. Und selbst, wenn jetzt gerade nicht Dein früher Morgen ist, frage Dich:

Wie kann es NOCH besser werden?

Finde gleich JETZT erste Antworten.

Du fühlst Dich gerade GAR nicht angesprochen?

Von wegen schöner Tag?

AUCH wunderbar, denn gerade, wenn zum Beispiel eine So-gedachte-schlechte-Nachricht kommt, spiele ich gerne mit dieser Frage – unter dem Motto: Etwas NOCH Besseres wartet auf mich! Das heißt für DICH:

Etwas NOCH Besseres wartet auf Dich!

Damit es anschaulicher wird:

♥ Als wir unseren Zaun erneuerten, die uralten, viel zu breit gewordenen Thujen entfernt hatten, war die Frage: Was machen wir jetzt? Ungefragterweise wandten sich unsere Nachbarn an uns. Kennst Du das, wenn uneingeladene Mitredner auftauchen? Und noch dazu welche, mit denen Du es Dir nicht verscherzen willst? Natürlich hatten sie mitbekommen, dass die grüne Wand entfernt wurde. Und SIE – als Paar – waren sich einig: Sie wollen nicht, dass wir einen blickdichten Holzzaun hinbauen – es solle doch bitte wieder etwas Grünes sein.

Was soll ich sagen – es war, als ob sie unsere Gedanken lesen konnten, denn natürlich wollten wir wieder einen Sichtschutz, der sich rasch umsetzen ließ. Kleine Sträucher hinzupflanzen und dann Jahre zu warten – Nein danke! Tja, dann tauchte die Frage in mir auf: „Wie kann es noch besser werden?" und ich meinte, wir überlegen es uns, obwohl bis zu diesem Moment die Idee des Holzbretter-Zauns DIE Lösung gewesen war. Nur jetzt damit durchzubrettern schien nicht stimmig. Und wenige Tage später kamen sie nochmals auf uns zu mit dem Vorschlag, die Hälfte der Kosten zu übernehmen, wo sie doch auch etwas davon hätten, wenn wir uns für eine grüne Lösung entscheiden. Na bitte – DAS war doch eindeutig schon mal NOCH besser. Und bei der Rücksprache mit einem Freund, der Gartengestaltung macht, fand ich heraus, dass es bewachsene Efeuzäune gibt – sprich eine grüne, blickdichte Lösung, die nicht erst nach Jahren zu erwarten ist, sondern unmittelbar umsetzbar.

Hallo? Es wurde besser und besser und besser. Genau IHN haben wir dann auch beauftragt – einen Freund, bei dem wir wissen, wie gut und gerne er tut, was er tut. Wenn das nicht NOCH, noch besser war! Nicht nur für uns! Also:

Wie kann es NOCH besser werden?

Wahrlich eine Wunderfrage, sage ich Dir!

♥ Als meine Tochter damals eine Absage bekam, was die ursprüngliche Wunschschule anbelangte, fragte ich mich das ebenfalls. Auch hier bin ich, statt ins Drama zu gehen und als Beschwerde- und Aufregungsmaschine über die etwaigen Personen – natürlich gut argumentierend – drüberzufahren und zu kämpfen, ins

Vertrauen gegangen. Ich habe mich für WEITERE Möglichkeiten geöffnet und drei magische Dinge sind folglich passiert:

GANZ ohne Aufregung und Energieverlust wurde der ursprüngliche Schulplatz doch noch zugesprochen.

Die Alternativschule, die wir uns angeschaut hatten, gefiel meiner Tochter sogar noch besser.

UND wir hatten die Möglichkeit – frei von einem Gefühl der Verpflichtung, frei von einem Zwang, das Erstgedachte durchzuziehen – eine NOCH bessere Lösung zu finden und zu wählen.

Welche Gefühle und Gedanken tauchen bei Dir auf?

An welche Beispiele aus Deinem Leben erinnerst Du Dich?

Wo in Deinem Leben darfst Du aktuell NOCH Besseres erwarten?

Es macht SEHR viel Sinn, diese FreiSchreib- und NachSPÜRzeit zu investieren. Es geht darum, aus dem Reagieren ins Agieren zu kommen – diesen bewussten Atemzug dazwischen zu haben und aus alten Reiz-Reaktions-Mustern auszusteigen.

Wer sagt, dass die Welt böse ist?

Wo steht, dass Du das Schlimmste zu erwarten hast?

Welche Alltagsbeispiele fallen Dir ein, bei denen Du rasch aufgebracht warst/bist?

Kennst Du das Phänomen, dass Dir die Zuversicht fehlt, dass es gut weitergeht?

Kennst Du Reiz-Reaktions-Mechanismen in Dir, die mehr zerstören, als dass sie dienlich sind?

Hast Du Lust sie zu durchbrechen?

Dann ATME und nimm Dir fünf bis zehn Minuten FreiSchreib- und NachSPÜRzeit.

Wann immer in meinem Leben etwas an Absagen und unerwarteten Änderungen daherkommt, habe ich entschieden, mich immer wieder daran zu erinnern:

Das Leben weiß, dass es NOCH besser WIRD!

Ich erwarte förmlich, dass es noch besser wird – ich öffne mein Empfangsfeld für das NOCH Bessere. Mein Fokus ist auf Möglichkeiten ausgerichtet – hat die Absicht, mir etwas NOCH Besseres zu liefern. Und so lade ich DICH ein – wenn Du Dein Denken, Dein Hirn NOCH besser für Dich nutzen magst, gib dem Denken, dem Hirn eben genau diesen Auftrag, Antworten auf die Frage „Wie kann es NOCH besser werden?" zu finden. Es ist eine OFFENE Frage. Es braucht nicht sofort Antworten. Es braucht das Vertrauen, dass die Antworten zu Dir finden. GUTE Antworten! Zudem impliziert diese Frage, dass das Leben, das Du führst, gut ist!

Du findest Dein Leben aber aktuell NICHT gut?

Sagen wir, es ist nicht nur schlecht – oder?

Sagen wir, es ist vielleicht nicht das beste – weil Du merkst, da wartet noch etwas auf Dich.

Sagen wir, es ist gut.

Ja?

Da „gut" der Feind des „Besseren" sein kann und wenig zu Veränderung veranlasst ist, kann diese Einladung an Dich bedeuten, Dir ein noch besseres Leben zu gönnen. Das Leben unterliegt ohnehin einer stetigen Veränderung und zeichnet sich gleichsam durch Gewohnheiten aus. „Irgendwie läuft es ja eh ganz okay", oder?

Kennst Du das, dass Du Dich selbst beruhigst?

In welchen Bereichen, Situationen, in Bezug auf welche Menschen beruhigst Du Dich aktuell?

Ja, ja. Ich weiß. Bei all der Eingebundenheit ins Leben und all dem, was Du ohnehin schon versucht hast, scheint es sich nicht so darzustellen, dass Du viel bewirken könntest. Dabei unterschätzt Du eines:

Du HAST Schöpferinnen- und Gestaltungskraft!

Diese NICHT zu nutzen, ist Zeitverschwendung. Und Schöpferinnen- und Gestaltungskraft drückt sich nicht zwingend darin aus, dass das Offensichtliche geändert werden muss. Die zentrale Frage ist,

WIE fühlt sich das Leben für Dich an?

Bei den obigen Beispielen – ob dem mit dem Zaun oder der Schule – wäre es ein Einfaches gewesen, in einen Streit zu gehen. Energie GEGEN etwas aufzuwenden. Den ANDEREN zu erklären, was SIE zu tun haben oder eben nicht. Empfange ich jedoch das Leben unter der Prämisse, dass es FÜR mich ist, sehe ich die Ereignisse des Lebens nicht als Angriff, gegen den ich mich wehren muss.

Was wird möglich, wenn Du daran glaubst, dass das Leben FÜR Dich ist?

In jedem Fall ermutigt es, oder?

Welchen Widerstand spürst Du?

Welche Bilder tauchen auf?

Welche Erinnerungen werden wach?

Wo immer Energie im Kampf und Widerstand gebunden ist, Du an alten Geschichten hängst oder meinst, an einem Traum festhalten zu müssen – diese Energie kann FÜR Dich in Anwendung kommen. Für ein REALES Traumleben, in dem Deine Wünsche erfüllt SIND.

Decke für Dich auf, wo WAHRhaftige Zeitverschwendung stattfindet!

Wo verharrst Du, hältst Du fest, obwohl Du weißt, dass es Dir nicht weiter guttut?

All die schon angeführten Fragen – DIESE Frage – mit Fünf-Minuten-FreiSchreibZeit zu beantworten, lohnt sich SO SEHR! Jetzt UND immer wieder, denn eines bleibt:

Das einzig Stetige im Leben ist die Veränderung.

Und eines verändert sich auch für mich nicht – Dich daran zu erinnern und mit dem Gedanken anzufreunden:

Was sein darf, kann sich verändern!

Es tut weh, wenn weib sich eingesteht, dass weib nicht mehr auf Vergangenes einwirken kann. Was geschehen IST, ist geschehen. Und doch:

WIE Du Dich mit dieser, Deiner Vergangenheit fühlst, HIER kannst Du einWIRKEN.

Ab JETZT hast Du einmal mehr die Möglichkeit, Frieden damit zu schließen, dass es war, wie es war, und einzuladen, was NOCH sein kann!

Völlig egal, ob Du

- auf Familiengründung verzichtet hast, keine Kinder hast und/oder Single bist und dabei zumindest gerne eine Partnerschaft hättest.
- Deinen Traumpartner geheiratet hast und sich über die Zeit doch herausgestellt hat, dass Du Dir einfach einen sicheren Mann gewählt hast, dessen fehlende Männlichkeit Du mit Deinem Tun einmal mehr kompensieren wolltest, anstatt Dich Deiner Weiblichkeit hinzugeben.
- Dich als stetig Suchende erlebst, die Jobs, Partner, Wohnsitze immer wieder wechselt, weil etwas in Dir nicht zur Ruhe kommt.

Zeitverschwendung wäre es, wenn Du NICHTS ändern würdest, wenn Du im Alten bleibst. Du HAST bisher DAS getan, was Dir dienlich ist, denn offensichtlich HAST Du überlebt – dafür kannst Du Dir selbst dankbar sein!

Vielleicht hast Du auch das Gefühl, Du willst nicht mehr weiter investieren, hast schon so viel gemacht, fühlst Dich müde und möchtest am liebsten, dass jetzt einfach auch einmal jemand etwas für DICH tut, und hast damit bis jetzt verkannt, dass Du

alles, was Du getan hast, auch für DICH getan hast.

Allein das Verändern von Sichtweisen öffnet schon wieder Räume. Davon abgesehen bekommst Du nicht hundert neue Anleitungen, was Du jetzt TUN sollst. Tun für das Außen. Du wirst vielmehr in die Qualität des SEINs mit DIR eingeführt, wodurch Du Deinem Leben einmal mehr Genuss einräumst.

Du brauchst nicht NOCH mehr Wissen. Es geht um den neuen, anderen Blick auf das, was Du schon weißt. Dieser ergibt sich durch Deine INNENschau. DAS macht den SPÜRbaren Unterschied. Insofern wirst Du einmal mehr für DEIN neues, anderes Tun ermutigt und entkommst dem Wahnsinn, der sich gemäß Einstein ergibt durch:

„Immer wieder das Gleiche zu tun und andere Ergebnisse zu erwarten."

Insofern bricht einmal mehr eine NEUE Zeit für Dich an. Die Zeit für DEIN Leben! Yes! Darauf darfst Du tanzen!

Gerne schon jetzt! Mit dem Song

▶ Jetzt von Irie Révoltés

Dieser Song lädt mit seinen Worten, seinem Rhythmus ein, einmal mehr im JETZT zu landen und das Alte abzuschütteln. Selbst, wenn ich im Buch keinen Link auf irgendeine Plattform setzen kann – ich weiß, Du findest den Song.

Finde den Song.

Finde Zeit für DEIN Leben!

JETZT!

Zeit für DEIN Leben

Natürlich interessiert es mich, ob Du Dir Zeit für einen Tanz genommen hast. In jedem Fall wünsche ich mir, dass Du Dir Zeit für Dich gegönnt hast – in welcher Form auch immer. Selbst, wenn es nicht das Tanzen war oder/und Du „Jetzt" nicht gefunden hast – es gibt zum Glück ja viel anregende Musik. Musik wirkt für sich. Zudem ist jegliche Körperlichkeit eine Möglichkeit, Dich SELBST einmal mehr zu spüren – in Deinem Körper, Deinem Zuhause für die Zeit in diesem Leben.

Dich selbst spüren heißt, Dich in DEINEM Leben spüren!

Wenn das nicht nach einem wünschenswerten Zustand klingt!

Wie kommst Du zu diesem Zustand?

♥ Ich persönlich hatte da immer schon meine Tricks und Umwege. So habe ich zum Beispiel im Fitnessstudio gearbeitet, um neben meinem Für-mich-Bewegen auch anderen dienlich zu sein. Bei einigen Ausbildungen habe ich den Vorwand gehabt, dass ich die Inhalte in Folge teilen möchte/werde und doch war es fürs Erste ganz und gar für mich. Das hätte ich so nur nie gesagt. Selbst, wenn ich für Gäste ein Buffet gerichtet habe, wurden dort Köstlichkeiten geboten, die ich mir für mich alleine nicht gegönnt hätte und in deren Genuss ich so doch kommen konnte. Schließlich kauft weib ja nicht zu wenig, wenn sie ihre Gäste gut versorgt wissen will, oder? Das heißt natürlich nicht, dass ich nicht dennoch gewartet habe, bevor ich mich selbst bedient habe – „Nur keine schlechte Nachrede erzeugen!". Lass mich gerne wissen, ob Du Dich wiedererkennst.

Zumindest hat das etwas mit Sich-Verstecken zu tun – was mir nicht so bewusst war und doch genau das ist. Die Strategie des Undercovers gibt es natürlich auch offensichtlicher – das weiß ich von einigen meiner Klientinnen. Wenn sie etwas für sich tun, dann möglichst so, dass es niemand mitbekommt. Weib macht also manches heimlich. „Undercover – Geheimmission Leben" – ein interessanter Filmtitel, aber was das wahre Leben betrifft? Das kostet Energie.

Wie viel Zeit bleibt da wirklich für Dich?

Die Zeitfenster für DICH rücken mehr und mehr an den Rand, oder?

Selbst was das Lesen dieses Buches anbelangt, denn möglicherweise

- bist Du kurz vor dem Einschlafen und gönnst Dir mit gutem Gefühl noch ein bisschen Lesezeit, wissend, dass Du heute wirklich genug auch für andere getan hast.
- liest Du entsprechend Deinem Bedürfnis nach Effizienz gerade in einem Zeitfenster, wo Du irgendwo am Warten bist und dabei die Zeit für DICH nutzen kannst.
- sitzt Du in einem öffentlichen Verkehrsmittel und hast das Buch jetzt doch herausnehmen können, nachdem andere Nachrichten, Mails und Anrufe abgehakt sind.
- deckst Du das Buchcover beim Lesen zur Sicherheit ab, um Dir zumindest nicht zu offensichtlich Zeit für DICH zu nehmen, und doch ist es möglich, da ein Buch zu lesen, das in jedem Fall gesellschaftlich angesehen ist.

Fühlst Du Dich jetzt „nur" ertappt oder lachst du sogar auf, weil Dir das mit dem Verstecken skurril erscheint? Wie wäre es, wenn Du Dir Zeit NIMMST? Wenn Du einfach dazu stehst, Dir Zeit für DICH, für DEINE Bedürfnisse, für DEINE Wünsche zu nehmen?

Frage Dich:

Was ist so schlimm daran, wenn ich mir Zeit für mich nehme?

Was passiert, wenn ich mir Zeit für mich nehme?

Wo verstecke ICH mich in Wahrheit?

Mit DIESEN Fragen in ein FreiSchreiben zu gehen, kann wahrliche Offenbarungen für Dich bereithalten. Nimm Dir gerne zehn oder fünfzehn Minuten – wieder entlang der Prämisse, dass der Stift am Papier tanzend aktiv wird und alles herausdarf. Jeglicher Nonsens ist willkommen – auf dem Weg zum Sense, zum Spüren, zum Sinn – für DEIN Leben.

Folgendes könnte sich zeigen:

Vielleicht erkennst Du, welche Uralt-Stimmen in Dir die Führung übernehmen.

Vielleicht begegnest Du einer Strenge in Dir, die nicht Deine ist.

Vielleicht merkst Du, dass Du Dir SELBST im Weg stehst.

Vielleicht eröffnen sich neue Ansichten und damit neue Handlungsoptionen.

Vielleicht wird Dir klarer, warum Du Dich (unbewusst) gegen eine Partnerschaft entschieden hast.

Vielleicht wird bewusster, warum Du an der aktuellen Partnerschaft so festhältst.

Vielleicht verstehst Du einmal mehr, warum Du Dich mit manchen Hobbys und Aktivitäten vor Deinem Partner, Deiner Familie versteckst.

Was immer sich Dir offenbart – sei mit Beginner's mind neugierig und interessiert.

Finde Deine Antworten – finde sie IN Dir!

Sei offen und LIEBEvoll mit dem, was kommt.

Letztlich kostet das bisherige Verneinen Deiner eigenen Bedürfnisse, das Verweigern von Zeit für Dich, das Gegen-Dich-Sein einiges an Energie. Dieses Noch-Verhalten BINDET Energie. Das sind schlechte und gute Nachrichten. Fokussieren wir uns auf die guten: Wenn Energie gebunden ist, heißt das, es GIBT Energie – Energie, die Du noch gar nicht FÜR Dich nutzt!

Na bitte – wenn das nicht erleichtert! Zumindest für diesen Moment. Und wenn Du diese Energie einmal mehr freisetzen willst, spüre diesen Fragen aufrichtig nach:

Wie viel mehr Zeit wird für MEIN Leben frei, wenn ich mutig zu dem stehe, was MIR wichtig ist?

In welchen Bereichen kann ich noch mehr zu mir stehen?

Ging es bei den vorherigen Fragen um eine Art Ursachen-Forschung, findest Du über diese Fragen Möglichkeiten für das NEUE – für das, was AUCH gelebt werden möchte.

Es geht dabei gar nicht darum, dass Du wissen musst, welche nächsten Schritte Du hierfür genau brauchst. Vielmehr ist für jetzt zentral, dass Du Dir das gute Gefühl erlaubst, das sich ergibt, wenn Du Dich auf die Antworten zu diesen Fragen einlässt. FreiSchreibend bekommt das Ganze natürlich NOCH mehr Raum und doch ist jeder Mini-SPÜR-Moment, den Du Dir in diese Richtung erlaubst, schon ein Geschenk, das Du Dir machst. Es ist ein ZeitQUALITÄTsgeschenk und DAS ist SEHR wertvoll!

Gerne wiederhole ich mich:

Im Leben geht es weniger um LebensQUANTITÄT als mehr um LebensQUALITÄT!

Du kennst vielleicht das Phänomen der Vorfreude, wonach Vorfreude die schönste Freude im Leben ist?

Ich korrigiere, verändere in

Vorfreude ist die schönste Freude vor der eigentlichen Freude!

Und die eigentliche Freude im JETZT ist die schönste Freude im JETZT!

Warte. Nicht gleich weiterlesen.

Das ist so etwas wie ein Sickerwitz. Gib Dir Zeit. Lies nochmals – langsam – und spüre hinein:

Die Freude im JETZT ist die schönste Freude im JETZT!

Was für ein Potenzial an LebensZeitQUALITÄT liegt doch darin! Wie oft wird genau DAS verkannt und von so manchen Selbstverständlichkeiten überdeckt? Ich würde meinen – SEHR oft.

Ist es nicht schräg, wie viel LebensZeitQUANTITÄT wir dadurch ohne Qualität vorbeiziehen lassen? Nur gut, dass Du JETZT das Buch in Händen hältst und einmal mehr gestärkt wirst für Deine LebensZeitQUALITÄT.

Gleich noch eine Übung hierzu: Lasse die folgenden zwei Zeilen bewusst auf Dich wirken, spüre nach:

Kein Moment ist wiederholbar.
Keine Freude ist wiederholbar.

Moment für Moment für Moment für Moment ist alles wieder NEU. Da es in DEINEM Leben vor allem um DICH geht, nimm Dir lieber einen Moment mehr, um das wirklich in Dich einsinken zu lassen:

Kein Moment ist wiederholbar.
Keine Freude ist wiederholbar.

Für ein Beginner's mind ist das klar. Nur das Beginner's mind ist NICHT selbstverständlich. ABER – noch mehr gute Nachrichten:

Das Beginner's mind kann wundervoll im Alltag trainiert werden. Wir erliegen alltäglich der Illusion der Wiederholbarkeit, des Gleichklangs und übersehen sehr leicht die Magie der einzelnen Momente, die wir als Zeit für unser eigenes Leben spüren könnten.

Vom Könnten ins Können – DAS ist doch mal eine TANZansage!

♥ Ein plakatives Beispiel – für hoffentlich mehr Motivation zur bewussten Entscheidung FÜR das Beginner's mind: Es liegt an uns selbst, WIE wir am Morgen den ersten Blick in den Spiegel werten. Insofern frage ich Dich: Freust Du Dich über die Begegnung mit Deinem Spiegelbild oder magst Du gar nicht hineinschauen? Hast du ein erstes Anti-Kompliment auf den Lippen? Du siehst dort DEN Menschen, den Du Dein ganzes Leben lang im Nacken hast, den Du NICHT loswirst. Du siehst DEN Menschen, der der WICHTIGSTE sein darf, wenn es um DEIN Leben geht!

Und wieder bist Du es, die LebensZeitQUALITÄT bestimmt!

Ein anderes Beispiel:

♥ Du hast eine Katze, einen Hund. Du kennst den Hunger am Morgen. Das Tier will gefüttert werden. WIE ist dieser Begegnungsmoment? Findet er bewusst statt? Bist Du im JETZT und in Kontakt mit dem Tier, das Dir zugetan ist? Unromantischerweise könnte weib sagen, dass es nur lieb ist, weil es etwas will. Kennst Du diese Stimme? Und wenn ja, woher kommt diese Stimme? Wer sagt, dass es nur Berechnung ist? Es ist EINE Stimme in Dir UND es gibt sicherlich zumindest eine andere Stimme, die auf die freudvolle Begegnung am Morgen Lust hat. DIES gelingt einmal mehr, wenn Du im JETZT bist – oder sagen wir AUCH im Jetzt.

Was ich damit meine?

Das Leben HAT eine gewisse Dichte und manchmal gibt es viele Themen, die Dich gleichsam bewegen.

Was immer Dich bewegt, es GIBT AUCH die Möglichkeit des JETZT.

Spüre nach. Nimm wahr. Es ist so:

Was immer Dich bewegt, es GIBT AUCH die Möglichkeit des JETZT.

Es geht um die Chance, den jeweiligen Moment ganz und gar in den Fokus zu nehmen und auf diese Weise Deine ZeitQUALITÄT zu nähren.

Etwas, das sicherlich in Deinem Sinne ist, oder?

Wenn Du Deine Bewusstheit für Energie- und Zeitfresser weitest, gelingt das umso besser!

Ein zentraler Energie- und Zeitfresser ist die FEHLENDE Pause, die NICHT-Pause, und damit ist JETZT ein guter Zeitpunkt, Dich zu fragen, ob Du wirklich das nächste Kapitel startest oder doch eine Versorgungs-, Erholungs-, Lesepause einbauen willst, bevor es weitergeht.

DU hast die Wahl – DU triffst Deine Wahl – nach den nächsten Seiten hoffentlich einmal mehr für DEIN Leben.

Bewusstheit für Energie- und Zeitfresser

Es ist DEIN Leben, es ist DEINE Zeit. Und es ist das WIE, das zentral ist, um Deine LebenszeitQUALITÄT aufzuwerten!

Ob Du nach dem letzten Kapitel eine Pause gemacht hast oder nicht, ich möchte Dir an einem eigenen Beispiel bewusst machen, dass und wie Pausen das Leben nach-HALTig verändern – also HALT geben.

♥ Das eine ist, dass ich mir in meinem Leben die täglichen Morgenseiten, das tägliche morgendliche FreiSchreiben, mein geistiges Zähneputzen eingeräumt habe. Auf diese Weise habe ich täglich ein Zeitfenster, das ganz und gar MIR gehört. Es ist Zeit, in der ich DEM Raum gebe, was MICH bewegt. Und ja – natürlich ergeben sich auch Gedanken an Erledigungen für meine To-JOY-Liste. Und ja – Du liest richtig:

Ich führe eine To-JOY-Liste, keine To-DO-Liste.

Und bevor ich weitergehe mit dem, wo ich AUCH noch hinmöchte mit Dir, sei eingeladen, nachzuspüren:

Wie wäre es, eine To-JOY-Liste statt einer To-DO-Liste zu führen?

Wie wäre es für Dich?

Wie klingt das für DICH?

Wie fühlt sich das für DICH an?

Nimm Dir neben der NachSPÜRzeit gerne auch FreiSchreibZeit. Wenn ICH so hinspüre, hat das etwas SEHR Einladendes, oder?

Ruft es DICH?

Im Sinne des Buchtitels sei erinnert:

TUN ist männlich und SEIN – mit Gefühlen – ist weiblich.

Entsprechend der Öffnung des Raums für WEIBLICHKEIT ist die To-JOY-Liste eine HERZstimmigere Bezeichnung für mich geworden. GERNE kannst Du sie für Dich übernehmen! Es ist eine GANZ andere Qualität – bereits WÄHREND des Tuns.

Geht es bei der To-DO-Liste um ein Abarbeiten und das gute Gefühl des Abhakens am Ende, bietet die To-JOY-Liste bereits auf dem WEG gute, freudvolle, nährende Gefühle. Warum nicht BEIDES genießen: das Abhaken am Ende UND den Tanz hin zur Erledigung? Dann kommst Du dem näher, was Dich zum Buch greifen hat lassen, um Dein Weib zu tanzen UND Deinen Mann zu stehen!

Das wiederum führt mich zurück zum Punkt Pause, Zeit für Dich und zu der Geschichte, die ich mit Dir teilen möchte.

Vielleicht magst Du zuvor – JETZT – einmal bewusst durchatmen, Deinen Kiefer nach unten hängen lassen, den unsichtbaren Riesen-Kaugummi kauen und gerne das eine oder andere Gähnen provozieren. Diese Art von Pause HAT Qualität und ist ein bewusster Selbstversorgungsakt, der Energie BRINGT.

♥ So hatte ich zum Beispiel über einige Monate eine Erinnerung auf meinem Handy aktiviert, die willkürlich aufpoppte und mich zum „ATMEN" einlud. Genau diese zufälligen, wiederholten Einladungen waren ein Training, haben mich letztlich dahin geführt, immer wieder bewusst zu ATMEN. Ganz OHNE Alarm – weder seitens des Handys noch seitens meines Körpers, der sich über die Zeit sonst auch gemeldet hätte, wenn Du verstehst, was ich meine.

Also – lass uns nochmal bewusst Atmen – JETZT.

Das tut doch gut, oder?

Vielleicht merkst Du erst jetzt, wie angespannt Du bist, wie müde, wie...

WIE fühlt es sich an, der Atmung einen bewussten Moment zu schenken?

Tauchen Widerstände auf?

Wenn Du das FreiSchreibend nachSPÜREN möchtest – gerne. Es geht nicht darum, Dir immer wieder Aufträge zu geben – es geht wie erwähnt um das bewusste Fühlen und Spüren. DEIN bewusstes Fühlen und Spüren. Du kannst auch JETZT mehrmals bewusst atmen. Dafür braucht es keinen Mehraufwand – keine 15-Minuten-Atem-meditations-Anleitung. Es braucht nur Dich in Deinem Körper.

Wann immer Du dem Raum gibst, ist es jedenfalls alles andere als ein Energie- und Zeitverlust.

Und doch:

In dieser Veränderungsphase, Wandlungsphase BIST Du gefordert. Dieses Dir-Dich-bewusst-Zuwenden, dieses Deine-bisherigen-Handlungen-bewusst-Wahrnehmen, dieses Spüren und Erforschen, was es mit Dir macht, was es jeweils benötigt, das

BRAUCHT Energie. Du fühlst Dich angestrengt. Das heißt aber NICHT, dass Du auf dem falschen Weg bist. Wer immer meint: „Wenn es leichtfällt, ist es das Richtige!", beachte bitte, dass Veränderungen NIE leichtfallen UND, dass weib auf GEFÜHLsebene nicht zwingend glücklich ist mit dem, was leichtfällt.

Was fällt DIR leicht?

Macht es Dich WIRKlich, wirklich glücklich, vor allem DAS zu tun, was Dir leichtfällt?

Natürlich ist es fein, sich seiner Fähigkeiten und Talente bewusst zu sein. Diese Fähigkeiten und Talente sollten aber keinesfalls GEGEN Dich eingesetzt werden – sprich, dass Du zum Beispiel keine Pausen machst – nur, weil Du noch weiter KANNST.

DAS, was leicht geht, unterstützt oft das ALTE und indem Du Dich bildlich GEGEN das Alte wendest UND das Neue beginnst, braucht es MEHR Energie und das strengt NATÜRLICH mehr an. Zumindest am Anfang.

♥ ICH war SEHR gefordert im Einleiten dieses Wandels. To-Do-Listen gab es auch bei mir. LANGE To-Do-Listen. Ich hatte die Gewohnheit, ALLE meine Ideen gleich in einen Umsetzungsauftrag einzuordnen. Natürlich habe ich mich damit gefordert – mehr noch: Ich habe mich stetig überfordert. Ich war unbewusst süchtig nach diesem Überforderungscocktail, diesem Chemiemix in meinem System.

Kennst Du dieses Zu-viel-Vornehmen, dieses Überfordern?

Wenn der Fokus auf der Fertigstellung liegt, kann sich eine Verbissenheit einstellen, die dazu führt, dass weib nicht spürt, dass sich das Tun nicht mehr gut anfühlt. Selbst die genussvollste Aufgabe verkommt zu einer Belastung, die beiseitegeräumt werden muss, um am Ende das gute Gefühl von „Ich hab´s erledigt" zu ernten. In diesem Zustand des Durchziehens und Dranbleibens bleibt jedoch selbst dieses gute Gefühl aus.

Müdigkeit.

Erschöpfung.

Leere.

Sinnlosigkeit.

DAS sind möglicherweise DIE Gefühlszustände, die am Ende übrig bleiben.

Hm.

Du weißt, wovon ich spreche?

♥ ICH kenne es von mir. UND ich bin einmal MEHR dankbar, dass ich bereit war, diesen Veränderungsprozess für mich einzuleiten, so sehr es mich anfänglich auch gefordert hat:

Während des Arbeitstages aufzustehen, um einen Spaziergang im Wald einzuschieben. Mitten in einer Aufgabe zu unterbrechen, um mich durchzulockern – etwas, das ich übrigens jetzt gleich mache, bevor ich den nächsten Satz schreibe...

...und mich mit potenziellen Ablenkungen zu konfrontieren, die sich natürlich ergeben.

NATÜRLICH und damit GESUNDERweise.

So hat es sich gerade NATÜRLICH für mich ergeben, mein Durchlockern mit Musik zu unterstützen und einen Song zu wählen, den ich mit Dir teilen möchte:

▶ An guten Tagen von Johannes Oerding

Es ist ein Song, der die Qualität des Hier und Jetzt in den Fokus stellt und zu dem es sich einfach wunderbar tanzen lässt! ☺ Probiere es gerne gleich SELBST aus. Tanze JETZT los – mit der Absicht, Dich einmal mehr ins JETZT zu holen.

Du kennst das sicherlich: Die Sache mit dem „SPÄTER" wird sehr rasch und einfach zu einem „SPÄTER, das NIE kommt" – und so ist schwups schon wieder ein Tag vorbei, an dem Du den Moment ausgelassen hast, Dir Gutes zu tun – und sei es ein bewusster Atemzug. Das wäre übrigens die Alternative, der Du nachgehen kannst, falls Du gerade im Bett liegst, in der U-Bahn, im Zug, beim Arzt sitzt...

Also ATME – für DICH.

♥ Weißt Du – und das ist keinesfalls übertrieben – es WAR so:

Mein erster Mittagsspaziergang hat mich geschmerzt.

Geschmerzt?

Ja!

Meine Abwehrgedanken waren heftig und meine damit verbundenen Selbstgeißelungsattacken fuhren richtig hoch. Es war, als wollte mich ein Magnet an meinen Stuhl binden, als ob mein Hintern plötzlich hundert Kilogramm mehr hätte. Es war, als könnte das Abstützen auf der Tischkante meinen Bürotisch zusammenbrechen lassen. Es war eine unglaubliche Schwere, gegen die ich ankämpfte. Es war ein Schmerz, der nicht gefühlt werden wollte. Es war eine Wunde, welche durch die Tränen während des Spaziergangs einmal mehr gereinigt werden konnte. Die Tränen konnten kommen, weil ich folgenden Stimmen getrotzt habe:

- Wieso vom Computer weggehen, wo noch so viel zu tun ist!
- Die Newsletter-Aussendungen, die Homepageupdates und all die vielen Erledigungen, die anstehen, machen sich nicht von selbst!

- Außer Dir gibt es niemanden, der das leistet!
- Du hast keine Unterstützung und bist gefordert, SELBST dranzubleiben.
- WER, wenn nicht Du selbst handelt?
- Wie kannst Du jetzt auf die Idee kommen, einen Waldspaziergang zu machen?
- Du solltest merken, wie wichtig Dein TUN ist!
- In Deinem TUN wird sichtbar, DASS Du etwas geleistet hast.
- Dein TUN gibt Dir eine Berechtigung, einen Wert.

Wenn ich diese Zeilen schreibe, spüre ich die damalige Wahrheit, die ich AUCH in mir getragen habe. Es war eine Wahrheit, die ich dem Außen abgekauft hatte, die Menschen mir eingeredet hatten. Eine Wahrheit, die mir einprogrammiert wurde. Unter dem Motto:

Solange Du Leistung erbringst, bist Du wertvoll.

Du kennst diese Aussagen sicherlich.

Hey, wir leben noch in einer Leistungsgesellschaft.

Aber: Ist das WIRKlich, wirklich so?

Bist Du nur DANN wertvoll, wenn Du Leistung erbringst?

Tanz gerne drüber nach oder nimm Dir FreiSchreibZeit!

In meiner eigenen, inneren Auseinandersetzung bin ich meiner INNEREN Wahrheit, meiner Wahrhaftigkeit nähergekommen, die für Dich sicher auch diese Antwort bereithält:

Du bist ein Geschenk für diese Welt!

Wie ich das sagen kann, obwohl ich Dich möglicherweise (noch) nicht kenne?

Du hast immerhin zu diesem Buch gegriffen – etwas IN Dir hat Dich veranlasst, es zu wählen. Etwas IN Dir hat Dich geleitet, geführt, um Dir einmal mehr DEIN Leben zugänglich zu machen. Wo immer Du bisher geglaubt hast, dass Dein TUN den Unterschied für Dein Leben macht, ist etwas IN Dir, das weiß, dass Dein SEIN für den SPÜRbaren Unterschied in Deinem Leben sorgt. Für Dich. Für andere.

SEIN ist ein urweibliches Prinzip – das gerade Du, wundervolles Weib, Dir einmal mehr bewusst machen darfst!

SEIN meint SEIN.

SEIN bedeutet Im-Moment-Sein – in Präsenz – IM Geschenk.[12] SEIN bedeutet Im-Moment-Sein mit DEM, was IST.

12 Das JETZT ist auf Englisch das gleiche Wort wie Geschenk: present.

Das Gefühl, KEINE Zeit zu haben, entsteht vor allem durch den Gedanken, dass Du keine Zeit für Dein SEIN hast.

Nimm Dir Zeit für Dein SEIN.

Nimm Dir Zeit für Pausen – denn

Die NICHT-Pause ist DER Energie- und Zeitfresser!

Löse Dich von Deinem NUR-Tun und genieße zum Beispiel ein entspannteres Verlassen des Hauses, indem Du darauf verzichtest, die Waschmaschine einzuräumen und das Fertigwaschen mit Deiner zeitlichen Rückkehr zu programmieren, den Geschirrspüler noch zu starten, noch schnell aufzuräumen...

Ganz ehrlich – es ist großartig, wenn Du so effizient und umsetzungsstark bist. Und NEIN – es ist nicht wichtig, dass Du die Liste fortführst, was Du sicherlich könntest, weil Du es kennst und lebst, vieles „noch schnell" zu machen. Fakt ist: MEHR Zeit steht Dir deswegen für DICH nicht zur Verfügung – vor allem keine SEINSqualität, wenn Du den Fokus vor allem auf dem Tun hast. Nicht Dein MEHR-Tun macht den Unterschied. Leider. In Wahrheit lenkt es ab – von Dir – von dem, wer Du AUCH bist. Zum Glück kannst Du NICHTS auf Dauer zur Seite schieben und das macht auch keinen Sinn. Du hast Dich mit ALL Deinen Erfahrungen immer mit dabei. In Deinem System ist ALLES gespeichert und was immer IN Dir ist, ist FÜR Dich, wenn Du die Energie FÜR Dich wirken lässt.

Mache Dir bewusst:

Du kannst etwas beiseiteschieben und doch nicht löschen – im Da-Sein-Lassen wandelt sich die frei gewordene Energie, um FÜR Dich zu wirken.

und

Indem Du bereit bist, einen hindernden Gedanken, Glauben in Dir sterben zu lassen, wird Energie FÜR Dich und Dein Leben frei!

Es ist gleichbedeutend mit einem NEU-geboren-Werden – ganz ohne das eigentliche Sterben, wie die Menschen es oft verstehen. Das hat doch echten MEHRwert, oder?

Eine meiner Kundinnen meinte in unserer letzten Begegnung, dass genau DAS für sie DER Schlüssel war, um gut durch ihren Scheidungsprozess zu kommen. Wo immer diese Offenbarung DIR dienlich ist – sie ist in jedem Fall eine Ausstiegshilfe aus der Wahnsinnsspirale, denn

„Wahnsinn ist, immer wieder das Gleiche zu TUN und andere Ergebnisse zu erwarten."

Lachen und Weinen liegen eng beieinander. Denn ja, es tut weh, wenn weib erkennt, dass es sich in der Wahnsinnsspirale befindet. Indem Du liebevoll mit dem verweilst, was ist, Dich siehst in Deinem Tun und dem, was es mit Dir letztlich macht, ermöglichst Du Dir eine Reinigung – gerne über Tränen.

Frage Dich und spüre – gerne FreiSchreibend – nach:

Was macht dieses stetige Tun in WAHRHEIT mit mir?

Du kannst Die Motivation für DEIN Leben erhöhen, indem Du FreiSchreibend den folgenden Satz fortführst:

Wenn ich weiter dem Tun den Vorzug gebe,...

Was immer Du in diesem Kontakt MIT Dir FÜR Dich erSPÜRst – es geht nicht darum, die nächsten Schritte zu wissen. Vielmehr bestärkst Du Dich in Deinem SEIN und DAS leitet die Veränderungen ein, die es FÜR Dein Leben braucht. Darauf darfst Du vertrauen!

Dein SEIN ermöglicht Dich – in DEINEM Leben, in DEINER Veränderung, denn:

Was sein darf, kann sich verändern! So auch Du!

Die SPÜRbare Veränderung ist im Fokus – was immer in weiterer Folge an sichtbaren Veränderungen eingeläutet wird.

Im SEIN öffnen sich RÄUME. Und diese sind weiter, größer als ein Punkt. Deswegen fühle Dich einmal mehr eigeladen, Deinen WendeRAUM zu dehnen und dem WendePUNKT die Dramatik zu nehmen. Denn ganz ehrlich: Das Leben ist nicht immer so überraschend, wie es manchmal scheint.

Und weil es nach meinem Empfinden so viele MISSverständnisse in der Persönlichkeitsentwicklung gibt, möchte ich noch teilen, dass die Mantren aus meiner Mentaltrainerausbildung

„Ich bin immer zur richtigen Zeit am richtigen Ort" oder

„Ich habe immer für alles genug Zeit"

mich NICHT aus der Leistungs- und Handlungsspirale entlassen haben. Ich war weiter am Tun, Tun, Tun und ja – BIN froh, den WendeRAUM in mir gedehnt zu haben.

JETZT hast DU diese Chance!

Dein WENDEpunkt bekommt Raum im JETZT

Du kannst Dich immer wieder für das JETZT entscheiden, bist eingeladen, Deinen Raum im JETZT auszudehnen, denn wie schon kurz angemerkt:

Das Leben ist nicht immer so überraschend, wie es manchmal scheint.

Natürlich gibt es Unfälle. Ein Mensch wird von einem auf den nächsten Moment aus dem Leben gerissen. Eine Naturkatastrophe nimmt Dir Dein Zuhause. Und doch sind die meisten lebensverändernden Momente nicht wirklich überraschend, wie sehr sie einen doch in dem Moment treffen, in dem sie offenbart werden.

Ob

- die Kündigung, die Dein Chef ausspricht,
- der Kollege, die Kollegin kündigen, Dein eigenes Kündigen,
- der diagnostizierte Burnout, der Dich endgültig aus dem Job wirft,
- das Geständnis Deines Partners, dass er Dich betrügt,
- die Überraschung über den Umstand, dass Du Dich selbst in jemanden verliebt hast,
- der geliebte Mensch, der aufgrund einer Krankheit stirbt,

...

Du spürst, was ich meine?

Natürlich TRIFFT Dich das in dem Moment, wo das real wird, das SPÜRbar schon da war.

Möglicherweise HAST Du eine ähnliche persönliche Erfahrung. Dann verstehst Du, was ich meine, und spürst möglicherweise gleichsam eine Abwehr, eine Wut, einen Zorn, eine Trauer, ein Bedürfnis anzugreifen, wegzurennen oder so zu tun, als ob es Dich nicht betrifft.

Wenn ich Dich frage, ob Du spürst, was ich meine, geht es nicht darum, diese EINE Zustimmung zu geben. Zu sagen, JA so ist es.

Es geht darum, zu dem VIELEN eine Zustimmung zu geben, was ist.

Das heißt zu sagen:

Ja, so ist es UND... und... und...

Ein weiterer FreiSchreibSTARtsatz für Dich – in der Annahme, dass eine konkrete Erinnerung in Dir aufgeploppt ist.

Ob Du Dich gleich jetzt FreiSchreibst oder nicht – löse Dich von dem Gedanken, dass es einen Wettbewerb zwischen Gefühlen geben kann oder verschiedene Lebenssituationen miteinander vergleichbar sind. Frage Dich (gerne FreiSchreibend):

Stehen Dir Gefühle nur in gewissen Situationen zu?

Ist es dienlich, zwischen Gefühlsqualitäten zu unterscheiden, sie zu bewerten?

Du wirst für Dich erSPÜRen, dass es bedeutsam ist, die verschiedenen Gefühle anzuerkennen und die Suche nach der stetigen Freude ohnehin eine Illusion ist. Freude ist EIN Gefühl und gleichsam eines, das sich am Ende einer gelungenen Gefühlsperformance mit Angst, Wut und Trauer findet.

Dementsprechend kann es KEIN Ziel sein, Gefühle – egal welcher Art – wegzuschieben. Denn wieder:

Indem Du bereit bist, einen hindernden Gedanken, Glauben in Dir sterben zu lassen, wird Energie FÜR Dich und Dein Leben frei!

Wenn Du gelernt hast, denkst und glaubst,

- Du musst Deine Gefühle unter Kontrolle halten,
- Du darfst Deine Gefühle, Emotionen nicht zeigen,
- wenn, dann darf nur Freude sichtbar sein und sonstige Gefühle, Emotionen musst Du zurückhalten, um weniger angreifbar zu sein, MACHT Dich genau DAS angreifbar.

Stell Dir einen Boxkampf vor und einer der beiden im Ring bleibt stehen, macht sich ganz eng und klein. Wie stabil ist dieser Mensch IN sich beziehungsweise gegenüber dem anderen?

Das ist nicht anders, wenn es um DEINE Bewegung, Deine INNEREN Bewegungen geht. Gefühle, Emotionen WOLLEN bewegt sein – nicht umsonst spricht man von E-Motion – Energy in Motion, was Energie in Bewegung meint.

Und Bewegung braucht Raum, NIMMT Raum ein. In Deinem MIT-dem-SEIN-was-Ist, dehnst Du den Raum in Dir, gibst die Energie Deiner Gefühle, Emotionen frei, so dass sie FÜR Dich wirken. Auf diese Weise dehnst Du zudem den Raum der ZEIT – die einmal mehr mit QUALITÄT angereichert wird.

Du kannst den Raum der Zeit weiten!

Ja – für den Fall, dass dies untergangen ist: Du hast richtig gelesen:

Du kannst den Raum der Zeit weiten!

Klingt magisch?

Wie ein Zauber?

Und doch: Du brauchst dafür keine besonderen Fähigkeiten, die Du lernen musst. Vielmehr geht es darum, dass Du DIE Gedanken erlaubst, die Dir das ermöglichen und Deine IN-DIR-liegende Fähigkeit damit aktivieren.

Spüre das Jetzt – und Jetzt – und Jetzt – und Jetzt und beweise Dir, wie lange das Jetzt sein kann, wie lange Dir dieser Raum der Präsenz zur Verfügung steht. Das Gefühl der Zeitlosigkeit ist das Geschenk, das Du Dir selbst machst. Das gelingt noch besser, indem Du Dich immer wieder von der Zeit löst. Wenn Du zum Beispiel gerade bei einer Erledigung sitzt oder im Gespräch mit jemandem bist, bevor ein nächster, anderer Termin auf Dich wartet: Anstatt dauernd auf die Uhr zu schauen, stelle Dir einen Alarm und tauche ganz und gar in die Aufgabe, den Austausch ein. Du bist befreit von der Angst, dass Du die Zeit übersehen könntest, und verweilst gleichsam in der Zeitqualität des JETZT. DAS ist Magie!

Es ist MAGIE für DEIN Leben, die dem WendePUNKT seinen Schrecken nimmt.

Ein Wendepunkt hat etwas Enges, etwas Überraschendes, etwas Unbestimmtes, etwas...

Führe diesen Gedanken gerne FreiSchreibend weiter und erSPÜRE für Dich, welche Energien, Gedanken, Gefühle der Begriff WendePUNKT mit sich bringt.

Sprechen Menschen von einer WENDE in ihrem Leben, haben diese – selbst unbewusst – eine Bewusstheit dafür, dass es nicht um den EINEN Moment ging, der das Leben verändert hat. Was ich Dir in den folgenden Zeilen näherbringe, hast Du in dieser Form vielleicht noch nicht gehört. Mit einem Beginner's mind und der Bereitschaft und Offenheit nachzuSPÜREN, bekommst Du die Gelegenheit, vom WendePUNKT Deines Lebens aus Deinen WendeRAUM einmal mehr auszudehnen. Auf diese Weise wirst Du fähig, Veränderungen aus einer bewussteren Entscheidung heraus einzuleiten – noch bevor sie Dich überraschen.

Erinnere Dich:

Es muss NICHT WIRKlich, wirklich weh tun, damit Du in die Gänge kommst, oder?

In diesem stärker werdenden Vertrauen, dass das Leben FÜR Dich ist, kannst Du einmal mehr SEIN, Dein WEIB einmal mehr tanzen.

Eines meiner Mantras – nicht nur in der offensichtlichen Wende sondern allgemein – lautet:

Ich lasse mich von einer NOCH besseren Zukunft ziehen!

Angelehnt an die Zauberfrage

Wie kann es NOCH besser werden?

ist auch dieses Statement, dieser Glaube mit Dankbarkeit und Wertschätzung für DAS angereichert, was gerade IST. UND ich werde eingeladen, mich für DAS zu öffnen – im Sinne des weiblichen Prinzips –, was das Leben mir NOCH schenken möchte. UND es beinhaltet den gerne vergessenen Umstand:

Das einzig Stetige im Leben ist die Veränderung.

Bam!

DAS hat doch was, oder?

Die Zukunft BRINGT Neues, Anderes! Warum nicht gleich im JETZT davon ausgehen, dass es FÜR Dich ist?

Sei eingeladen, dieses Mantra für DICH aufzugreifen:

Ich lasse mich von einer NOCH besseren Zukunft ziehen!

Schreibe gerne ein Blatt Papier damit voll und spüre nach, was es mit Dir macht. NIMM Dir diesen Raum – zuerst auf dem Papier und dann im Leben.

Je mehr RAUM Du hast, desto FREIER fühlst Du Dich in Deinem Ausdruck!

Was beim wortwörtlichen Tanzen der Raum, der Tanzboden ist, ist beim Lebens-TANZ Dein INNERER Raum, Deine innere BASIS, Deine INNERE Sicherheit. Das macht Dich mutig, Veränderungen einzuleiten. Du erkennst, dass Du mehrere Möglichkeiten hast. Denn:

Das Leben ist mehr als ein Entweder-Oder!

Dafür sprechen nebenbei bemerkt meine ganzen UNDs im Text. ☺ Indem DU Dich von DEINER besseren Zukunft ziehen lässt, wird Dein System eingeladen, eine gesunde Gefühlsperformance zu leisten und immer wieder in Richtung Friede und Freude zu gelangen. Welche Gefühle sich auch immer entlang dieses Weges zeigen, sie bekommen Raum und ermöglichen Dir DICH!

Das Schöne an all dem ist:

Das jeweils wünschenswerte Zukunfts-Gefühl kannst Du im JETZT genießen!

Selbst, wenn Du gefühlt noch am Anfang dieses Weges stehst, kannst Du Dich hinSPÜREN in das, was AUCH ist. Ein AUCH, welches in der Zukunft liegt und gleichsam im JETZT aktiviert und dadurch eingeleitet wird. Es ist, als ob Du eine neue Zeitlinie betrittst, auf der neue, andere Schritte möglich sind. INDEM Du dem GEFÜHL Raum gibst, verstärkt sich die Magnetwirkung für das, was es braucht, um Dein Leben eben NOCH besser werden zu lassen.

Diese Magnetwirkung arbeitet übrigens IMMER schon für Dich, entlang des Wahnsinns im Gleichen TUN und gleichwährenden Gedankenkarussell, das Dir erklärt, dass Du nicht liebenswert, nicht wertvoll bist, hat es AUCH schon gewirkt.

Spürst Du diese Wahrheit?

Unter dem Motto

JETZT ist eine GUTE Zeit für eine GUTE Zeit.

hast Du die Chance, die Zeit für DEIN Leben bewusster zu gestalten, indem Du spürst, DASS Du Handlungsmöglichkeiten HAST.

Wahre Freiheit ergibt sich durch Optionen!

So lange Du in einem Entweder-Oder bist, bleibst Du in der Spirale des Wahnsinns gefangen, die sich daran nährt, dass Du NICHTS veränderst.

Eine Frage zum NachSPÜRen und gerne auch zum FreiSchreiben:

Wie viel Bereitschaft ist schon in Dir, DASS Du Dir Zeit für DEIN Leben einräumst?

Ich kann mir vorstellen, dass diese aufgrund der vergangenen gelesenen UND geschriebenen Seiten durch Dich gewachsen ist. Du HAST auf Dein Leben eingewirkt und weitest gerade einmal mehr den Raum!

Damit dieser Raum in DEINEM Sinne betanzt wird, ist es zentral, dass Du Dich SELBST besser kennen lernst und hinterfragst, welches Lebensmodell WIRKlich, wirklich DEINES ist. Alle bisherigen Fragen sind Einladungen hierfür. Die noch kommenden ebenso.

Du hast schon JETZT die Gelegenheit, Dich besser und besser kennen und lieben zu lernen. Und in Liebe zu Dir bist Du gleichsam zu einer Pause eingeladen, wann immer Dich eine ruft. Das Buch läuft Dir nicht davon. Ich verspreche es.

Von der Fülle an Möglichkeiten, der Leere in dir und deinem Weg zurück nach Hause

Wir leben in einer Welt, in der wir vor lauter Angeboten überflutet werden und alle
wollen, dass es dir besser geht.
Alle wollen, dass du aufhörst auf dich zu hören, um stattdessen ihnen zu glauben.
Diese Creme lässt deine Haut strahlen!
Dieser Workshop erleuchtet dich!
Diese Diät macht dich schlank!
Dieses Kleid macht dich unwiderstehlich!
Dieses Produkt macht dich glücklich!
Und wir kaufen.
Weil wir daran glauben wollen.
Weil es leichter ist ihnen zu folgen als unsere Bedürfnisse wahrzunehmen.
Nicht die an der Oberfläche.
Nein, von ihnen rede ich hier nicht.
Sondern von deinen Bedürfnissen tief in dir drin.
Sie verstecken sich unter einer Schicht aus Schmerz, Angst, Trauer, Wut, Ekel, Scham und Schuld.
Wir haben verlernt, nach innen zu gehen und uns selbst zu fragen.
Stattdessen folgen wir den Angeboten, die uns weg von uns bringen und uns leer zurücklassen. Und diese Leere wollen wir dann füllen. Ein ewiger Kreislauf.
Was passiert?
Du gibst deine Macht ab.
Du verlässt dich.
Du glaubst dem Außen mehr als deinem inneren Wissen, deiner inneren Weisheit.

Ich bitte dich, kehr nach Hause zurück.
Lerne dich zu bewohnen.
Mit dir zu sein.
Dich zu spüren.
Mit dir zu atmen.
All das führt dich hinein in eine Wunderwelt jenseits deiner Vorstellungen.
Wo du all das findest, wonach du dich sehnst:
Liebe
Geborgenheit
Sicherheit
Lust
Lebendigkeit
Fülle
Freude
Wahrhaftigkeit
Heimat
Wonach sehnst DU dich?

Lerne Dich SELBST kennen & finde DEIN Lebensmodell

Jetzt weißt Du bereits, dass die fehlenden Pausen, die wenigen Zeiten des SEINs, Energie binden. Was Du vielleicht noch nicht bewusst weißt und doch spürst:

Die FALSCHEN Vorstellungen über die Welt binden Deine Ressourcen.

Solange Du an Lebenskonzepten festhältst, die Du aus einer unbewussten Schmerzvermeidung heraus gewählt hast, ist es unmöglich, all das, was Du der Welt NOCH schenken willst, zu schenken – geschweige denn, Dein DAS zu empfangen, was AUCH auf Dich wartet!

Umso bedeutsamer IST es, dass Du Dir SELBST näherkommst und DEIN – für den jeweiligen Moment, die jeweilige Lebensphase – HERZstimmiges Lebensmodell findest. Dies gelingt einmal besser, wenn Du Dich von der Illusion befreist, dass das jeweils andere Lebensmodell – jenes, das Du NICHT lebst – für Dich das lebenswertere wäre.

Was auch immer wäre, ist nicht das, was ist, und schon gar nicht DAS, was sein KANN!

Lies diesen Satz gerne wiederholt, FreiSchreibe ihn nieder, lass in sickern und wirken:

Was auch immer wäre, ist nicht das, was ist, und schon gar nicht DAS, was sein KANN!

Lass uns gemeinsam einen Blick in die Geschichten werfen, die zu mir gekommen sind – mit der Bewusstheit, dass, obwohl diese Beispiele anonym sind, Du Dich in dem einem oder anderen erkennst.

♥ Nehmen wir Cathrine. Sie ist in der zweiten Ehe mit einem Mann, der sie und ihren damals pubertären Sohn angenommen hat. Ein Mann, der zudem erfolgreich ist im Sinne von Ansehen im Außen und in Form von VIEL Geld, das zur Verfügung steht. Cathrine selbst musste krankheitsbedingt ihren Job aufgeben und konnte angesichts der gut situierten Lebenssituation darauf verzichten, arbeiten gehen zu müssen. Das klingt soweit recht schön und nach einem glücklichen Zufall. Nur war das KrankSEIN letztlich genau das, was ihr einmal mehr zeigen wollte, dass es Potenzial für SelbstTREUE gab. All ihre – medizinisch nicht erklärbaren – Schmerzen waren wie laute Aufschreie, die sagen wollten:

- Hör auf, Dich mit Deinen Hobbies vor Deinem Mann zu verstecken. Er darf doch wissen, dass Du Yoga machst, meditierst und so manche Reise in Wahrheit ein Persönlichkeitstraining ist!
- Hör auf, Dir all die negativen, schlimmen Geschichten zu erzählen, die aus der Angst heraus entstehen, denn JA – Du willst nicht alleine sein und doch: Willst Du nicht lieber mit Menschen sein, die Dich als die Frau nehmen, die Du bist?
- Wie soll Dein Gegenüber wissen, wer Du WIRKlich, wirklich bist, wenn Du Dich versteckst?
- Fang an, zu dem zu stehen, was Dir wichtig ist!
- JA – es ist ein Risiko, dass sich jemand abwendet, und doch – sind es WIRKlich, wirklich DIE Menschen, die Du an Deiner Seite wissen willst?
- Wie viel Schmerz willst Du Dir in Deinem DICH-Verstecken noch zufügen?
- Wie wäre es, wenn Du Dich endlich Deinem ALTEN Schmerz stellst und das aussortierst, was nicht mehr zu Dir gehört?
- Sei einmal mehr DIE, die Du ohnehin bist – als Geschenk für die Welt!

Einfach gesagt und ja – mittels LebensTANZtraining[13] durchaus näherbringend, denn WISSEN ist das eine, Wissen zu verKÖRPERn das andere:

Siehst DU Dich als Geschenk für die Welt?

Was wird in Dir wach, wenn Du die Geschichte von Cathrine liest?

Nimm Dir gerne den Moment des NachSPÜRens, des FreiSchreibens – wenn es Dich ruft.

Cathrine hat zuerst EIN Lebensmodell gewählt, um in Folge IHR Lebensmodell zu finden. Ähnlich war es bei Cordula. Ähnlich darf es für Dich sein.

♥ Cordula hat sich lange NICHT als Geschenk für die Welt gesehen, obwohl sie als alleinerziehende Mutter und als Weib beruflich in einem Bereich landen konnte, der zumeist Menschen und Männern mit Studium vorbehalten blieb. Sie betonte

13 Neben dem Wissen, der Theorie beleben Deine Schreibhand und Dein Tanzbein, die Einbindung Deines Körpers Dein SPÜREN. Dies unterstützt Deine VerKÖRPERung.

immer wieder, dass sie ja nur Glück gehabt hätte – als ob das, was sie sich ermöglicht hat, NICHTS mit IHR zu tun hätte. Cordula hat sich selbst innerlich klein gehalten, unter der Prämisse:

Was nicht sein darf, muss verleugnet werden!

Kommt Dir das bekannt vor?

Verleugnest, schmälerst Du Deine Talente und Fähigkeiten vor allem SELBST?

Was hindert Dich daran, wertvoll zu sein?

Was würde es brauchen, um Dich als bedeutend zu erkennen?

Ist es möglich, Dich als wertvoll, bedeutend zu sehen, zu spüren, zu leben?

Deine Geschichte kann inhaltlich ganz anders sein als jene von Cordula – diese Fragen darfst Du Dir gerne dennoch stellen, darfst nachSPÜREN, mit dem Stift auf dem Papier darüber nachTANZEN.

♥ Letztlich hat Cordula sich so sehr verleugnet, dass es im Zuge von geplanten Organisationsveränderungen für die Firma einfach erschien, die Gunst der Stunde zu nutzen. Der Plan war, sie kostengünstig abzuservieren, ihr eine berufliche Veränderung nahezulegen und sie mit einer verhältnismäßig geringen Abschlagzahlung in die Opfer-Falle zu locken. Cordulas bisher so perfektes Understatement und ihr zudem überdurchschnittlich hohes Gehalt ergaben die perfekte Kombination für den Plan der Firma. Sie wollte sparen und es würde sicherlich wieder jemanden geben, der sich unter seinem Wert verkauft. Was ihnen nicht in den Plan passte, war der Umstand, dass Cordula bereits einige Zeit mit mir an ihrem Selbstwert arbeitete und dieses einfache Abservieren nicht mehr möglich war. Cordula war mehr und mehr in ihre Weiblichkeit und Schoßraumkraft gekommen und konfrontierte sich und die Firma – eigenverantwortlich, risikobereit und mutig. Sie war bereit, mit jeglicher Konsequenz zu leben. Sie konnte einmal mehr erkennen, was ihr WIRKlich, wirklich wichtig war im Leben. Dem ist sie gefolgt. Inzwischen ist Cordula NICHT mehr in dieser Firma – aber mehr verrate ich nicht. ☺ Vielmehr frage ich Dich:

In welchen Bereichen verrätst Du DICH?

Wo gibt es für Dich Potenziale für SelbstTREUE?

Ruft es irgendwo schon GANZ laut nach Veränderung?

SPÜRst Du, dass das bisher gelebte Lebensmodell Dir nicht mehr entspricht oder nie DEINES war?

Es ist völlig egal, wie Cathrine, Cordula oder Kerstin ihr Leben gelebt HABEN –

DAS, was sie aus dem INNEN heraus ermöglicht haben, ist eine Möglichkeit, der DU näherkommst, wenn Du Dich in DEINE Innenwelt wagst!

Alles, was Du wissen musst, ist IN Dir!

Was NICHT in Dir ist, Dir bekannt ist: die Geschichte von Kerstin – die habe ich Dir nämlich noch nicht erzählt, falls Du Dich gewundert hast...

♥ Kerstin ist nach außen hin jemand, der genau DAS Leben lebt, das einige Frauen sich erträumen: Sie ist verheiratet, hat einen lieben Mann, zwei gesunde Kinder, einen Halbtagsjob, der interessant genug ist, dass weib gerne hingeht und der das Familieneinkommen zudem nett aufbessert. Auf diese Weise ist der Alltag ohne große finanzielle Sorgen gestaltbar. Unterhaltsame Ausflüge und Reisen sind gut leistbar. Es gibt genug Zeit, das Familienmanagement zum Großteil zu übernehmen.

Das klingt doch fein. Wo ist der Haken? Der Haken liegt in dem, wie es sich für Kerstin anSPÜRt, und in dem, was hinter verschlossenen Türen AUCH gelebt wird. In Kerstins Fall ist es die fehlende Beziehungsqualität mit ihrem Mann. Er leidet unter Depressionen, bewegt sich außerhalb der familiären Wände wie ein Gesunder und bricht kaum angekommen zu Hause in sich zusammen. Die Mutter-Qualitäten von Kerstin machen es möglich. Nur wer hat gerne Sex mit seiner eigenen Mutter? Und eine gefühlt alleinerziehende Mutter von nun DREI Kindern zu sein, macht noch einsamer, weil das männliche Gegenüber fehlt. Also wird Kerstin nicht nur zur Mutter, sondern zum Mannsweib. Dinge organisieren, alles checken, vorausdenken und entsprechend umsetzen – DAS kann Kerstin. WAS sie in unserem Training lernte: das Muster der verdrehten Verantwortungsübernahme mehr und mehr aufzulösen. Kerstin hat – unter anderem aufgrund des baldigen Todes ihrer Mutter – gelernt, früh Verantwortung zu übernehmen. Diese Rolle innerhalb der Paarbeziehung und neuen Familiensituation fortzusetzen, ist jedoch ungesund.

Nur, weil weib etwas kann, heißt das nicht, dass weib es liebt!

Kerstin KENNT ein Leben mit Überforderung. Sie KANN damit umgehen. Und sie hat SPÜRbar erfahren, wie es möglich ist, ihr Leben noch mehr zu LIEBEN. Indem sie sich einmal mehr davon befreite, Verantwortung zu übertragen, die nicht die ihre ist, war ihr Mann gefragt, wieder in die Gänge zu kommen. Zudem fand sie den Mut eine Ausbildung zu beginnen, um sich eine weitere berufliche Option zu eröffnen – etwas, das sie zuvor nicht gewagt hatte, „weil doch ihr Mann nicht ohne sie kann... die Kinder sie brauchen...“.

Klar wirkte die Geschichte des frühen Verlustes ihrer Mutter hier hinein. Und ja – Kerstin war und ist ein schlaues Weib. Der Kopf hat schon früh verstanden, dass die Welt sich weiterdreht, wenn sie selbst NICHT mehr da ist. Dass sie in der EIGENEN Welt dem Schwindel des alten Gedankenkarussells entkam, indem sie sich einmal mehr in sich verankerte. DAS gelang durch ihr LebensTANZtraining.

Nicht in jedem Fall bleibt eine Beziehung aufrecht, wie bei Kerstin. Für Melanie war der Schritt der Scheidung der richtigere und HERZstimmigere. Wer jetzt denkt, dass sie einen wilden Rosenkrieg durchstehen musste, der sei eingeladen nachzuspüren, ob dies WIRKlich, wirklich immer eine Konsequenz sein muss.

Indem weib sich wiederholt – zum Beispiel einmal im Jahr – und sich GERNE mit dem Partner, der Partnerin bewusst ein Zeitfenster nimmt, um sich zu fragen

Bin ich in meiner Beziehung glücklich?

Weiß mein Gegenüber, wie es mir WIRKlich, wirklich im Miteinander geht?

Was schätze ich an unserem Miteinander?

Wo fühle ich, dass es Veränderungen braucht, um Qualität aufzubauen, zu erhalten?

Wo erwarte ich etwas zurück?

Welche Bedürfnisse gehören für mich WIRKLICH ausschließlich in die Paarbeziehung?

Welche Bedürfnis-Erfüllungen können möglicherweise ausgelagert werden?

Was kann ICH leisten, damit die Beziehung wieder mit mehr Qualität gelebt werden kann?

Ist es noch möglich, einander in Liebe, Achtung und Ehre zu begegnen?

bekommt weib wieder Raum in sich, weiß besser, wie es gerade für sie IST, und kann wieder bewusst gestaltend einWIRKEN.

Wichtig:

Du kannst nicht NICHT wirken!

Mach Dir DEIN Wirken also bewusst – gerade, wenn Dir Beziehungen bedeutsam sind!

Und bezogen auf Melanies Beispiel hat sich gezeigt: Sie kann den Mann an ihrer Seite DANN weiter lieben, achten und ehren, wenn eine Trennung vollzogen wird.

Magst Du Dir Dein Wirken JETZT bewusst machen, bewusst nachspüren, zu obigen Fragen FreiSchreibend aktiv werden?

Das Buch und die nächsten Zeilen warten auf Dich!

Selbst, wenn Du in keiner klassischen Mann-Weib-Beziehung bist, kannst Du forschen, wie Du in engeren Beziehungen BIST, wie viel Du von Dir zeigst, versteckst und was Du beiträgst oder noch beitragen kannst. Ob in Bezug auf eine liebe Freundin, Geschwister, Eltern, Nachbarn, Kollegen – Du bist IMMER in Beziehung – selbst mit jemandem, der zufällig vor Dir im Supermarkt an der Kasse steht. Ich gehe so weit – denn ich lebe und praktiziere das selbst – zu sagen, dass Du mit Deinen Haustieren, Deinen Gegenständen in Beziehung bist und hier ein wertvolles Beziehungstrainingsfeld zur Verfügung hast.

Machst Du Dir täglich Dein Bett, (selbst, wenn Du allein lebst)?

Weißt Du, wo Du das, was Dir wichtig ist, hingelegt hast?

Wirfst Du Deine Tasche, Deine Jacke, Deine Schuhe unachtsam auf den Boden oder gibst du sie an vorgesehene Plätze?

Mit folgender Frage kannst Du ab JETZT Dein alltägliches Beziehungstraining starten:

Wie kann ich mit meinen Dingen noch liebevoller und achtsamer sein?

NachSPÜRzeit, FreiSchreibZeit willkommen! Offenbare Dir selbst, wie DU BeziehungsQUALITÄT einmal mehr in Dein Leben bringst.

Du gestaltest das WIE von Beziehungen mit.

Mach Dir das gerne nachSPÜRend, FreiSchreibend bewusster, um entsprechend motivierter in Deinen neuen und anderen Handlungen zu sein – schließlich willst Du ja den Wahnsinn hinter Dir lassen, oder?

Wie schon einmal angeführt, kommt selbst eine Scheidung nicht plötzlich. All die Kompromisse, die entlang des Beziehungsweges gemacht wurden und werden, um dem gesellschaftlichen Gedanken „Du bist geschieden – Du bist gescheitert!“ zu entgehen, machen den Handlungsspielraum gefühlt eng. DAS, was weib SEBLST fühlt und spürt, wird weggeschoben, bekommt keinen Raum. Dabei gilt hier wie sonst auch

Was sein darf, kann sich verändern!

Etwas, das auch Petra für sich einmal mehr erSPÜRen und damit wandeln durfte, um dem Wandel in ihrem Leben auf sicheren Füßen begegnen zu können.

♥ Petra litt ebenso am Nicht-ihr-Leben-Leben. Nach außen hin war alles wundervoll und vorzeigefähig, wie es sich für eine richtige Karrierefrau gehört, um darüber zu vergessen, dass sie auf diese Weise ihrem Weib-SEIN untreu wurde. All das viele Geld, die exklusiven Urlaube, die bunten Schuhe, Taschen, Lippenstifte konnten ihr nicht DAS geben, was sie eigentlich suchte. Im gemeinsamen LebensTANZtraining wandelte sich Petra von einer Karrierefrau zu einem Karriereweib und letztlich zu einem WEIB MIT Karriere.

Wenn Du Dich in Petras Geschichte wiedererkennst, frage Dich, ob Du eine KarriereFRAU oder ein WEIB mit Karriere sein möchtest.

Das MACHT einen Unterschied.

SPÜRe selbst nach!

Nach außen mag dies nicht offensichtlich anders aussehen und doch anders und neu WIRKEN. Wenn das SEIN unabhängig wird von einer Visitenkarte, DANN bist Du wahrlich frei, in Deinem Sein UND in Deinem Tun. Das verändert Deine Energie.

♥ Die Energie von Petra hat sich gewandelt. Energien IN ihr sind wieder in Fluss gekommen. In ihrem Anerkennen ALL ihrer Anteile – ob Gefühle, Gedanken, Glaubenssätze – konnte das Raum bekommen, was AUCH war/ist, denn

Was sein darf, kann sich verändern!

Wo Stress beiseitegedrängt wurde, das stetige TUN die Gefühle überdeckte, ermöglichte das WAHRnehmen dessen, was jeweils war, den Zugang zur inneren VIELfalt, der INNEREN ReichHALTigkeit. Genau in dieser inneren ReichHALTigkeit HAT Petra wahrlich Halt gefunden, obwohl sie lange dachte und auch forderte, dass das Außen ihr sozusagen als Dank für ihr Tun entgegenkommen müsse. Als langjährige Karrierefrau wollte sie von Abkürzungen profitieren. Sie dachte, das Leben sei ihr das schuldig. Angesichts ihres Verzichts auf eine eigene Familie, Partnerschaft und ihres Bemühens, für ihre Eltern da zu sein, wäre dies wohl das mindeste, was ihr zustand. Gerade wo es doch immer heißt, dass das Leben gerecht ist. Wo also blieb diese Gerechtigkeit?

Soviel zur – aus meiner Sicht – oft falsch verstandenen Spiritualität oder auch Persönlichkeitsentwicklungstrainings, die Menschen, so wie Petra, einmal mehr in die Frustration führten. Zu WISSEN ist das eine – das Wissen zu leben, zu verKÖRPERn erfordert, den Körper miteinzubeziehen. Die Umsetzungskraft von Petra war für das gemeinsame Training hilfreich und ein Turbo. Es blieb ihr dennoch NICHT erspart, die tiefen Täler durchzuSPÜREN, Tränen der Reinigung zu vergießen und sich schonungslos mit ihrer Vergangenheit zu konfrontieren. Auf diese Weise tanzt sie freudvoller MIT und TROTZ ihrer Vergangenheit durch ihr Leben.

Mit und trotz DEINER Vergangenheit, mögest Du Deinen LebensTANZ im Jetzt so gestalten, dass Du dieses Zeitfenster bestmöglich nutzt – für eine Zukunft, auf die Du richtig Lust hast.

Du darfst neben *Cathrine, Cordula, Kerstin, Melanie und Petra* ein weiteres Wunder-Weib sein, das ihren LebensTANZ genießt!

In diesem Sinne – bleib mit dem Lesen dran, selbst wenn eine Pause inzwischen IMMER Platz finden darf! Gerne TANZEND.

Zum Beispiel zu

Never too late von Three Days Grace oder

Never too late von Elton John oder

Never too late von Nat Turner Rebellion oder

Never too late von Tiikk

Never too late von Hedley

Je nachdem, welcher Spirit Dich anspricht, und je nachdem, bei welchem Song Du Dich am besten SELBST besungen fühlst: Tanze im JETZT – zwischen Vergangenheit und Zukunft!

Zwischen Vergangenheit und Zukunft

Zwischen Vergangenheit und Zukunft liegt das JETZT. Und mit dem JETZT haben wir uns schon ein wenig beschäftigt im ersten Abschnitt *Weil es NICHT zu spät ist.*

Angesichts der Chance, genau im JETZT zu gestalten, möchte ich Deinen DenkSPIEL-raum ausweiten, indem ich mit Dir eine umfangreichere Vorstellung der Zeitlinien teile.

Vielleicht kennst Du diese Idee:

Was gedacht wird, IST bereits vorhanden.

Das betrifft jegliche Erfindung, der ein Denken vorausgeht. Und dann geht es manchmal um ein Dranbleiben. Ein Dranbleiben, um es Wirklichkeit werden zu lassen. Ein Dranbleiben im Gefühl, dass etwas in Dein Leben gezogen wird. Ein Dranbleiben in der Umsetzung, das danach verlangt, dass das Gedachte zum Leben erweckt wird. Einer dieser Erwecker – Erfinder, wie wir sie nennen – war zum Beispiel Thomas Edison. Er, der mehrere tausend Versuche unternahm, um letztlich der Glühlampe LICHT einzuhauchen. DEIN Licht wird einmal mehr strahlen, indem Du für DICH dranbleibst. Indem Du einmal mehr verstehst, was es hierfür braucht, ergibt sich die Motivation – hin zu Leichtigkeit. Für JETZT heißt das, mach Dir bewusst:

Was immer Du über Dein Leben denkst, IST!

Du kannst das natürlich für Dich überprüfen – nachSPÜRen, FreiSchreiben:

Was denke ich über mein Leben?

Kann ich erkennen, wo und wie das Denken mein Leben beeinflusst?

Wenn wir davon ausgehen, dass Du Dein Leben im JETZT durch bewusstes Denken gestaltest, stimmt auch:

Was immer Du FÜR Dein Leben erdenkst, IST vorhanden!

Natürlich ist das jetzt im JETZT, und damit so manches, was Du FÜR Dein Leben erdenkst, noch nicht greifbar – aber doch SPÜRbar. Das heißt übersetzt, dass es eine wesentliche Ergänzung in diesem Satz braucht, damit das Warten auf die Zukunft frei von Druck und Ungeduld möglich wird:

Was immer Du FÜR Dein Leben erdenkst und im JETZT schon SPÜRST, erwartet Dich!

In dieser neuen Bewusstheit schaffst Du Dir ein Gegenstück zur sonst unbewussten Vermischung der Zeiten. Die Vorstellung von Zeitlinien kann hier helfen. Nimm das wirklich bildlich – als ob Du mit Deinen TanzSchritten zwischen den Zeiten wechseln kannst, als ob auf Deinem LebensTANZboden verschiedene Linien gezeichnet sind und es an Dir liegt, wo Du Dich hin- oder/und entlangbewegst.

Uralt und gleichsam wie ein Sickerwitz – eine Aussage, die einem selbst ohne Beginner's mind oft wie neu erscheint, weil weib es sich noch mehr bewusst machen darf:

Aufmerksamkeit lenkt Energie.

Und Energie in Bewegung sind E-MOTIONs, Emotionen, Gefühle. Genau HIER setzt Du am besten an. Blicken wir in den Alltag. Da mag es das Gefühl der Sorge um die Zukunft geben, eine Enttäuschung, einen Ärger in Bezug auf die Vergangenheit UND das JETZT – das JETZT, dem Du Deinen ZeitQUALITÄTsstempel GIBST, bewusst oder eben unbewusst. Was immer in Deinem Leben ist, ist das Jetzt DER Moment, in dem Du Dich ganz bewusst für DAS entscheiden kannst, was DEINEM Leben entspricht. Du weißt inzwischen:

Was immer Du FÜR Dein Leben erdenkst und im JETZT schon SPÜRST, erwartet Dich!

NICHTs Neues erwartet Dich, wenn Du auf der von der Vergangenheit beeinflussten Zeitlinie bleibst. Dann ist das Jetzt eine Fortführung der Vergangenheit – hinein in die Zukunft, die geFÜHLt nicht anders ist. Darüber können etwaige Anhäufungen von materiellen Gütern oder stetig neue Partner, andere Jobs, Wohnortwechsel nicht hinwegtäuschen. Denn

Dein INNERES bestimmt Dein Äußeres.

LebensZeitQUALITÄT bezieht sich auf die SPÜRbare Komponente. Das, was Du INNERLICH spürst, ist IMMER zentraler als das, was OFFENSICHTLICH im Außen vorhanden ist. Und was immer im Außen ist, sei eingeladen, Dich zu erinnern:

Alles, was Du wissen musst, ist IN Dir!

Das WAHRnehmen von Gleichzeitigkeiten in Dir ERLAUBT und schließt nichts aus. Es erlaubt, DAS zu leben, was AUCH gewählt wird. Egal, wie sich letztlich Träume und Wünsche in Deinem Leben manifestieren, ist und bleibt die Prämisse:

WIE sich das Leben anSPÜRt, ist wesentlicher als das, was es nach außen hin abbildet.

Erinnere Dich an die Geschichten von *Cathrine, Cordula, Kerstin, Melanie und Petra.* Das nach außen hin schönste Leben sagt nichts darüber aus, wie sich die betroffenen Menschen wahrlich fühlen und spüren. Das LebensTANZtraining hat diese Weiber unterstützt, die Gleichzeitigkeit besser wahrzunehmen, sich damit SPIELraum zu geben und bewusster zu wählen, auf welchen Zeitlinien sie jeweils unterwegs sind. Selbst in den Geschichten von meinem grünen Zaun oder der Schulabsage zeigt sich: Wäre ich einer alten Reiz-Reaktions-Dynamik gefolgt, wäre die Zukunft wohl eine andere gewesen. Keine grüne. Und wenn doch grün, dann hätte ich zwar meinen Holzzaun UND mich grün geärgert. Um Dir das Brett vor dem Kopf wegzunehmen, gilt es, Dir wiederholt bewusst zu sein:

Das einzig Stetige im Leben ist die Veränderung.

Damit ist das Jetzt IMMER der richtige Zeitpunkt, das HERZstimmige JETZT, sich mit der Veränderung bewusst auseinanderzusetzen. Denn wieder:

Das Leben ist nicht immer so überraschend, wie es manchmal scheint.

Indem Du im JETZT bewusst innehältst – nicht nur in Bezug auf Beziehung – Dich fragst, ob Du gerade auf DER Zeitlinie bist, auf der Du sein möchtest, gestaltest Du AKTIV im JETZT das, was Du in Zukunft leben und LIEBEN wirst.

Wie wäre es, wenn Du das gleich JETZT für Dich erlaubst?

Bist Du auf der Zeitlinie, auf der Du sein willst?

Gestaltest Du aktiv oder lässt Du geschehen?

Nimm Dir DIESEN Moment.

Nimm WAHR und FreiSchreibe gerne,

Was ist in Dir gerade lebendig nach diesen Impulsen?

Welche Gedanken drängen sich auf?

Was sind Deine Gestaltungs-Gedanken im JETZT?

Mit dem Einlassen auf den jeweiligen einzelnen Moment schaffst Du Dir Momente, in denen Du Dich bewusster für LebensZeitQUALITÄT entscheidest.

Das Schöne IST:

Wir leben immer von Moment zu Moment zu Moment.

Auf diese Weise ergibt sich stetig eine NEUE Chance des bewussten Einwirkens. Die Einladung lautet wiederholt, das Leben AUCH im JETZT wahrzunehmen, zu fühlen und zu spüren.

Dein Leben findet in Wahrheit IMMER AUCH im JETZT statt.

Es sind die Gedanken, die Dich in die Vergangenheit oder Zukunft rutschen lassen und damit gefühlt wie auf eine andere Zeitlinie versetzen. Es sind DEINE Gedanken. Bei den 50.000 bis 70.000 Gedanken, die Du am Tag denkst, geht es nicht darum, ALLE Gedanken zu erfassen und neu/anders zu denken. In DEN Momenten, wo Du bemerkst, dass Du in Wahrheit NICHT im Jetzt bist, wird es interessant. Es ist folglich DAS Jetzt, in dem Du forschen, beobachten und hinspüren kannst, welche Gedanken der Vergangenheit oder Zukunft angehören.

Wie das geht?

Durch Innehalten und Dich-Einladen, in eine Selbstbeobachtung zu gehen. Ich arbeite im Einzelsetting viel mit dem Körper – äußerlich sichtbare Bewegungsabläufe bekommen Aufmerksamkeit oder wir gehen nach INNEN, mit einem Focusing-Prozess (ähnlich wie Hypnose) nach Eugene Gendlin. Ich begleite die Menschen in ihrem Spüren – rege zum Innehalten, Verweilen an. Auf diese Weise weitet sich das Feld der Wahrnehmung und das, was noch nicht bekannt war, darf sich AUCH zeigen.

Ähnlich ist es mit dem FreiSchreiben. Beim FreiSchreiben geht es darum, der Wirbelwirkung der schnellen Gedanken entgegenzuwirken, und allein dies wird bemerkbar, wenn Du beim Schreiben das Gefühl hast, Du kommst zu langsam mit dem Stift voran. Wunderbar, wenn es langsamer sein muss. Es bringt Dich zurück zu DIR. Zu Deinem INNEREN. FreiSchreiben ist eine DER Methoden, die Du super alleine umsetzen kannst – da ist der Kopf beschäftigt, den Tanz des Stiftes am Papier in Bewegung zu halten. Der Kopf hat einen Auftrag und das, was gesagt werden möchte, kann aus Deinem INNEREN kommen. DAS ist die Absicht, durch die das FreiSchreiben noch mehr offenbart.

FreiSchreiben ist in sehr emotional geladenen Momenten wohl nicht das erste Mittel der Wahl, wenngleich es SEHR gut hilft. Da wäre zum Beispiel ein Dialog zwischen dem JETZT-Anteil und dem anderen – wer immer es ist – eine feine Möglichkeit. Und doch: Weil Zeit relativ ist, ist diese Form des Dialogs nachholbar. In meiner Mentaltrainerausbildung haben wir das Psychohygiene genannt, wonach Du das WIE der Vergangenheit mit Frieden anreicherst. Indem Du bewusst zur Erfahrung zurückkehrst, die Gefühle sein dürfen und sich folglich wandeln – nach dem Motto:

Was sein darf, kann sich verändern!

Lerne den anderen, emotional aktivierten Anteil kennen – wie gesagt gerne zeitversetzt. Glaube mir, dass die Reiz-Reaktions-Dynamik nach ähnlichen Grundlagen bei Dir abläuft. Und wenn Du dieser Dynamik mehr und mehr entkommen möchtest, braucht es eine Musterunterbrechung[14]. Im Falle einer sehr emotionalen Situation mag das heißen, einen Schritt aus diesem Zustand zurück oder herauszugehen, um dem Munitions-...ich meinte diesem geladenen Emotionsfeld zu entkommen.

Eine gewisse FreiSchreiberfahrung unterstützt den Weg hin zur Musterunterbrechung. Dafür ist es gut, eine FreiSchreibübung zu haben – eine, die selbst OHNE Papier und Stift starten kann. Lausche selbst:

Weib beginnt all das laut auszusprechen, was gerade in ihr vorgeht. Auf diese Weise hört weib sich selbst und lädt eine höhere Instanz IN ihr ein. Eine Instanz, die zuhört. Sie befreit von der Identifikation, dem Eins-Werden, mit der Emotion. Diese Instanz ermöglicht einen umfassenderen Bewusstheitsgrad für ein weiteres Sichtfeld auf das Leben. Wiederum wird Raum frei – zuerst IN Dir und dann im Außen.

Ob Informationen nach guten oder schlechten Nachrichten klingen, entscheidest Du.

Im Moment passiert das noch eher unbewusst, in der Zukunft – mit entsprechendem Training – jedoch immer öfter bewusst.

Wie sieht es mit DIESER Information aus:

NIEMAND und NICHTS kann Dir die Vor-/Freude nehmen!

Es ist so viel einfacher, mit dem Zeigefinger auf andere zu zeigen, Schuldige zu finden, um dabei doch letztlich zu übersehen, dass in der Handposition des Auf-jemanden-Zeigens gleichsam drei Finger zu DIR SELBST zurückzeigen.

Ja. So IST es.

Du hast die Handposition probiert?

SEHR gut! Letztlich geht es darum, Dich in einer Qualität des SEINs auszuprobieren.

Freude SEIN zu lassen, wo sie IST. Da, wo es scheinbar um nichts geht, kannst Du üben. Übernimm Verantwortung für DEINE Gefühle. Erlaube Dir DEINE Wahrheit. Genau DAS ist vielleicht das NEUE und ANDERE, das von Schuldanklage oder Rechtfertigungsdynamiken befreit. Indem Du Dich aus DIR heraus einlässt, Neues, Anderes auszuprobieren, erSPÜRst Du Dich einmal mehr als Schöpferin, Gestalterin Deines Lebens! GANZ natürlich entsteht dabei Neues. Und glaube mir eines:

14 Eine neue Handlung, ein neues Umgehen – mehr dazu in den Folgekapiteln.

Weiber gebären MEHR als Kinder in die Welt!

Ob Du kinderlos oder kinderreich bist – eines ist zentral für Dein Weib-SEIN: Deine Schöpferinnen- und Gestaltungskraft! Die HAST Du IN Dir – völlig unabhängig von einem medizinischen Gutachten oder einer biologischen Uhr.

Gib Deine Schöpferinnen- und Gestaltungskraft nicht ab – EGAL, welche weiblichen Vorbilder Du in Deinem Leben kennen, lieben, hassen gelernt hast. JETZT geht es um DEIN Leben!

Deine weiblichen Vorbilder

Dein Leben ist SEHR stark geprägt von Deinen weiblichen Vorbildern – den Bildern von Frauen, die Dir vorgesetzt werden. So unbewegt und ruhig wie ein Bild waren sie jedoch nicht. So unbewegt und ruhig lassen sie auch DICH nicht. Diese weiblichen Vorbilder prägen – in ihrer SEINs-Qualität, in ihrem Tun, ihrem Ausdruck. Du bist geprägt davon, wie Deine Mutter war, wie Du Deine Oma erlebt hast und dadurch, wie Du den Umgang unter oder mit sonstigen Weibern aus dem Familien- und Freundschaftskreis wahrgenommen hast. Du hast erfahren, welche Weiber geschätzt wurden, welche abgelehnt wurden, über welche im Hintergrund oder sogar offensichtlich getratscht wurde. Wer oder was war beliebt? Wer oder was wurde ausgegrenzt? Das gilt es zu erfassen.

Auf Deiner EIGENEN Reise in die Weiber-Erwachsenenwelt war die Frage, was von all dem Du übernehmen, was in Frage stellen solltest. Zumeist wird der gesellschaftlich tragfähigste, anerkannteste Weg gewählt – selbst, wenn dies gleichsam eine Ablehnung, Ausgrenzung Deiner weiblichen Ahnenqualitäten bedeutet hat.

So wählst Du als Kind. UNBEWUSST. Dass es sich um den „besseren Weg" gehandelt hat, erklärst Du Dir in späterer Folge SELBST, um Dich zu beruhigen.

Aber ist das so?

Frage Dich, Dein HERZ FreiSchreibend, SPÜRend:

Habe ich den richtigen Weg für MICH und MEIN Leben gewählt?

Welche weiblichen Vorbilder haben mich in meinen Entscheidungen beeinflusst?

Was taucht an Erinnerungen auf, wenn ich an meine weiblichen Vorbilder denke?

Auf welche Weise haben sie mich beeinflusst?

Was habe ich über Weib-SEIN glauben gelernt?

Welche Familiensituationen haben mich in meinem Weib-SEIN geprägt?

Wie viel Weib wurde vorgelebt und wie viel Weib lebe ICH?

Gibt es noch einen Weiber-Groll in mir, der gesehen, geSPÜRt werden möchte?

Wie umfassend Deine Antworten auch ausfallen mögen – sie finden sich in ihrer einzigARTigen Weise gleichsam in einem universellen Gleichklang wieder: Noch JEDE meiner LebensTÄNZERinnen im Training hat für sich erkannt, dass eine Ablehnung der Weiblichkeit aus Kindheitstagen zur Ablehnung der EIGENEN Weiblichkeit im JETZT geführt hat.

Du fragst Dich, wie das sein kann?

Als Kind geht es beim Heranwachsen um das ÜBERleben, das es zu sichern gelingt, indem das Kind andere Menschen hat, die es schützen. Dieser Umstand war IMMER schon wesentlich und befindet sich wie eine Grundprogrammierung in unseren menschlichen Systemen:

Der Mensch braucht Menschen.

Ist es in der Anfangszeit JEDENFALLS die Mutter, die das Kind in ihrem Leibe trägt, sind es in der Folge die weiteren Mitglieder der Familie, des Stammes, wer immer nahe ist und mütterliche Qualitäten zur Verfügung stellt. Entlang der Evolution ist jedem menschlichen System unbewusst klar, dass es bedeutsam ist, MIT anderen zu sein. Wenn Du zudem zwischen Freud und Leid WÄHLEN kannst, was wählst Du?

WAS hast Du als kleines Mädchen – UNBEWUSST – gewählt?

Wieder – und das ist zentral, um Dir selbst liebevoll zu begegnen, Dir zu vergeben – sei Dir bewusst:

Ein Kind wählt UNBEWUSST.

Du hast als Mädchen unbewusst gewählt.

Der bisher gedachte „bessere Weg" ergab sich in Wahrheit aus dem, was ANDERE Dich glauben gelernt haben! Entlang der Antworten auf die Fragen „Wer oder was war beliebt, wer oder was wurde ausgegrenzt?" hat sich für Dich ein Bild ergeben. Es hat einen Weg aufgezeigt, den Du gewählt hast, der Dich als MENSCH hat ÜBERleben lassen. Das WEIB in Dir ist jedoch klein geblieben... und darf ab jetzt einmal MEHR wachsen!

Dieses KLEIN-geblieben-SEIN ist für mich eine Antwort darauf, warum es so eine starke Emanzipationsbewegung gab und gibt. Aus meiner Sicht wird die Emanzipation die Weiblichkeit jedoch NICHT zurückbringen.

Wie ich darauf komme?

Wenn wir DAVON ausgehen, dass Emanzipation vom lateinischen Wort emancipatio abstammt und so viel heißt wie die „Entlassung des Sohnes aus der väterlichen Gewalt" ergibt sich für mich einmal mehr das Gefühl von „Eh-Mann-zipation" – sprich – WIEDER wird MÄNNLICHKEIT für Weiber gefordert. Übertrieben? Vielleicht. Ich mag es, provokant, fordernd und fördernd zu sein.

Noch bevor ich DAS gewusst habe, hatte ich wiederholt ein Gefühl der Unstimmigkeit in mir, wenn Frauen (und ich sage bewusst nicht Weiber) sich für die Emanzipation einsetzten. Immer wieder traf ich auf Frauen, die gegen andere Frauen wetterten und das jeweils gewählte Lebensmodell in Frage stellten oder ohne Umschweife abwerteten.

Wenn FRAUEN gegen Frauen sind, wie soll Weib zu ihrer Weiblichkeit finden?

Ist dies WIRKlich, wirklich ein Beitrag, um die eigene Weiblichkeit freud- und friedvoll zu leben?

Ich glaube nicht.

Ein Mit- und Füreinander IST wertvoll – einmal mehr, wenn jeder Mensch SEINEN Teil der Verantwortung trägt. Dann ist es ein freier Wille zu leben, wie weib lebt, dann ist gelebte Freiheit möglich. Warum eine Befreiung von Abhängigkeiten fordern, wenn ich Entscheidungen in meinem Gewahrsein[15] treffe?

Wie ist es mit DEINEM Gewahrsein?

Wie ist es mit DEINEM Wahrnehmen dessen, was Du tust oder eben nicht?

Das Leben IM, die Verbindung MIT dem JETZT ist hierfür grundlegend.

Weißt Du:

Weib kann nicht NICHT handeln!

Entsprechend wichtig ist es, mehr und mehr im JETZT zu sein und aktiv das NEUE zu wählen. Indem Du bewusster und bewusster handelst, löst Du Dich aus Mustern des Reagierens, lässt Du Automatismen hinter Dir. Alles, was Du Dir im Sinne des Überlebens als Mensch angeeignet hast, was immer Du in Deinem Aufwachsen übernommen beziehungsweise abgelehnt hast, darf sich auf gesunde, natürliche Art wieder FÜR Dich finden. Die WEIBLICHKEIT darf DICH finden. DU darfst DEINE Weiblichkeit finden – egal, welche weiblichen Vorbilder Du hattest.

Wie auch immer Deine weiblichen Vorbilder waren und sind, es ist einmal mehr an der Zeit, ein vorbildliches Weib zu werden!

15 Gewahrsein bedeutet wahrzunehmen im Wissen, DASS weib wahrnimmt.

DAS ist eine wundervoll wertvolle Möglichkeit, DEIN Leben zu leben – auf eine Art und Weise, wie DU es willst.

WENN Du bei und mit vollem Bewusstsein entscheidest, mit wem, wo, wie und mit welchen potenziellen Konsequenzen Du leben WILLST, hast Du FREI gewählt. Dann ist es DEINE Entscheidung. Dann fällt weg, dass Du auf jemand anderen zeigst, zeigen würdest. Es ist die vollkommene Übernahme von Verantwortung für DEINE Entscheidungen, DEINE Handlungen, DEIN Leben. Es ist wahrhaftige SELBSTverantwortung. Etwas, das natürlich umso leichter geht, wenn Du Dich als Weib erkennst und als solches DEINE Schöpferinnen- und Gestaltungskraft nutzt – aus DEINEM GewahrSEIN, Deinem GeWAHRsein heraus.

Wie ist es mit DEINEM GewahrSEIN, Deinem GeWAHRsein?

Erlaube Dir anzuerkennen:

DEINE Wahrheit darf DEINE Wahrheit sein.

Selbst oder gerade, wenn Du noch nicht ganz in Frieden bist mit Deinen weiblichen Vorbildern, liegt die Ursache vielleicht darin, dass Du Dir nicht erlaubst, Deinen Groll GEGEN diese Menschen zu richten. Weißt Du – Du wärst nicht die Einzige, die mit der eigenen Mutter noch ein unerledigtes Emotionsthema hat. Selbst, wenn Deine Mutter schon gestorben IST, bleibt das Thema, wenn Du Dich ihm nicht stellst. NUR, wenn Du Dich dem (am besten in Begleitung) stellst, löst sich der Groll letztlich WIRKlich, wirklich auf und wird nicht wieder bis auf Weiteres beiseitegeschoben. Das stetige Beiseiteschieben lässt den Groll nicht verschwinden, sondern bindet Dich im Leid.

Indem Du DURCH den Schmerz tanzt, lässt Du das Leiden hinter Dir.

Damit machst Du DIR ein Geschenk UND den anderen Weibern – jenen, die VOR Dir waren, und jenen, die NACH Dir kommen. Du BIST bereits die Zukunft und in der Form bist Du eingeladen, Deine Beziehungskonzepte NEU zu definieren – nämlich so, wie sie DIR gefallen!

Beziehungskonzepte NEU

Der Begriff KONZEPT ist jetzt schon ein paar Mal auf den vorliegenden Seiten aufgetaucht. Nur – was versteht mensch unter einem Konzept? Und warum ist es besser, kein vordefiniertes, empfohlenes Konzept aus dem AUSSEN abzukaufen, sondern für sich SELBST zu definieren?

Wenn ein Konzept für einen Plan steht, der genau definiert, was getan werden muss, um X zu erreichen, gibt es, wenn überhaupt, nur einen kleinen Spielraum für Anpassungen. Die folgende Geschichte hilft zu verdeutlichen, was damit gemeint ist:

♥ Es war einmal ein Lehrer, der mit seinen SchülerInnen ein Experiment durchführte. Er stellte vorsichtig einen großen Glaskrug auf den Tisch und füllte ihn nach und nach mit großen Steinen, bis der Krug randvoll war. „Ist der Krug voll?", fragte er in die Runde. Die SchülerInnen zögerten nicht lange und antworteten mit einem lauten „Ja!".

Für den Fall, dass Du die Geschichte kennst – glaube mir, Du wirst dennoch überrascht sein. Selbst ohne Beginner's mind – also weiter....

Der Lehrer frage nochmals: „Tatsächlich?" Er bückte sich, holte ein Gefäß mit Kieselsteinen hervor und füllte den Glaskrug weiter an – bis die Kieselsteine alle Lücken umhüllten. Wieder fragte er: „Ist der Krug voll?".

Inzwischen waren die SchülerInnen verunsichert und meinten: „Wahrscheinlich nicht?"

Mit einem Lächeln auf den Lippen neigte sich der Lehrer wieder nach unten und hob einen Eimer Sand auf den Tisch. Er goss den Sand in den Glaskrug. Dieser rutsche zwischen den Steinen hindurch und füllte die Räume zwischen den großen Steinen und dem Kies aus. Noch einmal fragte der Lehrer: „Ist der Krug voll?". Ohne Zögern riefen die SchülerInnen ihm entgegen: „Nein!" Sie konnten kaum erwarten, wie das Experiment weitergehen sollte.

Der Lehrer griff nach einer Wasserkaraffe und schüttete das darin enthaltene Wasser vorsichtig, langsam in den Glaskrug.

Was sagt dieses Experiment über KONZEPTE, BEZIEHUNGskonzepte aus? Und was NICHT?

Es geht sicher NICHT darum, gefühlte Leere stetig mit etwas aufzufüllen, was das Wesentliche überdeckt, versteckt. Es geht NICHT darum, mehr und mehr zu tun und Dir zu beweisen, dass immer noch etwas möglich ist. Es geht darum, Dich zu fragen, was Du WILLST!

Und DAS, was Du WILLST, gilt es zu SPÜREN, immer wieder aufs Neue, und in der Folge davon auszugehen, dass DAS, was es braucht, damit es sich in Deinem Leben erFÜLLT, von sich aus zu Dir kommt. Wie ich das sagen kann? Weil es schon IN Dir IST. Und indem es IST, zieht es das, was es braucht, zu Dir. Erinnere Dich an die Zeitlinien. Lass all das Gelesene gerne einmal sickern, auf Dich wirken.

Atme.

Atme bewusst – JETZT.

Spüre nach, FreiSchreibe zu dieser InSPIRITion:

Alles, was ich wissen muss, ist IN mir!

Alles, was zu mir kommen wird, IST bereits da!

ReichHALTigkeit, wie Du sie N Dir findest, erschlägt nicht, beinhaltet KEINEN Zweifel, sondern einfach Zuversicht. ReichHALTigkeit unterstützt den HALT in Dir – noch bevor Du in Begegnung gehst. In Kontakt mit dieser ReichHALTigkeit bist Du frei von Erwartungen und Absichten in Bezug auf andere Menschen. Du bist im Vertrauen, dass das Leben sich für Dich so anfühlt und -spürt, wie Du es gewählt hast. Wenn Dich etwas ERfüllt, hat es Leichtigkeit und Freude IN sich und wird aus dem Inneren heraus angezogen. Wenn Du glaubst, es geht um ein BEfüllen, AUFfüllen, erschlägt Dich das VIELE und führt aufgrund des gleichzeitigen Gefühls der Leere zu einer Irritation. Du zweifelst an Deiner Dankbarkeit und Wertschätzung für das Leben und willst Dich mit Sätzen wie

Ich sollte dankbar sein.

Den anderen geht es doch viel schlechter.

Ich habe ja eigentlich alles, was ich brauche.

Andere wären froh, wenn sie so leben könnten wie ich.

beruhigen.

Kennst Du das?

Warum passiert das so?

Weil es noch weit verbreitete MISSverständnisse gibt, die es aufzulösen gilt.

So ist es ein mieses Verständnis zu glauben: „Eine Frau muss ihren Mann stehen." Es geht um viel mehr als das klassische Mann-Frau-Thema. Neue Ideen, Erfahrungen, ErSPÜRungen sind in Deine Bewusstheit gelangt. Du hast erspürt, was es heißt „im Jetzt zu leben". Dir ist klar, dass es NICHT darum geht, „dass weib seine Gefühle im Griff haben muss". DAS ist weib hoffentlich nun klarer und gilt übrigens NICHT einmal für Männer. Die dürfen ebenso ihre Gefühle wahrnehmen und in Eigenverantwortung damit gehen. Schließlich willst Du Dich und auch Männer vor allem MENSCHLICH erleben, oder?

Zurück zur vorherigen Geschichte mit den Steinen. WENN Du sie kennst, hast Du sicher schon gehört, dass es darum geht, die großen Steine zuerst in Dein Glas zu legen.

Siehst Du das noch immer so?

Hast Du nach den vorherigen Zeilen eine andere Antwort?

Was ist, wenn ich Dir sage, dass die großen Steine bereits IN Dir SIND?

Es KANN nur so sein, denn:

Alles, was Du wissen musst, ist IN Dir!

Die GROSSEN Steine sind Vertreter von Werten, Bedürfnissen und Wünschen, die DIR genau entsprechen! Es sind die Talente, Fähigkeiten und Qualitäten, die IN DIR angelegt SIND. Es ist DAS, was Du schon IN Dir mitgenommen hast für dieses Leben. Es ist DAS, was es freizuSPÜRen gilt, um Dich in weiterer Folge mit DEM erfüllen zu lassen, was DIR entspricht.

Löse Dich vom BEfüllen – hin zum ERfüllen.

Hol Dir dieses Mantra in Erinnerung:

Ich lasse mich von einer NOCH besseren Zukunft ziehen!

In aller Kürze heißt das, dass Du ÜBERHAUPT kein Konzept für Dich parat haben musst. Wenn Du es Dir GANZ leicht machen willst, vertraue diesen IN Dir liegenden Steinen. DEIN zufriedenes Leben mit BeziehungsQUALITÄT und Erfolg wird von selbst angezogen, wenn das Innere für Dich, IN Dir klar ist. Nochmals:

Das GEFÜHL ist zentraler als DAS, was es letztlich für Dich im Sichtbaren bedeutet!

Wie immer Du für DICH Beziehung leben möchtest, ist weder DAS Konzept noch das EINE Konzept für Dein GANZES Leben anwendbar. Aus meinen Einzelsettings weiß ich, dass diese NEUE Sicht einen solchen Möglichkeitsraum eröffnet. Wenn weib erkennt, dass es darum geht, DAS zu leben, was einer HERZstimmigen Entscheidung entspricht, IST sie auf dem besten Weg, in dem für sie aktuell richtigen Beziehungskonzept glücklich zu leben – mit allen Hochs und Tiefs, die dazugehören.

Wo immer Du gerade stehst – sei Dir bewusst:

Entscheidungen sind für einen gewissen ZeitRAUM stimmig – idealerweise HERZstimmig.

KEINE Entscheidung muss auf Lebzeiten getroffen werden – selbst, wenn weib entscheidet, mit jemandem zu sein, und einen Eid spricht von wegen „bis dass der Tod euch scheidet". Indem Du Dich in Deinem Leben lebst, wirst Du wiederholt die Erfahrung machen, dass alte Konzepte sterben. Selbst das so gedachte Konzept von „Ehe auf Lebenszeit" verabschiedet sich möglicherweise. Wir unterliegen der Veränderung und es bleibt dabei:

Das einzig Stetige im Leben ist die Veränderung.

Und TROTZ Veränderungen findet sich wiederholt DAS, was FÜR Dich ist, wenn Du Dich in Deiner HERZstimmigkeit überprüfst. Nur Du weißt in Deinem Inneren, wie Du leben willst, was fehlt, was es braucht. DU findest in Deinem INNEREN Antworten, DEN Leitstern, der Dich im Außen führt.

Das, was noch vor einem Tag, einer Woche, einem Monat, einem Jahr gegolten hat, wird über die Zeit abgelöst. Neue, andere Entscheidungen sind zu treffen. Es wird zum Beispiel Phasen in Deinem Leben geben, wo Du Kinder möchtest, UND welche, wo Du (noch) KEINE (mehr) möchtest. UND dann hat das Universum, das Leben diesbezüglich noch seinen eigenen Plan – bei dem Du erst im RÜCKblick erkennst, dass es gut war, wie es war. Das „Kind" kann übrigens stellvertretend für andere Wünsche, Träume stehen – alles ist stetig im Wandel.

Dass Du gerne IN Beziehung mit jemandem sein magst, bedeutet nicht in jedem Fall, dass Du das ganze Paket von wegen Hochzeit, Kinder, gemeinsam Wohnen mit diesem einen Menschen leben willst. Vielleicht möchtest Du das. Vielleicht möchtest Du lieber frei und ungebunden sein und entscheidest Dich vorab für KEINE Beziehung. Oder eine freie Beziehung, bei der Du und Dein Gegenüber – ihr einander – Sexualität außerhalb der Paar-Beziehung zugesteht. Wie immer Entscheidungen einmal getroffen wurden, geht es darum, diese zu überprüfen, nachzuspüren, ob es weiter stimmig ist, auf diese Weise zu leben.

Vielleicht ist JETZT ein guter Moment, um nachzuspüren, Dich FreiSchreibend zu erforschen:

Lebe ich DIE Art von Beziehung, die ich WIRKlich, wirklich leben will?
WELCHE Art von Beziehung ruft mich?
Braucht es Veränderungen in meinem aktuellen Beziehungsleben?
Was und wie würde ich NOCH leben wollen?
Findet SPÜRbar gute Sexualität Raum in meiner Beziehung?
Welche Veränderungen sind Beiträge für Beziehungsqualität?

Unabhängig vom eigentlichen Beziehungskonzept ist das Konzept des „passenden Gegenübers" zu hinterfragen, denn BeziehungsQUALITÄT wird von Deinem Gegenüber mitgestaltet. Was das „passende Gegenüber" anbelangt, gibt es im AUSSEN natürlich Meinungen, die sicherlich gut gemeint sind und wiederum DEINE INNERE Wahrheit überlagern. Und noch etwas wird überlagert: die LIEBE.

NachSPÜR-, FreiSchreib-Fragen für Dich:

Sind mir Meinungen anderer in Bezug auf meine Partnerwahl wichtig?
Schränke ich mich aufgrund von gesellschaftlichen Vorstellungen ein?
Halte ich mich zum Beispiel wegen eines Altersunterschieds zurück?
Ist das Geschlecht wesentlich?
Welches Gegenüber zieht mich WIRKlich, wirklich an?
Was halte ICH zurück in der Begegnung?
Wenn ich einen Zauberstab hätte – WIE würde ich mir meine Beziehung zaubern?
Wovon träume ich WIRKlich, wirklich und was erlaube ich mir? Gibt es hier eine Diskrepanz?

Merkst Du, wie Du zur AufRICHTIGkeit DEINER Wahrheit eingeladen bist?

SPÜRst Du, wie viel Aufgeregt-Sein, wie viel Energie in Fluss kommt, wenn Du Dir DICH – mit DEINEN Antworten erlaubst?

Was immer zuerst in Gedanken, auf dem Papier landet, ist DAS, was in Dein Leben gezogen wird – wenn Du es gefühlt und SPÜRbar zulässt. Und Liebe beginnt bei DIR. Du bildest mit Deiner Selbstliebe die Basis für eine neue Qualität in der Begegnung mit anderen. Je größer Deine Selbstliebe, umso mehr befreite, bedingungslose Liebe ist für Dein Gegenüber vorhanden. Durch Deine Selbstliebe werden Missverständnisse aufgelöst, weil Du Dich als DIE zeigst, die Du bist.

DAS wiederum lädt Dein Gegenüber ein, ebenso dieser Mensch zu sein, der Er oder Sie ist.

Gerade in Beziehungen verliert sich weib im anderen und vergisst:

Ich bin der wichtigste Mensch in meinem Leben!

Löse Dich von Bedürf-DICH-keiten und dem damit verbundenen Glauben, es brauche DAS EINE richtige Gegenüber. Finde neue, andere Möglichkeiten für Deine Bedürfniserfüllung – indem Du Dich SELBST in den Fokus nimmst – mit der Absicht, Dich SELBST einmal mehr zu lieben!

Selbstliebe

Die Liebe wird uns als etwas verkauft, wofür wir jemand anderen brauchen. Genährt wird dieser Umstand durch ungestillte Liebes-Bedürfnisse aus der Kindheit. Was ich damit meine? Wenn wir davon ausgehen, dass LIEBE nicht wertet, bedingungslos ist und alles erlaubt, wird rasch klar, dass DIESE Liebe nicht in ihrer allumfassenden Möglichkeit vorhanden war. Für NIEMANDEN. Das ist keinesfalls oder notwendigerweise böse Absicht und ist doch passiert.

Ein „Ich liebe Dich" zu SPÜREN war DER Wunsch, der mehr oder weniger unbeantwortet blieb und in der Konsequenz fälschlicherweise in der Beziehung gesucht wird. Dieser Umstand wird in der IMAGO-Paartherapie (nach Harville Hendrix und seiner Frau Helen Hunt) aufgegriffen. Nur was machen, wenn der Partner nicht mitmacht, mitgeht? Wieder:

Du brauchst niemand anderen, um LIEBE zu spüren.

Vielmehr dürfen wir uns ein „Ich liebe Dich" einmal mehr SELBST geben. In der Folge verändert sich die Begegnung unter Erwachsenen. Sie wandelt sich in ein „Ich liebe UNS". Mein Erkennen dessen hat dazu geführt, dass mein „Ich liebe Dich" einschließlich an meine Kinder gerichtet ist. In einer Liebesbeziehung unter Erwachsenen habe ich begonnen, mich neu, anders mitzuteilen:

Ich spüre so viel Liebe in MIR, wenn wir zusammen sind.

Ich brauche Dich nicht UND es ist so schön, wenn wir zusammen sind.

Daraus ergibt sich ein wahrhaftes Paradoxon – nämlich das Gefühl von FREIheit in Verbindung mit einem tiefen Gefühl der Verbundenheit.

Wie fühlt sich das für Dich an?

Welche Gedanken kommen in Dir auf, wenn Du das liest?

Vielleicht lebst Du aktuell noch mehr nach dem Prinzip „Geh weg zu mir"?

Welches Prinzip?

Geh weg zu mir.

Du wärst damit jedenfalls nicht die Einzige – so viel verrate ich Dir.

In Deiner immer tieferen Verankerung in Dir – durch Dein Innehalten, FreiSchreiben und Erfahrungen der absichtslosen Begegnung (zum Beispiel in meinen Trainings) – wandelt sich das „Geh weg zu mir" in ein „Ich begegne Dir in Liebe". Dies wird möglich, indem Du Deiner SELBSTliebe Raum gibst, Du Dir IN Dir Raum gibst und aus Dir heraus mit neuer Sicherheit lebst. Hierfür geht es einmal mehr darum, die Zeitlinie zu wechseln – wahrzunehmen, wie das Alte wirkt, um das Neue bewusst zu wählen. Und DAS wiederum heißt Verantwortungsbereitschaft. Eigenverantwortungsübernahme.

In meinen KommUNIKATionstrainings lernen Menschen, sich selbst näherzukommen und sich aus dem zu befreien, was über Jahre, Jahrzehnte nachgewirkt hat. Was immer DEINE konkreten Erfahrungen sind: Kinder WERDEN in ihrem So-SEIN bewertet, gestoppt, korrigiert – etwas, das Du sicher kennst. Deswegen sind Deine Eltern und sonstige Mitmenschen von damals keine schlechten Menschen.

Sie

- haben es einfach nicht besser gewusst und konnten nicht aus ihrer Haut.
- waren/sind nicht in Kontakt mit ihrem INNEREN und ebenso von sich selbst getrennt.
- sind von außen gesteuert.
- wurden – ebenso wie Du – vom gesellschaftlichen, kollektiven Feld genährt und haben zumeist das übernommen, was als „gängig und in Ordnung" angesehen wurde. Eine etwaige Überforderung wurde nach außen hin weggewischt...und hinter verschlossenen Türen wurde so manch Unangenehmes aufgetischt.

Ich selbst komme aus einem Haushalt, in dem es Gewalt gab. Zudem war ich das zweite und unerwünschte Kind meiner Mutter. Der Boden meiner SEINSberechtigung war nicht gut vorbereitet. Selbstliebe war ein Fremdwort, noch wurden Selbstliebe und Selbstfürsorge vorgelebt.

Wie viel Selbstliebe hast Du in Deiner Kindheit vorgelebt bekommen?

Wie viel Liebe hast Du in Deiner Kindheit gespürt?

Noch bevor Du in ein vertiefendes SPÜRen oder FreiSchreiben gehst, möchte ich Dich wissen lassen, dass Du JETZT die Gelegenheit hast, mit den Augen der Liebe, den Ohren der Liebe und dem Herzen der Liebe auf diese Zeit zu blicken. Etwas, das Du Dir zu einem morgendlichen Mantra machen kannst, so wie ich es lange SEHR regelmäßig gemacht habe und jetzt in mir verankert spüre:

Lass mich den Tag mit den Augen der Liebe sehen, mit den Ohren der Liebe hören und mit dem Herzen der Liebe spüren. DANKE!

Du kannst diesen Satz gleich JETZT laut aussprechen und nachspüren, was er mit Dir macht. Oder Du schreibst ein Blatt Papier damit voll, um einem etwaigen Widerstand liebevoll zu begegnen. Dieser Satz stand jedenfalls ganz oft in meinen Morgenseiten und ich spreche ihn gerne laut aus, wie ein Geschenk, das ich mir für meinen Tag, eine Situation mitgebe, die mich fordert.

Gerade, wenn Du in ein FreiSchreiben gehst, bei dem eine Begegnung mit Deiner Vergangenheit auf Dich wartet, ist dieses Mantra wie ein schützendes Korrektiv, das Dich davor bewahrt, in etwas einzutauchen, wo Du WIRKlich, wirklich jemanden an Deiner Seite haben solltest. Manchmal IST es besser, wenn Du Dir gezielt Unterstützung holst. Mehr dazu an späterer Stelle – denn Unterstützung ist nicht gleich Unterstützung.

Jetzt darfst Du für Dich erkennen, dass selbst in der scheinbar erschüttertsten Kindheit, die weib leben konnte, Liebe vorhanden war.[16] Oft war/ist diese von Scham- und Schuldgefühlen überlagert. Die Loyalität zu den eigenen Eltern ist zudem meist so groß, dass weib (und auch mann) sie nicht an den Pranger stellen will. Das heißt nicht, dass weib nicht offiziell mit ihnen bricht, sie nicht mehr trifft. Du gehörst möglicherweise aber mehr zu jener Sorte Weib, die weiter bemüht war und ist, den Kontakt mit den Eltern aufrechtzuerhalten und dienlich zu sein. Welche Variante des Miteinanders Du wählst, ist unbewusst und dient Deinem Schutz. Es ist ein Schutz vor dem Fühlen des alten Schmerzes, der sich doch nicht ganz verdrängen lässt. Das weißt Du. Das spürst Du immer wieder und hast es vielleicht in der Aufstellungsarbeit[17] erfahren. Selbst wenn Deine Eltern gestorben sind, gibt es dieses befreite Mitteilen oft nicht. Das weiß ich aus eigener Erfahrung. In Wahrheit kann ich diese Zeilen nur deshalb schreiben, weil ich mich meinem Schmerz gestellt habe und von einer Anklage an meine Eltern befreit bin. Und ja – ich gebe zu, dass es gedauert hat. Da war viel Scham. Da waren viele Schuldgefühle. All die Hassgefühle, die ich IN mir trug und nicht nach außen tragen wollte, haben mir wortwörtlich den Atem geraubt. Dabei ist Atem LEBEN.

16 Selbst in der un-emotionalsten, emotionsgehemmtesten Familie gab es Liebe. Ich erwähne das, weil ich in meiner Arbeit wiederholt erfahre, dass es KEINEN Vorteil mit sich bringt, wenn weib in einer gesellschaftlich anerkannteren Familie aufgewachsen ist.

17 Methode in der Lebensberatung zum Erkennen der Zusammenhänge in einem Familien-/System.

Lass uns gemeinsam atmen – JETZT.

Zeit ist relativ, wie Du bei den Zeitlinien schon gehört hast. Wir können uns unabhängig von Zeit miteinander verbinden. Und in meinem Hinfühlen und -spüren zu Dir, nehme ich Dich WAHR. Ich kenne Dich zwar (vielleicht/noch) nicht persönlich, jedoch weiß ich, dass Du eines dieser Weiber bist, die mit angeleiteten Meditationen, in denen Du zur Leichtigkeit aus Kindheitstagen verwiesen wirst, NICHTs anfangen kann. DEINE Mundwinkel schnellen bei einer derartigen Anleitung nicht gleich zu einem Lächeln nach oben, oder? Und dennoch, es GAB Momente, die von Liebe durchdrungen waren – wenn nicht mit deinen Eltern, dann mit den Geschwistern, einer Vertrauens- oder sonstigen Bezugsperson. Ich weiß, dass es jemanden, etwas für DICH gab. Hey, Du liest dieses Buch gerade, bist weiter an Dir dran. Bist dabei, mehr drin zu sein – drinnen in Dir!

Insofern ist JETZT ein guter Zeitpunkt, nochmals die Frage zum NachSPÜRen, FreiSchreiben anzubieten:

Wie viel Liebe hast Du in Deiner Kindheit gespürt?

Gerade als Kind warst Du so wundervoll magisch verbunden mit der Natur, der Menschlichkeit, Deiner Umgebung, den Tier-, Pflanzen-, Steinwesen. Als Kind HAST Du erfahren, wie Du in LIEBE eingebettet bist. Du weißt um die Verbindungen, die Du gelebt hast – mit Deinen Spielsachen, vielleicht auch einer Pflanze oder mit einem Haustier.

In dem Moment, wenn Du Dich von der Vorstellung löst, dass Zeit nur linear und vorwärts läuft oder wirkt, wirst Du zudem erkennen, dass NOCH jemand für Dich da war:

Deine innere Erwachsene hat Dich immer geliebt,
wird Dich immer lieben!

Dieser Anteil in Dir, der so wesentlich war und ist, kann natürlich nicht darüber hinwegtäuschen, dass Du Dir vor allem von Deinen Eltern mehr Liebe gewünscht hättest. Vielleicht hast Du ja doch inzwischen ein paar Momente für Dich sammeln können, die Dir zeigen konnten, DASS Liebe vorhanden war/ist. Liebe hat so viele Sprachen – mehr als fünf –, selbst, wenn die Essenz von Gary Chapmans Buch „Die 5 Sprachen der Liebe" ein guter erster Anhaltspunkt ist. Letztlich geht es nicht darum, Dich mit mehr Theorie-Konstrukten und Hirnfutter zu versorgen, sondern Dich in Deine SPÜRbaren Antworten zu bringen. Du SELBST weißt, ob Du in Liebe bist, aus Liebe handelst oder nicht!

In einer Zeit, wo ich bewusst Abstand zu meinem Vater gesucht habe, war eines meiner Mantras: „Wie immer er es für sich glaubt oder nicht – ich weiß, dass er mir wichtig ist." Diese Aussage ist beliebig verwendbar und hilft vielleicht auch Dir in Deinem gesunden Bei-Dir-SEIN:

Was immer (NAME einsetzen) glaubt – ich weiß, dass (NAME einsetzen) mir wichtig ist!

In dem Glauben, dass Du DEINE Liebe beweisen musst, hältst Du Dich von Dir selbst fern. Investiere lieber bewusste Zeit in Deine SELBSTliebe. Schließlich bist und bleibst Du bis zuletzt der wichtigste Mensch in Deinem Leben. Und wie viel schöner IST das Mit-Dir-Sein, wenn Du in Liebe mit und in DIR verbunden bist! Es mag eine Reise sein, bis Du mit offenem Herzen sagen kannst:

Ich liebe meine Mutter.
Ich liebe meinen Vater.
Ich liebe mich.

Und doch ist es genau diese wundervolle Ernte, die Du aus Deiner Selbstliebe-Praxis für Dich einfahren wirst! Der Song „Lieb Dich selbst" von Janin Devi und André Maris verweist auf diese Essenz der Selbstliebe und diese Basis, die es braucht, um einmal mehr die Liebe zu anderen BEDINGUNGSlos zuzulassen. Bedingungslos ist ein großes Wort und DAS an Dir selbst zu üben, ist nicht nur ein wundervoller SELBSTliebe-Beitrag, sondern wahrlich ein Schlüssel für heilsame Begegnungen mit anderen. Die Kompensation durch andere und das damit verbundene Landen in ungesunden Beziehungen darf ein Ende haben. Ein Ende dürfen auch die Gedanken der Schuld und Scham haben, wenn eine Beziehung endet:

Was ist (schon wieder) schiefgelaufen?
Was an mir ist falsch?
Du kennst diese Fragen?
Hast Du Dir schon WIRKlich, wirklich Antworten gegeben? Und wenn – hast Du sie für Dich hinterfragt? Sie entlang der Wahrheit geprüft? DEINER Wahrheit?
Stimmt es, dass...

Wenn diese Ergänzung fehlt, hältst Du Dich in Deinem Selbstgeißelungsgefängnis fest. Es ist auf der Zeitlinie des Vergangenheitsschmerzes angesiedelt. Aus diesem gilt es auszubrechen.

Im Kopf etwas durchzudenken, hält wie schon erwähnt mehr gefangen, als dass NEUES hineinfindet. Mit dem Bewussten-Zeit-Einräumen, SPÜREN, FreiSchreiben ergeben sich NEUE Ansichten. Das Nicht-für-Dich-Zeit-Nehmen ist eine Gewohnheit, die es zu verändern gilt. Du bist noch mittendrin und darfst Dich liebevoll schätzen. Bestärke Dich einmal mehr mit einem:

Ich nehme mir Zeit für Zeit!

Wie spürt sich das an, jetzt, wo Du einmal mehr SPÜRbar weißt, dass Selbstliebe zentral ist?

Hat sich seit Beginn des Buches schon etwas daran verändert, wie Du die Zeit wahrnimmst?

Sei durchaus eingeladen. mich wissen zu lassen, wie Du es verändert spürst. Sende mir eine Mail an home@abunDANCER.at. Eine schöne Übung ist es übrigens, diesen Satz „Ich nehme mir Zeit für Zeit" wiederholt auf ein Blatt Papier zu schreiben, bis es voll ist. Veränderung darf einfach sein.

Jeglicher noch so kleine Erfolg IST ein Erfolg, den Du feiern darfst!

Nimm Dir Zeit, Dich zu feiern, Dich anzuerkennen – nicht nur für Dein Tun, sondern Dein SEIN. Weißt Du – es HAT einen Grund, dass Du bist. Solange Deine großen Steine und Kieselsteine versteckt im Glaskrug des Lebens liegen, ist einmal mehr Deine SPÜRfähigkeit für Dich zentral, um voll und ganz dem zuzustimmen, für Dich anzunehmen:

Du bist ein Geschenk für diese Welt!

Dies GILT, egal, wie Deine Zeugung verlaufen ist, ob Du von Deinen Eltern gewünscht warst oder nicht. Unter der Annahme, dass bei einem Samenerguss zumindest 30.000 bis einige hundert Millionen Spermien den Weg zur Eizelle finden, war DEIN Samen der Gewinnersamen.

Du BIST in dieser Welt!

DU bist in dieser Welt!

Du bist ein GESCHENK für diese Welt!

MACH Dir entsprechend das Geschenk der Selbstliebe. Nimm Dir bewusst Zeit für Dich und mit Dir.

Zum Beispiel, indem Du Dir eines der folgenden Liebeslieder auf eine Weise anhörst, die NEU und ANDERS ist – für DEIN Neu und Anders. Ich rede nicht von einem LiebesLEID-Lied – davon gibt es viele. Ich meine eher diese Lieder, bei denen sich jemand AN jemandem erfreut. Indem Du Dir solch ein Lied anhörst – von Dir zu Dir –, nährst Du Dich in Deiner Liebe zu Dir SELBST.

Ein Lied, DAS als Liebeslied an sich selbst geschrieben wurde, wäre

▶ **Love Myself von Andy Grammar**

Greif diese Tanz- und Singeinladung auf. Und für den Fall, dass Du lieber ein deutsches Lied magst, das Dich in Deinem So-Sein bestärkt, höre Dir dieses hier an:

▶ Unikat von SDP

Je mehr Musik Du in Dein Leben lässt, Deine Schreibhand und Dein Tanzbein schwingst, umso mehr Weiblichkeit aktivierst Du. Tanzen ist zutiefst weiblich und balanciert Dich im Inneren aus. Tanzen ist ein WESENtlicher Beitrag für Dein gesundes So-Sein-Dürfen-wie-Du-BIST. Erkenne:

Ich bin. ICH bin. Ich BIN.

Wann und wo immer Du Dich NOCH einsam fühlst – sei Dir bewusst, dass es immer diese liebende Instanz in Dir gibt, die IST. War es die innere Erwachsene in Deinem Kind-Sein, ist nun eine unzerstörbare Instanz IN Dir, die sich wünscht, dass Du Dir sagen kannst

Ich liebe mich!

Tanz mal drüber nach!

Für den Anfang ist ein

Ich bin okay!

auch schon wunderbar.

Von der Einsamkeit ins ALL-ein

Wie Du bereits mitbekommen hast, arbeite ich bewusst mit Sprache, sehe in jedem Wort, das geteilt wird, eine Form von Frequenz, die übertragen wird und Dich je nach Deiner INNEREN Einstellung unterstützt oder hemmt. Vielleicht fühlst Du die Worte „einsam“ und „allein“ ähnlich und doch hilft die Differenzierung, um von Deiner Einsamkeit in ein ALL-ein zu kommen, das Dich nährt statt stresst.

Allein-sein ist ein Zustand. Einsam-sein ist ein Gefühl. Ein Zustand hat eine gewisse Beständigkeit und ein Gefühl kommt und geht. Ob Du alleine oder von tausend Menschen umgeben bist – in beiden Fällen kannst Du Dich einsam fühlen. Dieses Gefühl ergibt sich aus einer wahrgenommenen Trennung – der Trennung von Dir SELBST. Deswegen IST Selbstliebe so ein zentrales Element, um Dir selbst näherzukommen. InSPIRITion, wie Du FÜR Selbstliebe aktiv werden kannst, hast Du bereits erhalten.

Damit Du aktiv wirst, AGIERST braucht es die Loslösung von dem gewohnten REAGIEREN. Aufgrund des so stark wahrgenommenen Trennungsgefühls verstärkt sich das Einsamkeitsgefühl in Dir. Diese Einsamkeit willst Du verhindern. Im REAGIEREN heißt dies, dem gewohnten Verhaltensmuster zu folgen – der gewohnten Außenorientierung zu verfallen. Und schon schlägt die Falle zu – das Gefühl von Einsamkeit macht sich noch breiter.

Du fühlst Dich manchmal wie ein Alien?
Und das Alien-sein wurde als Allein-sein missverstanden?
Möglicherweise war das bereits in der Kindheit für Dich so?
Kennst Du den Blick zum Sternenhimmel – verbunden mit der Sehnsucht nach Heimat?
Hast Du Dich auch einmal gefragt, ob Du vielleicht adoptiert bist oder im Krankenhaus vertauscht wurdest?
Oder haben sich Deine Eltern einmal in diese Richtung geäußert?

ICH kenne das jedenfalls ALLES...

Die Angst vor dem Allein-sein ist in Wahrheit die Angst vor der Einsamkeit. Und vor lauter Angst holen wir uns genau DAS ins Leben – ich sage nur „Das Gesetz der Resonanz" oder „selbsterfüllende Prophezeiung" (engl. self-fulfilling prophecy). Vor lauter Angst VOR der Einsamkeit merken wir gar nicht, wie wir dieses Gefühl selbst herstellen, wie wir uns zurückziehen, uns eben NICHT auf andere einlassen.

Frage Dich selbst:

Lässt Du Dich WIRKlich, wirklich auf Dein Gegenüber ein?

Gehst Du WIRKlich, wirklich in Kontakt?

Oder hast Du Angst, dass jemand zu viel von Dir will?

Hältst Du Dich bei neuen Begegnungen zurück?

Oder übertreibst Du bewusst, um den Kontakt zu vermeiden?

Erlebst Du Dich als sehr wählerisch, ob und mit wem Du Dich triffst?

Weißt Du, es ist völlig okay und normal, dass Du Dich verhältst, wie Du Dich verhältst. Dort, wo Du Dich vollumfassend frei als DU ausdrücken hättest wollen – in Deiner Kindheit –, hast Du die Erfahrung gemacht, dass es diesen geschützten Spür- und Erfahrungsraum nicht gab. Dort, wo Du Dich sicher hättest fühlen sollen, war es nicht möglich und das Vertrauen ist ein Stück weit verloren gegangen. Das heißt zum Glück nicht, dass es diesen Spür- und Erfahrungsraum nicht JETZT für Dich gibt. Das Gefühl von Einsamkeit, einem Fremd-Fühlen muss nicht länger laut sein. Das Fremd-Fühlen darf abgelöst werden von einem Dich-Selbst-Fühlen und -Spüren.

Welchen Song Du auch wählst, welcher Stimme Du auch lauschen willst, die Dir sagt

You are not alone

Not alone

I'm not alone

I know I'm not alone

– es gibt unzählige SängerInnen zu diesen Songtiteln!

Greif diese Möglichkeit auf und TANZ darüber nach – lass etwaige Tränen fließen und lass Dich reinigen. Was immer verdunkelt, überlagert war in Dir, darf einmal mehr gehen.

Falls Du einen Lieblingstitel hast, lass es mich wissen! Ich bin immer daran interessiert zu erfahren, mit welchen Liedern die Menschen besonders in Resonanz gehen. So hilfst Du mir, damit ich weiteren Menschen dienlich bin.

Falls Du jetzt keine Lust hast, einen Song herauszusuchen, und doch spürst, dass es etwas gibt, was Du reinigen, transformieren willst, finde folgenden Song auf Deiner gewählten Plattform, setze Dich auf den Boden, lass Dich von Mutter Erde tragen, richte Deine Wirbelsäule gerade auf und singe die Worte innerlich oder auch laut mit:

▶ I Release Control von Alexa Sunshine Rose

Wie war das für Dich?

Für mich ist es ein Song, den ich sehr gerne einsetze – für meine Trainingspartnerinnen und auch für mich. Ehrlich: Die Sogwirkung des Außen HAT Kraft. Deswegen spreche ich von Training, betone das Dranbleiben. So, wie ich dazu einlade, regelmäßig die Beziehungsqualität mit anderen zu überprüfen, ist es bedeutsam, Dich selbst immer wieder aus den Fängen des Funktionierens zu lösen.

In einer Welt der Außenorientierung und Außenlenkung ist die Verbindung des einzelnen Menschen mit sich selbst vielfach verloren gegangen. Entsprechend GIBT es viel Einsamkeit, welche Manfred Spitzer in seinem Buch „Einsamkeit" als „Die unbekannte Krankheit" bezeichnet. Er bringt sehr interessante Beispiele, wie es dazu gekommen ist und wie sich das in der Gesellschaft abbildet – nur ändert es natürlich nicht gleich etwas an der gefühlten Einsamkeit. Vielmehr zeigt es, dass das Feld der Einsamkeit im Kollektiv stark ist und wirkt.

Um DEIN Gefühl der Einsamkeit zu transformieren, bist Du SELBST gefragt. Indem Du Dich SELBST besser und besser kennen lernst, Dich wiederholt fragst, WIE und mit WEM Du leben willst und WAS es gerade braucht, dass Du Dich besser fühlst, unterstützt Du Verbindung – Verbindung mit Dir!

All die Anregungen, die Du bisher in diesem Buch gefunden hast, sind InSPIRITionen für Dein ALL-ein-Sein – bringen Dir näher, was SPÜRbar gemeint ist mit dem vorher erwähnten:

Ich brauche Dich nicht UND es ist so schön, wenn wir zusammen sind.

Es ist die Zeit mit Dir, FÜR Dich, die letztlich den SPÜRbaren, nachHALTigen Unterschied macht. Ob es wiederholt ein bewusster Atemzug ist, den Du Dir gönnst, eine TANZpause – ob Stille oder Bewegung:

Alles, was Du wissen musst, ist IN Dir!

Du bist immer mit Dir unterwegs – das ist Deine Chance!

Für den Moment des NachSPÜRens brauchst Du nicht mehr. Falls doch: Stift und Papier sind ebenso zumeist da, um Deine Forschungsreise zu Dir fortzusetzen. Sie sind bedingungslos und wertfrei für Dich vorhanden. Bedingungslos, wertfrei und einmal mehr interessiert an Dir sollst Du Dir begegnen. Einmal besser gelingt dies, indem Du Dich vor einer FreiSchreib-Übung einlädst:

Lass mich mein LEBEN mit den Augen der Liebe sehen, mit den Ohren der Liebe hören und mit dem Herzen der Liebe spüren!

Durch dieses Mantra ist Dein Schreiben von Wertschätzung und Liebe getragen UND Du bist einmal mehr mit dieser liebenden Instanz IN Dir in Kontakt und damit weniger einsam und mehr all-ein. Das Außen wird relativer, wird unbedeutender, weil Du SPÜRbar erfährst, dass DU das Zentrum Deiner Welt, Deines Universums bist.

Sich selbst und seine Seele gefunden zu haben, ist ein Segen.

Das ist meine heutige Teebotschaft[18], die HERZstimmiger nicht sein kann. Denn JA – es IST ein Segen, wenn weib sich SELBST gefunden hat, sich SELBST erkennt und einen Beitrag zu Aufhebung der Trennung leistet. Wenn Du gut mit Dir selbst verbunden bist, fühlst Du Dich nicht länger einsam. Je MEHR Du DIR Deine Aufmerksamkeit schenkst, desto mehr löst Du Dich aus ungesunden Anpassungsdynamiken. Und davon gibt es eine ganze Menge, von denen – wenig überraschend – die meisten unbewusst ablaufen. Um sie für Dich aufzudecken, Dich SELBST einmal mehr zu ermöglichen, gibt es auf den kommenden Seiten InSPIRITionen zu diesem Themenfeld. Letztlich ist es Deine GANZheit, die Dich gefühlt heil und gesund sein lässt.

Gutes HineinSPÜRen für DICH.

18 Ich will jetzt keine Werbung machen – aber Du kennst vielleicht die Teebeutel, die mit einem Spruch ausgestattet sind?

Ich bin ich bin ich bin

Tief in dir gibt es den Ort deiner Wahrheit.
Hörst du ihn raunen, flüstern und locken?
Er hat die Zeiten überdauert,
in denen dir gesagt wurde:
Sei nicht so hysterisch!
Bekommst du wieder deine Tage?
Immer musst du so emotional werden!
Du musst das rationaler sehen!
Und immer dann, wenn du diese Sätze geglaubt hast,
hast du dein wahres Wesen
unterdrückt.
Immer dann, wenn du gespürt hast,
dass etwas nicht stimmig ist und du dich selbst in
Frage gestellt hast anstatt für deine Wahrheit einzustehen,
hast du dich unterdrückt.
Und ich weiß, du hattest gute Gründe, dies zu tun.
Viele von uns wurden verurteilt,
hingerichtet, verletzt, ausgestoßen für ihre Gaben, für ihr Weib-Sein.
All das wirkt in unseren Zellen.
Und all dies kommt an die Oberfläche.
Lass uns das feiern.
Spürst du das Rumoren in dir?
Spürst du deine Wutkraft?
Spürst du tief in dir deine Wahrheit?
Lass uns unsere Wildsau, unsere Wildnatur, leben.
Leg dir Musik auf und tanze mit ihr deinen Tanz der Selbstbestimmung.
Du tanzt ihn nicht alleine.

Wir sind viele.
Es ist eine Bewegung.
Sie ist nicht aufzuhalten.
Weil das Leben, das durch uns Weiber fließt, nicht aufzuhalten ist.
Und all die Opfer, die wir gebracht haben, werden gewürdigt,
gesehen und umarmt.
Ich umarme mich.
Ich umarme dich.
Stehen wir gemeinsam und tanzen wir uns zurück ins Leben.
Denn die Wahrheit ist:
Du bist zutiefst emotional.
Du bist ganz Gefühl.
Du fließt in deinem zyklischen Rhythmus.
Dein Instinkt ist kristallklar.
Und notfalls verteidigst du dich und die deinen bis in den Tod.
Denn du bist ein Weib.
Ich bin ein Wunder, das Zeit braucht.
Ich ziehe nicht an mir.
Und lasse mich ruhen.
In meiner Welt.
Versinke in den Räumen meines Wesens und atme.
In meinem Rhythmus ziehe ich dann meine Kreise
in die Welt
hinein.
Ich bin ich bin ich bin

Ungesunde Anpassungsdynamiken auflösen

Die Natur ist wahrlich weise. Sie hat es so eingerichtet, dass wir uns wunderbar anpassen können. Diese Fähigkeit soll unsere Art und unser Überleben sichern. DIESER Anspruch soll Dir wieder in Erinnerung gerufen werden, um all die Ansprüche aus dem Außen einmal mehr als nachrangig zu betrachten. Die Natur hat den Menschen wahrlich anpassungsfähig gemacht und natürlich kommt der geistigen Ebene eine wesentliche Rolle zu – unter dem Motto:

Was gedacht wird, IST bereits vorhanden.

Das hatte ich bereits angesprochen, wo es um viel mehr ging als nur Erfindungen, die dem Menschen das Leben einfacher machen. Mit all den Vereinfachungen wurde jedoch auch vieles an Schöpferinnen- und Gestaltungskraft abgegeben und diese gilt es wieder mehr in Einsatz zu bringen. Dabei ist es egal, ob Du beim nächsten Mal doch auf das Navi verzichtest, Dich bewusst bemühst den Weg zu finden, Dir zu merken, wie Du fährst oder ob Du beginnst, die eine oder andere Telefonnummer auswendig zu lernen, etwaige Passwörter im Hirn statt im Handy zu speichern. Dein Gehirn ist zu vielem fähig und darf wieder mehr genutzt werden, um NEUES hineinzubekommen. DAS ist definitiv etwas anderes als im Gedankenkarussell zu hängen.

Nicht nur unser Gehirn wird immer weniger kreierend genutzt. Die Anpassungsfähigkeit des Körpers wird ebenso unterschätzt, nicht bei Dir und doch sehr stark in der Gesellschaft. Du kennst das sicher: Die Angst vor Krankheiten nimmt den Mut, sich auszuprobieren, zu erforschen – so fragil und verletzlich wird der Körper gesehen. Verbunden mit der Angst vor dem Tod – einem Tabuthema in unserer Gesellschaft – wird versucht, ein sicheres Leben zu leben, bei dem Verantwortung vielfach abgegeben wird und gleichsam Vertrauen und Achtsamkeit verloren gehen. Lieber leistet Mensch sich eine Vollkaskoversicherung beim Auto, um im Falle des Falles günstig zu einem Ersatz zu kommen, als sich in Achtsamkeit und dem Vertrauen zu üben, dass alles gut gehen wird. Ähnlich ist es mit anderen Versicherungen. Oder im Bereich Versorgung und Verpflegung: Lieber greifen Menschen zu Fertigprodukten mit unzähligen Konservierungsstoffen, anstatt sich frische LEBENSmittel zu gönnen – und das nicht nur im Urlaub.

Weißt Du (noch?), wie viel leckerer die Erdbeeren oder Karotten direkt aus dem Beet sind?

Himbeeren vom Strauch, im Wald?

Löwenzahnblätter im Salat – verziert mit Gänseblümchenblüten?

Die Feigen vom Baum in Griechenland?

Was holst Du Dir direkt von Sträuchern/Bäumen/der Wiese?

Inzwischen gehen die Menschen unverbunden durch die Natur und weigern sich sogar, direkt von den Sträuchern und Bäumen zu essen. „Du könntest krank werden", erzählen sie sich selbst und lassen die Finger davon. Lieber greifen sie in die sterilen Regale im Supermarkt, wo jegliche Frucht- und Gemüsesorten in ihrer genormten Form Menschen glaubhaft machen, dass DIES normal sei. Normalität im Sinne von Gleichheit, die von Menschen ebenso gefordert scheint. Der Gleichklang unter den Menschen unterdrückt die wundervolle Symphonie der Unterschiedlichkeiten, die nicht nur Deinen LebensTANZ nährt.

Unterschiedlichkeit IST das eigentliche Normal und doch: Egal in welchem Bereich, vieles wird aussortiert und weggesperrt. Das hat mehr und mehr dazu geführt, dass mensch das gesunde Gefühl für Natürlichkeit verloren hat. Leider auch das Gefühl für natürliche Menschlichkeit. Vielleicht magst Du Dir einen Moment für die Fragen nehmen:

Was bedeutet natürliche Menschlichkeit für DICH?

Wie kannst Du natürlicher Menschlichkeit mehr Raum in Deinem Leben geben?

Bevor Du weiter in die Inhalte eintauchst, darfst Du Dir FreiSchreibend zeigen, dass Du so eine Intelligenz in Dir hast, die Dich zur Natürlichkeit hinleitet. DAS ist per se schon ein Geschenk und hilft Dir, Dein Leben wirklich zu tanzen, in der Anpassung zu BLEIBEN – denn das einzig Stetige ist die Veränderung.

Mit all seiner Bequemlichkeit hat mensch sich über die Zeit selbst geschwächt. Wim Hof – der Iceman – von dem der Eisbaden-Trend ausging, beschreibt das sehr gut in seinem Buch über die Wim-Hof-Methode. Wenn wir immer in den gemütlichen, warmen vier Wänden sitzen, das Haus kaum verlassen und uns, wenn, dann überdimensioniert einkleiden, ist es kein Wunder, dass wir rasch krank werden, sobald wir uns davon lösen. Das heißt jedoch nicht, dass weib nichts aushält. Das heißt lediglich, dass Du eine Art Entzug durchlebst. Der bisher gewohnte Ge-/Fühls-Mix und damit verbundene Chemiecocktail in Deinem Körper verlangt nach Wiederholung... nach Wiederholung des Alten. Das betrifft sämtliche Gewohnheiten. Und doch:

Bewusstheit ermöglicht Veränderung – Schritt für Schritt für Schritt

- oder wie ich gerne sage: Tanzschritt für Tanzschritt für Tanzschritt.

Und je klarer Du Dir bist, dass Du sinnbildlich eine Eiche bist und kein Bonsai, desto mutiger lässt Dich das werden, Dich in Deiner Natur erwachsen zu lassen. ErWACHsEN lassen – erwachsen leben – das darf etwas Schönes, Lebendiges sein und dafür ist es NICHT zu spät. Das weißt Du!

WACHSTUM ist ein Naturgesetz und es liegt an Dir, ob Du Dich in einem Tontopf kleinhalten lässt. Wenn das Anpassungsvermögen als Geschenk zu verstehen ist, bedeutet dies, das Wesen der stetigen Veränderungen für Dich zu erkennen. Dann löst Du Dich von Deinem EINpassen. Dann hörst Du auf, Dein Gegenüber als Bonsai zu erfreuen. Dann beginnst Du, Dich als diese kräftige Eiche erwachsen zu lassen – in tiefer Verbindung mit Dir und aus Dir heraus.

♥ Weißt Du, mit all der Ablehnungserfahrung, die ich als Kind gemacht habe, wurde ich zur Meisterin der Anpassung, um in der Konsequenz komplett von meiner Herkunftsgeschichte abzulenken. Mensch merkte mir meine Vergangenheit nicht an – noch wäre diese vermutet worden. Das hat mir ermöglicht, in anderen Gesellschaftsschichten sicher durchzutanzen. Ich habe durch Beobachtung – selbst über Filme – gelernt, wie ich mich wo und wie verhalten muss. Ich habe Worte übernommen, meine Sprachkompetenz ausgebaut und gelernt, wie ich perfekt von mir ablenke. Das war besonders wichtig, wenn ich die Gefahr spürte, dass mensch mehr von MIR wissen will. Schnell habe ich das Gespräch wieder zum anderen gelenkt.

All mein – schon sehr früh begonnenes – Kommunikationstraining hatte den anderen, das Gegenüber im Fokus. Und irgendwann habe ich erkannt, dass mich diese gesellschaftlich anerkannte Lebensweise nicht zwingend glücklich macht. Ich wurde nicht als die gesehen, die ich AUCH war. Das hat geschmerzt. Irgendwann so sehr, dass ich anfing, zu riskieren, dass Menschen mich wieder ablehnen. Das kannte ich schon. Das hatte mich zwar unglücklich sein lassen und doch hatte ich gefühlt nichts zu verlieren. Es war wie ein „Ich-kann-nur-mehr-gewinnen-Gefühl".

Also begann ich, meine Geschichte – frei von Scham und doch mit genug Selbstironie und Humor – in MEINE KommUNIKATionstrainings einzustreuen. Diese ehrliche, aufrichtige Art, die durchaus betroffen machte, war ein Schlüssel, um Menschen in mein Umfeld zu ziehen, bei denen ich ganz und gar ICH sein kann – abgesehen von den vielen lieben Menschen, mit denen ich arbeiten darf.

Diese Erfahrung ist meine. Es ist auch eine Erfahrung meiner Trainingspartnerinnen, was Dich einerseits motivieren und andererseits beruhigen darf. Deine etwaige Angst vor der Einsamkeit darf sich wandeln. Ebenso darf sich das neue Verständnis von Beziehung in Dir setzen. Es könnte wertvoll für Dich sein, das vorherige Kapitel ***Lerne Dich SELBST kennen*** nochmals zu lesen und die eine oder andere FreiSchreibÜbung (doch/erneut) zu machen. Letztlich ergibt sich Dein für Dich SPÜRbarer Unterschied nicht rascher, indem Du das Buch schneller liest. Es geht um dieses Hineinsickern – IN Dich. Es geht von der VerKOPFung hin zur VerKÖRPERung.

Wenn Du Dich einmal MEHR kennst und Dich von der Fremdbestimmung löst, wirst Du Dein Leben tanzen, anstatt auf der Stelle zu treten. Deinen Mann zu STEHEN – das KANNST Du. Anpassung bedeutet Bewegung, Bewegungsfreiheit.

Nimm Dir ein Durchbewegungszeitfenster – gerne mit einem dieser Songs:

▶ **Anfassen von Johannes Oerding**

▶ **Das Gefühl von Annett Louisan**

▶ **Anpassungsstörung von Grossstadtgeflüster**

Gib Dir Deine Zeit in Deinem DICH-Finden. Gib Dir die Zeit, die Du brauchst, und vertraue darauf, dass sich jeweils DAS zeigt, womit Du umgehen kannst. Es geht nicht darum, optimal vorbereitet zu sein für das, was kommt. Dein Selbstverständnis ist VIEL zentraler. Dann geht es einzig und allein darum, der gesunden, GANZwerdenden Magnetwirkung zu vertrauen. Auf diese Weise befreist Du Dich von der Illusion, Dich für oder in Beziehungen anpassen zu müssen. DAS ist wahrlich optimal, oder? UND es ist gesünder als eine Weltverbesserin zu werden, die einem Selbstoptimierungstripp verfällt.

Von der Selbstoptimierung zum Selbstverständnis

Die WELTverbesserung ist DANN ein Thema, wenn Du stark im und am Außen orientiert bist. Im Glauben, dass das Außen eine unveränderbare, schwer veränderbare Größe sei, liegt es an Dir, Dich mit und im Außen zurechtzufinden. Und schwups bist Du in die Falle der Selbstoptimierung getappt. Da ich selbst lange in dieser Falle gefangen war, weiß ich, dass weib sich auf diese Weise wahrlich beschäftigt halten kann. Wie paradox, wenn weib bedenkt, dass sich das aus Fragen wie diesen ergibt:

Wie gelingt es, dass Dich ANDERE verstehen?

Wie kannst Du den ANDEREN dazu bringen, etwas zu verändern?

Was musst Du noch tun, um von ANDEREN gesehen zu werden?

In der BESTEN Absicht mit ANDEREN gut zu sein, vergisst weib sich selbst immer mehr. Noch bevor sie zu Weibern werden, sitzen die Frauen bei mir und sind genau mit DIESEN Fragen beschäftigt. Fragen, die zu TUN-Antworten führen. Fragen, die auffordern, den inneren Mann zu stehen. Fragen, die trennen – von der Weiblichkeit.

Erinnere Dich – im Abschnitt ***Zwischen Vergangenheit und Zukunft*** habe ich bereits angemerkt, dass im Auf-jemanden-Zeigen gleichsam 3 Finger zu DIR SELBST zurückzeigen. Mit jedem Bemühen, das weib in die Selbstoptimierung steckt, all die Bücher, die sie verschlingt, all die Aus- und Weiterbildungen, die sie durchläuft, all die Gespräche, die sie führt, lassen sie vergessen, wie macht- und kraftvoll sie SELBST ist. Ebenso vergisst sie, dass sie SELBST ursächlich dafür ist, WIE sie die Welt sieht. Wenn ihr Fokus darauf liegt, die WELT zu verbessern, wird sie stetig beschäftigt sein – sie sieht förmlich die Schwächen in ihrer Umgebung. Zudem ist sie konfrontiert mit der Behäbigkeit, der Trägheit des Außen. Das schafft Frustration – selbst, wenn sie bereits gehört hat:

Sei Du selbst die Veränderung, die Du Dir wünschst für diese Welt.

Mahatma Gandhi

Wenn das TUN die Gewohnheit ist, wird die Einladung zum SEIN gerne übersehen.

Vielleicht sogar jetzt, wo Du diese Zeile gerade erst gelesen hast – deswegen nochmals:

SEI Du selbst die Veränderung, die Du Dir wünschst für diese Welt.

Ist das nicht flashig, wie das TUN dazu führt, Dich selbst überholen zu wollen? Das SEIN zu vergessen? Kennst Du das Gefühl, Dich selbst zu überholen, um erst in einer Pause, einem ruhigen Moment oder gar erst, wenn Du krank bist, zu merken, dass Du wieder einmal über Deine eigenen Grenzen gegangen bist? Dass du andere über Deine Grenzen hast gehen lassen?

Was kann ich TUN?

DIESE Frage höre ich so oft in der Einzelarbeit.

WENN ich erkläre, was das NEUE Tun bedeutet, und dass es darum geht, bei sich SELBST zu beginnen, setzen zumeist die Tränen ein. Die starke Außenorientierung, das viele Tun für ANDERE – unverbunden mit sich selbst – kostet viel Kraft. Das weißt Du. Es ist, als ob diesen Frauen plötzlich bewusst wird, wie erschöpft sie in Wahrheit schon sind, und sie gleichzeitig feststellen, dass sie an den falschen Hebeln versucht haben, eine Veränderung zu erzwingen. Festgefahren, gefangen in ihrem TUN-Modus, haben sie sich verbissen und bei all dem Tun gar nicht mehr gemerkt, wie sehr sie das eigene Herz verschlossen haben, um nur ja dranbleiben zu können. Sie wurden zu Durchbeißerinnen, die stetig beweisen, WAS möglich ist. Sie zeigen, was weib alles lernen und schaffen kann. Grenzen zu überschreiten, BRINGT voran. Wenn Grenzen durchgängig überschritten werden, bremst es aus. Es ist bedeutsam, die eigenen Grenzen zu wahren. Um dies gelingen zu lassen, bist Du wieder gefragt zu wissen, wer Du bist und wer Du NOCH sein kannst.

Gefangen in diesem Rad bleibt weib lange in Bewegung und dreht sich in Wahrheit doch wie auf der Stelle. Die Erschöpfung ist irgendwann zu groß – der Ausblick sinnlos. Der Boden der EIGENTLICHEN Realität scheint hart und unfair. Es ist eine Realität, die davon ausgeht:

Du bist Schöpferin Deiner eigenen Welt.

So IST es.

Du BIST Schöpferin Deiner eigenen Welt.

All das, was im Außen nicht passt, im Fokus zu haben, sich daran zu orientieren, offenbart stetig Neues, das wieder nicht passt. Damit machst Du Dich mehr zu einer ErSCHÖPFerin, nutzt die Schöpferinnenkraft GEGEN Dich. Das geht natürlich nicht auf Dauer. Irgendwann kippt das ganze Ding. Zumeist dann, wenn Du glaubst, dass du

KEINE Ressourcen und keine Hoffnung mehr hast, bist Du in Wahrheit bei einem ganz wesentlichen WendePUNKT angekommen. Dann ist der ZeitPUNKT erreicht, ab dem Du NICHT mehr ausblenden kannst, dass etwas Neues, Anderes gelebt werden möchte! Punkt.

Wenn Du Dich als eine dieser Frauen siehst, dann bin ich sicher, dass Du STARk bist. Die Frauen, die zu mir kommen SIND STARk. Sie HABEN viel Energie – wie sonst hätten sie all das, was sie bisher gemacht haben, machen können?

Stell Dir vor, wie viel MEHR Energie frei wird, wenn sie beginnen, einmal mehr IHR Leben zu tanzen!
Stell Dir vor, wie viel MEHR Energie für DICH frei wird, wenn Du beginnst, einmal mehr DEIN Leben zu tanzen.

Um zu einem Weib zu werden, ist jede einzelne Frau eingeladen, ihr Selbstverständnis zu erhöhen, sich ganz viel mit ihrer Körperin[19] zu verbinden und sich im inneren und äußeren Bewegen zu erSPÜRen. DICH als Weib zu spüren – DARUM geht es.

STARk und weICH sein – Die Hauptrolle in Deinem Leben als Dein ICH leben.

19 Meine liebe Freundin und Kollegin Elvira Falkensteiner, die mit ihrer Poesie dieses Buch anreichert, hat diesen Begriff für mich in die Bewusstheit gebracht.

Meine Landschaft

In der Hügellandschaft meiner Körperin
komme ich zur Ruhe
und baue mir ein Nest.
Die Liebe, die in mir wächst,
schlägt Wurzeln in mein Fleisch
und durchströmt mich wie ein Fluss.
Pulsierend und lebendig
macht sie meine Äcker fruchtbar
und nährt meine Erde.
Der Regen meiner Tränen
wässert den Ozean meiner Weiblichkeit
und flutet die Wüste in mir.
Aus dem Schlamm meiner Tiefe
wachse ich in mich hinein.
Die Zeichen auf meiner Seele
tragen die Namen der Sterne
vergangener Zeiten.
Und ich erinnere mich
an die unzähligen Landschaften meines Seins.

Deine KÖRPERin liebevoll ins Zentrum stellen bringt viele Vorteile:

- Deine Körperin ist IMMER mit Dir unterwegs.
- Deine Körperin ist IMMER im JETZT. Sie kann Dich im JETZT verankern. Eine kleine, bewusste Berührung durch Dich selbst – eine Selbst-Umarmung und der Moment bekommt wieder mehr Ruhe.
- Deine Körperin bietet wundervolle Selbstregulationsmöglichkeiten. Allein Dein Atem ist machtvoll. Du kannst ihn einerseits allein durch Dein Beobachten verändern gemäß dem Mantra, was sein darf, kann sich verändern! Andererseits bringt Dein bewusstes, tieferes Atmen in Deinen Bauch Dir Entspannung, lässt Dich in Dich hineinsinken. Das Mundwinkel-nach-oben-Ziehen erhöht den Serotonin-Spiegel und eine freudige Leichtigkeit stellt sich ein. Eine Schmetterlings-Umarmung (nach den Traumatherapeut-Innen Lucina Artigas und Ignacio Jarero), bei der Du die Hände vor Deinem Körper überkreuzt, sodass sie auf Deinen Schultern landen, und dann abwechselnd sanft auf die Schulter klopfst, reduziert inneren Stress.
- Du kannst MIT und WEGEN Deiner Körperin in diesem Leben sein.
- Deine Körperin trägt Deine EinzigARTigkeit IN Dir mit – egal, ob/wie viel Du auslebst oder nicht.
- Deine Körperin drängt mit ihrem Entwicklungs- und Wachstumsschub immer in die für DICH richtige Richtung.
- Deine Körperin dockt an Deine Körperweisheit an.
- Deine Körperin stellt SPÜRreferenzen für Dich zur Verfügung.

Da Du dieses Buch immer noch in Händen hältst, gehe ich davon aus, dass Du Deine weiblichen Qualitäten weiter ausdehnen möchtest. Nicht mit allen bist Du auf Du und Du – mit manchen mehr, mit manchen weniger. Spüre selbst nach, nimm die folgenden Worte als Einstiegsworte für einen kurzen FreiSchreibSprint. Was immer Dir dazu einfällt, JETZT ist ein guter Moment, Dich liebevoll in Deinen weiblichen Qualitäten zu erspüren. Ob Du sie für Dich, in Dir wirken lässt, Du die Worte laut aussprichst und nachspürst, sie wiederholt schreibst, den Stift fortführen lässt, was dazu gesagt werden möchte, oder ob Du Dir die Wörter auf Band sprichst, um sie wiederholt zu hören – in Deiner Dir eigenen Heilfrequenz –, das sind alles Möglichkeiten.

Mögest Du jene wählen, die Dich Deiner Weiblichkeit näherbringen:

Geborgenheitsgefühl

Gelebtes Mitgefühl

Kooperationsbereitschaft

Menschlichkeit

Offenheit für Andersartigkeit

Bewusstheit für Verletzlichkeit

Inspiration, Kreativität

Schönheit & Ästhetik

Gibt es für Dich etwas zu ergänzen?

Fallen Dir andere Worte ein, die Du lieber verwenden möchtest?

Deine HERZstimmigkeit darf im Zentrum stehen in Deinem FÜR-Dich-Nähren. Du HAST diesen FreiRAUM. Nimm ihn Dir. Gönn Dir ein Bad mit den weiblichen Qualitäten. Gerne wortwörtlich – verbunden mit einem Heilbad an Frequenzen. Ob beim Anhören Deiner Aufnahme oder mit Unterstützung von Heilfrequenzen, die über Klänge zu Dir fließen. Lasse zu, Dich einmal mehr in Deiner GANZheit zu spüren und Dich dabei zu unterstützen. Solltest Du die Solfeggio-Frequenzen noch nicht kennen, empfehle ich Dir eine Songwahl in der 528 Hz-Frequenz. Egal welche Plattform – Du wirst fündig in Deiner Songsuche – u.a. auf der Spotify-LebensTANZ-Playlist von abunDANCER.at.

Bei der 528-Hz-Frequenz steht die Transformation im Mittelpunkt – verbunden mit einer DNA-Reparatur, die Dich in Deiner Ursprünglichkeit bestärkt. Ich lausche den Frequenzen gerade selbst, während ich diese Zeilen schreibe. Meine ursprünglich weibliche Essenz bietet sich DEINER ursprünglich weiblichen Essenz an. Schwesternschaft – frei von Bewertung, Anklage, Neid, nährt unseren gemeinsamen Tanz. WunderWeiberWonne umgibt uns und Dein Außen bekommt eine neue Qualität. Genau DAS ist ein Geschenk, das Du Dir selbst gibst.

Bruce Lipton würde dies bestätigen. Eine seiner wesentlichsten Aussagen ist für mich jene, dass es den Zellen IN Dir egal ist, was Du siehst. Sie vertrauen darauf, dass ganz gleich, WIE Du die Umwelt selbst bewertest, dies in der BESTEN Absicht für Dein ganzes System geschieht. Je nachdem, wie Du das Außen einschätzt, WIRKT das Außen auf Dein Inneres – wohltuend oder eben nicht.

Wie geht es Dir nach den bisherigen Zeilen?

Fühlst Du Dich schon mehr als Schöpferin oder noch als Erschöpferin?

Es geht nicht darum, dass Du aufhörst Möglichkeiten zu sehen, wie die Welt zu einer besseren wird. Es geht vielmehr darum, DICH als das Zentrum DEINER Welt zu erkennen und daraus aktiv zu sein. Unterschätze nicht Deinen Wirkungskreis und vertraue auf den positiven Dominoeffekt, der sich ergibt. Was immer das an Veränderungen für Dich SELBST bedeutet, gehen doch die für Dich zentralen guten Qualitäten – auch die männlichen – NICHT verloren. Das ist gut, denn

Weiblichkeit leben gelingt durch den RückHALT des Männlichen.

WAS genau ist männlich? Hier eine Übersicht – ebenso mit der Einladung, Dich darin zu erspüren, Dich FreiSchreibend zu erforschen:

Tatkraft

Umsetzungskraft

Durchsetzungskraft

Umsetzungsvitalität

Klarheit

Planung & Organisation

Analyse & Strategie

Schenke Dir gerne Anerkennung für diese Qualitäten. Sie SIND wertvoll und ebenso bedeutsam wie die weiblichen Qualitäten.

Männlichkeit leben gelingt durch die SchöpfungsKRAFT des Weiblichen.

Das eine braucht das andere – in seinen Qualitäten. Dein SELBST beinhaltet BEIDES. Es geht weniger um Mann und Frau im Sinne des Geschlechtes, ebenso gibt es Beziehungen, in denen die männlichen Qualitäten von Frauen gelebt werden, die weiblichen von Männern – und das gilt nicht nur für gleichgeschlechtliche Paare.

Dein höchstpersönlicher Cocktail von weiblich-männlich ist zudem einer Veränderung unterworfen – ein Umstand, der unter anderem erklärt, warum Beziehungen sich verändern und gleichsam auf längere Zeit interessant bleiben können. So ähnlich würde es wohl Dr. Pat Allen ausdrücken – ein Weib, das in den USA als eine der zentralen Anlaufstellen für Beziehungsfragen gilt und trotz eines unglaublich wissenschaftlichen Zugangs im Erforschen von Mann-Frau sowie ihren Beziehungen zu sehr natürlich-menschlichen Erkenntnissen kommt.

Je natürlicher Du Dir SELBST begegnest – und dabei mit einem Beginner's mind an Dir interessiert bleibst – desto natürlicher und gesünder empfindest Du Deinen LebensTANZ, egal, welche Anforderungen er an Dich stellt. Dort, wo Dich früher Ablehnung aufgehalten hat, lässt Du diese einmal mehr hinter Dir.

Ablehnungserfahrungen hinter Dir lassen

In unserer Welt geht es SEHR stark um Äußerlichkeiten, um das, was wir sehen, was von uns gesehen wird. Dies wiederum trifft auf Bewertungs- und Entwertungsmechanismen, die in unserer Gesellschaft so selbstverständlich sind, dass sie nicht einmal hinterfragt werden. Je nachdem, wie weib aussieht, was weib besitzt oder eben nicht, wie weib lebt – mit wem oder eben nicht, wird kategorisiert. In der Literatur zur Persönlichkeitsentwicklung wird dies gerne mit dem Umstand erklärt, dass Menschen sich einfach rasch orientieren müssen und wollen, um sich sicher zu fühlen. Das klingt geradezu nach einer Entschuldigung für die Bewerter- und Entwerter-Menschen. Wie es den Betroffenen, den Ausgelachten, den Ausgegrenzten geht, scheint weniger bedeutsam. In den Kommunikationstrainings wird zudem der Schwerpunkt darauf gelegt, dass der ANDERE einen versteht. Die Nachricht soll doch bitteschön VERSTANDEN werden. Und JA – es gibt natürlich Tipps und Tricks in diese Richtung. Gleichsam liegt in alldem eine Gefahr: Oft führt es dazu, dass der Mensch sich anpasst, verdreht und überdies vergisst, was er SELBST will. Davon kann ich nach den vielen Jahren des KommUNIKATionstrainings ein Liedchen singen.

Viele Menschen – wahrscheinlich auch Du, liebes Weib, die Du gerade diese Seiten liest – beherrschen es, sich ganz und gar beim anderen einzufühlen. Dies soll vor Ablehnung schützen und führt doch genau zur Ablehnung – nämlich Deiner selbst. Anstatt Dich zu fragen, wie der ANDERE Dich besser versteht, beginne Dich einzuladen, DICH besser zu verstehen. Erkenne Dich in all den Bemühungen, die Du in das gegenseitige Verständnis steckst, an. Lass los, wo Du nicht weiterkommst und gib die Verantwortung an das Gegenüber. Auf diese Weise steigst Du aus dem ungesunden Konflikt- und Dramakreislauf aus, den Eric Berne in all seinen Theorien zur Transaktionsanalyse recherchiert und ausgearbeitet hat.

Transaktionsanalyse?

Du bist über das Wort gestolpert?
Du hast das Gefühl, dass Du das näher erforschen musst, um noch besser zu verstehen?

Ich sage Dir wiederholt:

Löse Dich von der VerKOPFung und komm in die VerKÖRPERung.

Wenn ich mich auf gewisse Theorien beziehe, hat dies mehr den Hintergrund, dass Du in Deinem Kopf angesprochen wirst –, denn Dir SIND Theorien wichtig. Du MÖCHTEST verstehen und wissen – das wollte und will ich auch. Gleichzeitig macht die Praxis dessen, das TRAINING, den Unterschied. Ansonsten bleibt das, was irgendwann von irgendjemandem untersucht worden ist, wertlos – außer Du legst Wert darauf, dass Du von anderen für Dein WISSEN geschätzt wirst. Und DAS wiederum ist oftmals eine Strategie, um sich vor Ablehnung zu schützen – gerade in einer Welt, wo Wissen so hochgeschätzt wird. Entsprechend laufen viele Kopffüßler[20] herum .

Mein eigenes Studium der Theorien, mein Verständnis der Zusammenhänge darf für Dich ein Vorteil sein und motiviert Dich hoffentlich einmal mehr, DEIN Training zu beginnen – oder fortzusetzen unter der Annahme, dass Du Schreibhand und Tanzbein schon geschwungen hast, tiefer ins Spüren eingetaucht bist, seit Du dieses Buch besitzt. DAS ist zumindest DER Beitrag, den Du im Sinne DEINER Verantwortlichkeit für DEIN Leben leisten KANNST.

Du gehörst höchstwahrscheinlich zu denjenigen, die früh, zu bald Verantwortung übernommen haben, oder wo es zu Verdrehungen bei der Verantwortungsübernahme kam. Entsprechend hat sich die Gewohnheit der Verantwortungsübernahme für ANDERE eingeschlichen. Deshalb möchte ich deswegen die Impulse aus der Gewaltfreien Kommunikation nach Marshall B. Rosenberg einschleusen – einer meiner zentralen Lehrer –, da das Thema Verantwortung WESENTLICH ist.

Spüre nach, lass es auf Dich wirken:
Gib Dir ein JA zur Verantwortlichkeit
DEINER Gefühle
DEINER Gedanken
DEINER Bedürfnisse
DEINER Worte
DEINER Taten
DEINER Reaktionen auf das, was an Reaktionen und Aktionen zurückkommt.

20 Menschen, die gefühlt NUR aus einem Kopf bestehen, dem sie ALLES übertragen.

Ich würde sagen, damit bist Du erstmal beschäftigt, oder?

Gerade diese Reihenfolge – Gefühle, Gedanken, Bedürfnisse, Worte, Taten, Reaktionen – zeigt, wie das eine zum anderen führt. Dort, wo die Gefühle anspringen, werden alte Glaubenssätze im Denken angestoßen. Wenn Du damit aufrichtig bist und bezogen auf eine noch bessere Zukunft in Kontakt gehst, offenbaren sich Dir DEINE Bedürfnisse. DIESE zu kommunizieren, für SIE zu handeln wirkt folglich auf das Außen und das Außen antwortet.

Zu Beginn sind es die Gedanken, die verführen, die Dich von Deinem Weg wegführen. Wenn Deine Gefühle Dein Denken zum ANDEREN steuern und wiederum Deine Worte, Dein Tun für den ANDEREN beeinflussen, bist Du mehr beim anderen als bei Dir. Oder Du begibst Dich in eine Rechtfertigungs- und Argumentationsschleife, die Dir nicht guttut. Dies ergibt sich aus der Konsequenz, dass Du mit dem Raum für DEINE Gedanken über DICH, DEINE Gefühle nicht in Kontakt bist. Dabei sind es GERADE die Gefühle, die Auskunft darüber geben, ob Deine Bedürfnisse erfüllt sind oder eben nicht.

Lass es einmal mehr in Dich sickern:

Ich bin der wichtigste Mensch in meinem Leben!

Für DIESEN Menschen, für DICH, gilt es bestmöglich zu sorgen. Unter dieser Prämisse erscheint das Verantwortung-Übernehmen weniger beschwerend, oder? Letztlich geht es um DICH. Ein nochmaliger Hinweis:

Es wird MEHR Energie für DICH frei, wenn Du beginnst, DEIN Leben zu tanzen.

Selbst, wenn der LebensTANZ mit anderen noch schöner ist, ergibt sich dieses NOCH-Schöner, indem Du einmal mehr DU bist und aus DIR heraus handelst – bewusst AGIERST und eben nicht nur reagierst. Diese Form des Miteinanders wirkt als Einladung an Dein Gegenüber, er/sie selbst zu sein. Daraus reduziert sich Dein Impuls, für andere einzuspringen. Erlaube Dir ein Nein – ein

NEIN zur Verantwortlichkeit in Bezug auf Reaktionen ANDERER auf Deine Worte, Taten.

Egal, was Du sagst, tust oder eben auch nicht, denn

Du kannst nicht nicht kommunizieren.

Nach Paul Watzlawick

Erkenne an:

Du kannst nicht NICHT WAHRnehmen.

WAHRnehmen heißt anerkennen von dem, was IST – vor allem was DICH betrifft. DAS, was aktuell der Fall ist und die Sache so komplex und fordernd macht:

Da Deine Augen nun einmal nach außen gerichtet sind und Deine Außenorientierung stark ist, nimmst Du vor allem Dein Gegenüber wahr und weniger Dich SELBST. Du erkennst die Welt des anderen MEHR als wahr an als Deine EIGENE Wahrheit. So entsteht ein Bruch mit Dir selbst. Deine Selbsttreue wird verletzt. Entsprechend bedeutsam ist es, die WAHRnehmung wieder in eine Balance zu bringen, bei der Du Dich SELBST im Zentrum erkennst. Denn:

Du bist der wichtigste Mensch in Deinem Leben!

Der Kontakt mit DEINEN Gefühlen, DEINEN Gedanken, DEINEN Bedürfnissen, DEINEN Worten, DEINEN Handlungen sollte trainiert werden. Idealerweise hast Du dafür ein Gegenüber, mit dem Du Dich ausprobierst, ohne gleich mit schmerzhafter Gegenwehr rechnen zu müssen. Auf dem Papier ist das besonders leicht. Gleichsam ist eine menschliche Zeugenschaft unterstützend – mehr dazu im Abschnitt *Vertraue Dich anderen an.*

Ob nun Charles Reade es geschrieben hat oder die Zeilen doch aus dem Talmud[21] stammen – an dieser Stelle möchte ich Dich einladen, nachzuSPÜRen:

„Achte auf Deine Gedanken, denn sie werden Worte,
achte auf Deine Worte, denn sie werden Handlungen,
achte auf Deine Handlungen, denn sie werden Gewohnheiten,
achte auf Deine Gewohnheiten, denn sie werden Dein Charakter,
achte auf Deinen Charakter, denn er wird Dein Schicksal."

Dies erklärt, warum manche Menschen gefühlt eine Markierung auf der Stirn tragen, die sagt (und meint)

Erzähl mir ALLES von Dir (auch, wenn ich es nicht so genau wissen muss).

Für DICH habe ich Zeit (weil ich leider nicht weiß, wie ich mich höflich entferne).

Ich bin Dein Opfer (nicht, weil ich es sein möchte, aber mich doch so fühle).

...

21 Schriftwerke des Judentums

Hast Du selbst so eine Markierung auf der Stirn?

Wenn ja, welche?

Du kennst Menschen mit derartigen Aufschriften?

ICH kenne viele solche Menschen und nein, das meine ich nicht böse. Ich war selbst eine Markierte und habe meine Schöpferinnenkraft gegen mich gewandt. Das hat sich gewandelt – darf sich für DICH wandeln. Denn Deine Schöpferinnenkraft liefert Energie. Deine Erschöpferinnenkraft richtet sich gegen Dich. Es geht NIE um die anderen, sondern immer nur um DICH! In dieser Bewusstheit liegt der erste Schritt zur Veränderung – denn

Was sein darf, kann sich verändern!

Und mit jedem Moment verändert es sich einmal mehr FÜR Dich, wirst Du einmal mehr DU. Spürst Du es schon?

Was für ein Ausblick! Ich hoffe, Du lebst bereits einmal mehr nährende Weiblichkeit, lebst DICH!

Nährende Weiblichkeit beleben

Was immer für DICH nährende Weiblichkeit ist – die folgenden Zeilen mögen Dich einladen, es für Dich mutig zu entdecken. Ebenso, wie Du für Dich aufdecken darfst, was Dich hindert, Dich mit Frauen, mit Deiner Weiblichkeit zu verbinden. Darin liegen die Schlüssel zu den Veränderungen, die auf Dich warten.

Einmal mehr geht es in diesem Zusammenhang darum, Deine Geschichte HINTER Dir zu lassen. Dir zu erlauben, es ANDERS zu machen als die Frauen in Deiner Umgebung, Deiner Ahnenlinie. In Wahrheit ist das ein Heilbeitrag FÜR all die Weiblichkeit, die schon vor Dir nicht gelebt werden konnte. Für all die Weiblichkeit, die UM Dich belebt wird, wenn DU es DIR erlaubst. Für das Jetzt. Für Deine Zukunft.

Folgende Zeilen haben für MICH über mehrere Tage, Wochen des Darüber-Schreibens eine SPÜRbare Veränderung in diese Richtung gebracht. Und vielleicht ist das für Dich ebenso eine Option:

Ich danke meinen Eltern und Ahnen – zurück bis zu den Ursprüngen meiner Familien – insbesondere jenen, die begründet durch Mangel Schwierigkeiten durchlebt haben. DANKE für Eure Erlaubnis und Euren Segen, anders leben zu dürfen. DANKE – DANKE – DANKE!

Ich danke meinen Eltern und Ahnen – zurück bis zu den Ursprüngen meiner Familien – insbesondere jenen, die in ReichHALTigkeit gelebt haben. DANKE für Eure Inspiration und Eure Bestärkung. DANKE – DANKE – DANKE!

Ob Du die Zeilen wiederholt schreibst oder als Vergleich laut aussprichst, nachspürst – DAS ist etwas, was Du für DICH schon jetzt tun kannst, was auch immer in weiterer Folge durch eine Begleitung noch möglich werden darf.

Meine Geschichte möge Dir als Mut-Mach-Beispiel dienen, Dich einladen, DEINER nährenden Weiblichkeit Raum zu geben, egal wie schrecklich sie im ersten Moment auf Dich wirken mag.

♥ Beginnend mit einer Mutter, die mich abtreiben wollte und mich dies in Kindheitstagen wiederholt wissen ließ, war ein gewisser Urschmerz früh angelegt. Das hieß jedoch nicht, dass ich meine Mutter – gerade als kleines Kind – nicht geliebt hätte. Entsprechend traf es mich, wenn ich hörte, wie Frauen aus der Verwandtschaft väterlicherseits das fehlende Verantwortungsbewusstsein meiner Mutter tadelten. Sie war schließlich meine Mutter. Natürlich hat es mich getroffen, wenn sie von heute auf morgen wieder vor meinem Vater geflüchtet ist und mich und meinen Bruder zurückgelassen hat – wir wussten nicht, wann und ob sie wiederkommt. Und dies war kein Geheimnis für die Nachbarschaft.

Wieder waren es die Frauen, die gegen meine Mutter wetterten. Dabei hätten sie durchaus die eine oder andere Unterstützungsleistung anbieten können, die möglicherweise verhindert hätte, dass es zu mehr Ausgrenzungs- und Ablehnungserfahrungen kam. So erinnere ich mich an den Moment – meine Mutter war wieder einmal im Krankenhaus (auch DAS war ein wiederholter Grund für ihr Nicht-da-Sein) – als ich gerade in der 3. Klasse Volksschule war, mit meiner Lieblingshose bekleidet, und mein Lehrer meinte: „Willst Du Dir nicht einmal eine frische Hose anziehen?".

Gerade hatte ich noch stolz die Hausübung nach vorne zum Lehrertisch getragen und nun ging ich mit gesenktem Blick wieder zurück zu meinem Platz. Ich weiß noch, wie verzweifelt ich nach dem Unterricht bei der Waschmaschine stand und dachte „Wie soll ich dieses Ding zum Laufen bringen?"

Wie viel anders wäre es gewesen, wenn ich mich nach dieser Schamaktion in den Schoß einer liebenden Mutter hätte legen können?

Nährende Weiblichkeit – DAS hätte mir so gutgetan. Nährende Weiblichkeit, die ich weiterhin gesucht habe, auch wenn ich dabei wiederholt enttäuscht wurde. Enttäuschung war das, was ich unbewusst erwartete. Enttäuschung war das, was ich als Ergebnis bekam.

Selbst der Wunsch nach einer besten Freundin blieb lange unbeantwortet – schließlich war ich Teil einer Familie, die tendenziell gemieden werden wollte. Anders war das, wenn Mensch etwas von mir brauchte. In meinem Fall waren das anfänglich Hausübungen, die abgeschrieben wurden. Später ging es um Projekte, die von mir vorbereitet und aufbereitet wurden, deren Ernte jedoch von anderen Frauen und ohne mich eingefahren wurde. Heute sehe ich, dass nicht diese Frauen böse waren, sondern ich mich von meiner eigenen inneren Weiblichkeit abgeschnitten hatte. Empfangen schien mir so fremd.

„Hier hast Du eine Tafel Schokolade!" – Ich stehe gerade mit meiner Oma in ihrer Küche und es ist gefühlt das erste Mal, dass ich von ihr etwas geschenkt bekomme. Meine Augen leuchten. Ich kann es noch nicht ganz glauben. Während dieser Umstand sickert, sacke ich zusammen. Sie nimmt mir die Schokolade nochmals weg, öffnet sie, bricht eine Rippe herunter und meint: „So viel brauchst Du dann doch nicht!". DAS hat gesessen, hat mich getroffen.

Ähnlich wie der Umstand, als ich schon etwas älter war, wenn meine Mutter mich nach der Schule wieder einmal wissen ließ, dass sie extra nichts für mich gekocht hatte – um Stunden später etwas für meinen Bruder vorzubereiten. Auch DAS hat wehgetan.

Natürlich konnte ich das Verhalten meiner Oma und ihrer Tochter – meiner Mutter – als Erwachsene verstehen, analysieren und in meinem Mitfühlen entschuldigen. Als schuldig sah ich mich selbst. Das machen Kinder so, selbst, wenn sie es NICHT gesagt bekommen. Das hast DU gemacht – DICH selbst schuldig gesprochen. Du glaubst mir sicherlich, wenn ich Dir sage, dass es wahrlich ein intensives Training war und viele Tränenströme versiegten, bis ich mich in meinem inneren Glauben gewandelt habe, um jetzt spürbar und in voller Liebe sagen zu können:

Ich bin mir in Dankbarkeit bewusst:

WEIL ich BIN, ist das Leben auch für andere so viel schöner und freudvoller.

Wie geht es DIR mit dieser Aussage?

Was spürst Du?

Welche Gefühle werden in Dir lebendig?

Was möchte transformiert werden?

Was hast Du erlebt, durchlebt?

Weil ich BIN – hast Du das BIN gelesen?

Es geht wieder ums SEIN! Um dieses

Ich bin. ICH bin. Ich BIN.

Ja, natürlich, auch Du bist. Aktuell noch stärker verwoben mit anderen. Es ist eine Verwobenheit, die bildlich einem verfilzten Wollknäuel gleichkommt, das in Wahrheit aus verschiedenen Fäden besteht, welche verschiedenen Menschen gehören. Menschen, die männliche UND weibliche Anteile in sich tragen.

DU trägst männlich UND weiblich in Dir!

Da beides IN Dir ist, bist Du in der Lage, Dein Weibliches für Dich ebenso SELBST zu nähren – durch weibliche Handlungen – etwas, was eine gesunde Basis bildet, wenn Du unterstützende, rückenstärkende, RAUMhaltende Männlichkeit anziehen möchtest.

Hier ein paar Impulse, die – selbst, wenn sie auf inneren Widerstand stoßen – Dich hierin unterstützen:

- Gönne Dir eine Schaumbadewanne statt einer raschen Dusche.
- Atme. Atme Weiblichkeit. Stell Dir ein Gefäß in Dir, in Deinem Becken vor, das Deinem Empfangen dient.
- Gönne Dir – einfach für Dich eine Tasse Tee, Kaffee, ein Glas Wein und empfange jegliche feine Note des Duftes, des Geschmacks.
- Unterstütze Dich außerhalb von Essen und Trinken mit anregenden Düften, die Dich in Deiner Weiblichkeit, in der Liebe, nähren und unterstützen. Ich empfehle Magnolie, Jasmin, Rose.
- Umgib Dich bewusst mit anderen Weibern. Tausche Dich mit ihnen über Weiblichkeit aus.
- Lass Dich berühren – nimm Berührungen bewusst wahr – ob bei der Maniküre, der Fußpflege, der Massage.
- Nimm Dir Zeit für Selfpleasure. Berühre Dich selbst. Bade in Sinnlichkeit und erfahre, was Dir guttut, um selbst in der Sexualität den Fokus bei DIR zu halten.
- Besorge Dir ein Yoni-Ei – für den Anfang am besten Jade oder Bergkristall – und gib es für eine Meditation oder über Nacht in Deine Vagina.
- Gib Deinem kreativen Ausdruck Raum – schreibe, male, singe, spiele ein Musikinstrument, bastle, stricke, häkle, koche, TANZE... was immer Dir in den Sinn kommt und Dich in Deiner Sinnlichkeit, Deinem gefühlten SINN für Dein Leben nährt!

Gerne gleich JETZT.

Würde ich jetzt für Dich singen, wäre es dieses Lied:

▶ Wie schön Du bist von Sarah Connor

Dreh Dir den Song auf, tanze eine Runde und fühle Dich wunder-, wunder-, wunderschön.

Mach das WIRKlich, wirklich. Sing gern SELBST mit, schüttle Dich durch – gerade, wenn Du angesichts meiner Vorschläge ein wenig in die Starre gekommen bist. Mir ist klar, dass manches aus dieser Liste weniger den klassischen Tu-Dir-Gutes-Empfehlungen entspricht und doch genau DAS den SPÜRbaren Unterschied für Dich machen wird.

Es liegt an DIR, Deine nährende Weiblichkeit zu beleben – DICH in Deiner Weiblichkeit zu beleben. Du kannst nichts falsch machen, selbst, wenn Du nicht fehlbar bist, was übrigens für JEDEN Menschen gilt. NIEMAND ist vor Irrtümern, Fehlern geschützt und doch macht es einen Unterschied, ob Du Dir Deine Fehlbarkeit erlaubst oder nicht.

Erlaube Dir Deine Fehlbarkeit

„Sag mal...
... schämst Du Dich denn gar nicht?"
... was denkst Du Dir eigentlich?"
... hörst Du eigentlich zu, wenn ich Dir etwas sage?"
... kannst Du Dir überhaupt irgendetwas merken?"
... wie wäre es mit Zurückhaltung?"
... kannst Du irgendetwas?"
...

Eine Liste, die fortgeführt werden könnte – wenn es darum geht, Sätze aufzuspüren, die zeigen, wie Kinder schon sehr früh in die Schranken, in den Schmerz gedrängt werden. Selbst, wenn diese Aussagen von einem Elternteil an das andere gerichtet werden, Geschwisterkinder zurechtgewiesen werden, Du nur Zuhörerin bist, ist das für ein feinfühliges Wesen wie Dich eine schmerzhafte Schamerfahrung. Scham verursacht als Gefühl nachweislich körperlichen Schmerz. Und Schmerz will vermieden werden. Scham hat nach David R. Hawkins Skala des Bewusstseins jene Frequenz, die das schöpferische Potenzial zunichtemacht.

Dieses Absichern vor dem Schmerz macht Dich zur Gefangenen der eigenen Selbstoptimierung – denn nicht nur die Welt will und kann verbessert werden. Die Fehler werden wie schon erwähnt bei Dir selbst gesucht. Aber GANZ ehrlich, WER sucht denn die Fehler? WER findet sie? Wer setzt sich dadurch wiederholtem Leid und Selbstzweifeln aus?

Du SELBST.

„Na toll. Schon wieder ein Fehler?", denkst Du vielleicht gerade.

Für diesen Fall: DU denkst Dir das – NICHT ich.

ICH denke, dass Du einmal mehr vom Denken ins Spüren hineinsinken darfst, in

Deinen KÖRPER, denn aus diesem heraus findet Entwicklung ganz aus DIR heraus statt. Das WAR so und IST so – wenn Du es erlaubst.

Unter der Annahme, dass Du keine körperliche Beeinträchtigung mit ins Leben gebracht hast, bist Du aus DIR heraus vom Liegen, ins Rollen, ins Kriechen, ins Krabbeln, ins Aufsitzen, ins Stehen, ins Gehen gekommen.

Entwicklung hat aus DIR heraus stattgefunden – FINDET aus Dir heraus statt.

Es mag schon sein, dass Deine Eltern und die Menschen um Dich herum Dich motiviert haben. Und doch – es wurde aus Dir heraus möglich. Ähnlich ist es mit vielen kleinen Wunden, die selbst ohne Pflaster oder Fremdunterstützung wieder heil wurden – weil die Körperin sich in sich und aus sich heraus reguliert. Stell Dir vor, die Körperin würde sagen:

„Hättest Du doch besser aufgepasst. Das hast Du jetzt davon. Du musst jetzt selbst schauen, wie Du wieder heil wirst."

Das passiert nicht!

Ganz im Gegenteil – die Körperin trägt so vieles mit, erträgt alles Mögliche, verzeiht förmlich Deinen Lebensstil und es dauert, bis sie letztlich doch an ihre Grenzen stößt.

Die Stimme IN Dir, Deine ureigene Stimme, Dein System ist FÜR Dich. Deswegen frage Dich:

Welche Fehler darfst Du nicht machen?

Von wem stammen diese Aussagen?

Welche Stimmen um Dich herum oder aus der Vergangenheit verbieten Fehler?

Wo hast Du eine Strenge übernommen, mitgenommen ins Jetzt?

Welche Aussagen hast Du von anderen abgekauft?

Ist es WIRKlich, wirklich schlimm, Fehler zu machen?

Worin liegt das Potenzial von Fehlern?

Fehlbarkeit gehört zum Lernen. Gerne möchte ich mich wiederholen:

NIEMAND ist vor Irrtümern, Fehlern geschützt und doch macht es einen Unterschied, ob Du DIR Deine Fehlbarkeit erlaubst oder nicht.

Das einzig Stetige im Leben ist die Veränderung.

Deshalb darfst Du davon ausgehen, dass noch viele Fehler passieren werden – einfach, weil Du weiter in Situationen landen wirst, die Du ERSTmalig erlebst, durchlebst.

Ich werde nicht müde, in meinen Tanzstunden darauf zu verweisen, dass ich die

Choreografie-Teile selbst einstudiert habe, bevor ich sie erstmalig mit der Gruppe tanze. Ebenso wenig werde ich müde daran zu erinnern, dass die Frauen das erstmalig tanzen. Und ich werde nicht müde, wiederholt neue Classes zu kreieren – um mich selbst und meine Mittänzerinnen zu fordern, zu fördern.

Was wäre das Leben OHNE Veränderung?

Was wäre das Leben OHNE Bewegung?

Frag Dich das gerne und finde einen neuen, positiven Zugang zur Fehlbarkeit!

Der Tanz ist so wunderbar symbolisch und bietet wahre Transformationsmöglichkeit – sinnbildlich und wortwörtlich. Dort, wo die Menschen glauben, nicht tanzen zu können, dürfen sie erfahren, dass Bewegung zur Musik Freude macht. Sogar MIT Fehlern. Dort, wo die Menschen glauben, Tanzen muss gut aussehen, dürfen sie erfahren, dass es darum geht, WIE sich der Tanz anfühlt, anspürt. In meinen Tanzstunden arbeiten wir nicht darauf hin, dass wir eine Aufführung performen. In meinen Tanzstunden fördern wir den gesunden, einzigARTigen Selbstausdruck – in all der Verletzlichkeit, für die sich das Weib öffnet. In all der Verletzlichkeit, bei der weib sich selbst nahekommt.

Spür nach, ob Du Dir Zeit für Dein Dir-selbst-nahe-Sein nehmen willst. Indem Du Dich einfach hinsetzt oder hinlegst – gut verbunden mit Mutter Erde – und einen dieser Songs wählst. Wähle den Song, der Dich im Moment am meisten anspricht. Je nach Tages-/Zeitqualität kann das verschieden sein. Gehe mit der Absicht in die Übung, dass Du Dir selbst nahe bist. Lass Dich von Mutter Erde tragen und öffne gerne das Tor der Tränen für Deine Reinigung.

- **Thoughts in the Rain von Elm Lake**
- **Healing Senses von Parijat**
- **The White Spirit von Uman**
- **Remember von Omkara**
- **Grateful von Nimesh Patel & Daniel Nahmod**
- **Tears Alone (Nagee'sh Twoo') von Douglas Spotted Eagle**
- **Speck of Gold von Afterlife**
- **Way Way Back (Acoustic Version) von Lvly, Megan Wofford**

Da meine Arbeit vom Einbeziehen der Musik lebt, könnte ich die Liste weiter fortführen und meine Musiklisten wachsen stetig. Vor allem arbeite ich mit Musik, die Menschen noch nicht kennen, um ihnen die Freiheit zu geben, sich neu, anders zu bewegen.

Bei bekannten Songs tappt weib (und auch mann) gerne in den altbewährten Discoschritt. Alte Bilder, die nicht immer hilfreich sind, werden abgerufen. Das Alte wollen wir nicht wiederbeleben, sondern das Jetzt. DAS, was kommt, darf mit Lebendigkeit versorgt werden.

Dies gelingt, indem Bewegungsgewohnheiten durchbrochen werden. Dazu lade ich ein. Dass in diesem Zusammenhang das Feld der Verletzlichkeit aufgeht, ist klar. Dies ist jedoch durchaus positiv, denn Verletzlichkeit ist eine Superpower.

Superpower Verletzlichkeit

Ein WunderWeib, das ich Dir unbedingt empfehlen möchte, wenn ich zum Thema Verletzlichkeit komme, ist Brené Brown. Ich habe die meisten ihrer Bücher verschlungen und empfinde sie als wesentliche Pionierin, wenn es darum geht, den Gefühlen wieder ihre Bedeutung zurückzugeben. Ich habe allerdings gesagt, dass es nicht darum geht, dass Du mehr Bücher liest, deshalb verweise ich gerne auch auf Reden, Interview-Mitschnitte oder Podcasts – einfach ihren Namen in die Suchfunktion einzugeben und fündig zu werden. Gerade Audios sind eine feine Alternative, wenn weib unterwegs ist, etwas Gleichförmiges macht und gleichsam InSPIRITion genießen möchte. Insofern... und ja, es gibt natürlich noch viel MEHR zu sagen als das, was ich in einer gewissen Essenz an Dich weitergeben möchte.

Verletzlichkeit ist eine Superpower. Verletztlichkeit ist eine zentrale Qualität, die bewusst werden lässt, dass weib Grenzen hat, die es zu wahren gilt. Verletzlichkeit zeigt ebenso auf, WAS Weib bedeutsam und wichtig ist. Verletzlichkeit verdeutlicht den Wert – ob mittels Freuden- oder Traurigkeitstränen. Verletzlichkeit lässt zu, Spannungen zu lösen. Verletzlichkeit bedeutet Annehmen von allem was ist – nicht nur was Fehlbarkeiten anbelangt. Verletzlichkeit ermöglicht eine tiefe Verbundenheit, Verbindung mit sich SELBST. Verletzlichkeit nährt ein aufrichtiges Mit- und Füreinander. Verletzlichkeit lädt das Gegenüber ein, er/sie selbst zu sein. In dieser Verbundenheit – mit sich, mit anderen – löst sich jeglicher Widerstand auf. Energie wird frei, um mit allem, was ist, in Leichtigkeit zu sein.

„Sei nicht so empfindlich!"
„Steigere Dich nicht so hinein!"
„Lass das doch einfach hinter Dir!"

Aussagen von Menschen, die der Verletzlichkeit keinen Raum geben, sondern vielmehr die Scham schüren. Mit derartigen Anklagen konfrontiert zu sein, fördert das

Gefühl von „Ich bin falsch!"

Das steht natürlich in komplettem Widerspruch zu dem Umstand, dass Verletzlichkeit eine Superpower ist.

Und wer HAT eine Superpower?

Superhelden, Superheldinnen!

Also, als Superheldin bist Du selbsttreu, Deinen Werten verpflichtet UND für die Welt im Einsatz. Das gelingt einfach, wenn in Dir verankert ist:

Was immer Du DIR selbst geben kannst, ist das, was Du anderen geben kannst.

Was immer ich mir SELBST geben kann, ist das, was ich anderen geben kann.

Wie fühlt sich das an?

Wie fühlt es sich an, Superheldin zu sein?

Welche Superpower liegt aus DEINER Sicht in der Verletzlichkeit?

Welche Qualitäten sprichst DU der Verletzlichkeit zu?

Was ist gut daran, sich verletzlich zu zeigen?

Wie geht es Dir damit, wenn jemand sich verletzlich zeigt?

FreiSchreibend erforschen lautet die Einladung.

Was auch immer ICH Dir erzähle, Du wirst die Erkenntnisse einmal mehr in Dir aktivieren können, indem Du SELBST aktiv mit Deiner INNEREN Weisheit nachprüfst und für Dich aus DIR heraus bestätigst, dass Verletzlichkeit eine Superpower ist!

Egal, wer auch immer es Dir anders verkaufen, einreden wollte – DEINE Wahrheit ist zentral. Deine Wahrheit ist die Version, die Du einmal mehr in den Fokus nehmen darfst. Und dort, wo Du im Kontakt mit anderen eine innere Irritation wahrnimmst, kann es ein Zeichen dafür sein, dass hinter der Wahrheit, die Dein Gegenüber Dir einreden will, etwas anderes steckt als das, was offensichtlich vorgegeben wird. Ob dies bewusst oder unbewusst passiert, spielt dabei keine Rolle. Zentral ist das, was DU fühlst und spürst!

Eine wesentliche Begriffsunterscheidung lässt dies nochmals besser gelingen.

Verletzlichkeit wahrzunehmen, ist etwas anderes als verletzt zu SEIN.

Verletzlichkeit wahrzunehmen, verhindert ein verletztes SEIN.

Verletzlichkeit wahrzunehmen, unterstützt das Heilen eines verletzten SEINs.

Wie viele Tränen wurden NICHT vergossen?

Wie viel Schmerz wurde NICHT gefühlt?
Wie viele Geschichten wurden NICHT geteilt?
Wie viele Menschen wissen NICHT, wer Du WIRKlich, wirklich bist?
Inwiefern weißt Du SELBST, wer Du bist?

Machen wir es bildlich:

♥ Wenn Du stetig mit einer Ritter-Rüstung herumläufst, bist Du nicht nur in Deiner Beweglichkeit eingeschränkt, sondern Du bist aufgrund des Gewichts einer gewissen Grundbelastung ausgesetzt UND für Dein Gegenüber nicht wirklich erkennbar. Ebenso wenig erkennst DU Dein wahrhaftiges Selbst im Spiegel. Du hältst das, was Du siehst, für Dein Selbst, weil die Maske so gewohnt ist.

Denkst Du immer noch, dass Verletzlichkeit schlimm ist?
Merkst Du, wie es vielmehr die Angst vor einem weiteren Verletzt-WERDEN ist, die Dich zögern lässt, DICH zu leben?
Erkennst Du an, dass die Erinnerung an ein Verletzt-worden-Sein weh tut, weh tun DARF?
Spürst Du, was das für Dich und Dein Leben bedeutet und bedeutet hat?

Sei Dir bewusst: Keiner hat die gleiche Geschichte, selbst wenn eine Fliege Dich 365 Tage im Jahr, 24 Stunden am Tag von Beginn an in Deinem Leben begleitet hätte, weißt lediglich Du SELBST, wie sich das Leben für Dich angespürt hat. Wo Du Dich verletzt gefühlt hast. Das wird spätestens unterstrichen durch das Phänomen, dass Geschwister oft ein sehr unterschiedliches Bild der gemeinsamen Kindheit, Vergangenheit zeichnen, selbst, wenn sie in derselben Familie groß geworden sind. Dazu fallen mir spontan EINIGE Geschichten ein, was MEINE Erinnerungen anbelangt im Vergleich zu jenen meines Bruders.

Für den Fall, dass Du Geschwister HAST – nimm doch diesen Moment, um für DICH kurz zu sammeln, ob Du diese Diskrepanz kennst. Vielleicht magst Du Dich mit ihm/ihr/ihnen darüber austauschen, woran sie sich erinnern. Vielleicht sind Dir Schmerzerfahrungen Deiner Geschwister bewusster als Deine eigenen. Das kommt vor. Was taucht an Erinnerungen auf?

Sei wiederum eingeladen, mit den Augen der Liebe, den Ohren der Liebe und dem Herzen der Liebe auf diese Zeit zu blicken. Lade Dich selbst ein:

Lass mich den Tag mit den Augen der Liebe sehen, mit den Ohren der Liebe hören und mit dem Herzen der Liebe spüren. DANKE!

Sei Dir selbst eine liebevolle Begleiterin und gleichsam eingeladen, Dich anderen anzuvertrauen – nämlich Menschen, die Dir Raum geben, Dich WIRKlich, wirklich verstehen und Dir auf Basis ihrer eigenen Erfahrungen, ihres So-Seins die Möglichkeit geben, einmal mehr DU zu sein!

Abrüstung

Ich möchte gesehen werden
Ich möchte geliebt werden
Ich möchte in Kontakt sein
Ich möchte berühren und berührt werden
Ich möchte ein neues Miteinander von Weib und Mann
Ich bin bereit
Ich spüre die Rüstungen, die ich mir angelegt habe
Ich spüre all die Verletzungen, die ich lächelnd ertragen habe
Ich spüre all die Masken, die ich mir vorgehalten habe
Ich bin bereit
Ich lege sie ab
damit meine Wünsche wahr werden
Ich zeige meine Wunden
Ich öffne mich den Wundern, die darin liegen
Ich spüre all meine Sehnsüchte
Ich bin bereit
Ich gebe alles
Ich gebe mich
Denn solange wir uns in unseren Rüstungen und Masken gegenüberstehen,
haben wir keine Chance einander wahrhaftig zu lieben.

Vertraue Dich anderen an

*D*ich jemandem anzuvertrauen heißt, Dir jemanden an die Seite zu holen, bei dem Du Dich wohl und ernstgenommen fühlst.

Es gibt viele ungefragte RatgeberInnen in unserer Welt. Gerade jene, die in einer völlig anderen Lebenssituation stehen, meinen manchmal besser zu wissen, was für DICH stimmig ist. Zudem ist Klatsch und Tratsch ihre gewohnte Form des Austausches mit anderen. Antworten werden gegeben, bevor Fragen gestellt wurden. Menschen fallen einander ins Wort, sofern sie ÜBERHAUPT zuhören. Und nur, weil sie körperlich anwesend sind und gerade schweigen, können die Gedanken dennoch ganz woanders sein. Woanders und nicht bei und mit Dir.

Wenn weib dann von Lebensberatung oder Gesprächstherapie hört, ist die Frage, wie aufgeschlossen sie noch ist.

Das Bemühen, sich im Freundes- oder Familienkreis verständlich zu machen, hat nicht gefruchtet – wie soll es bei jemand Fremdem gelingen?

Vielleicht bist Du müde, auf noch mehr taube Ohren zu stoßen.

Du weißt, wie anstrengend es ist, wenn Du gefühlt in eine Rechtfertigung gehen musst.

Natürlich kann ich sagen, es gibt kein Muss. Das weißt Du, oder?

Aber EHRLICH – es fühlt sich einfach alles andere als gut an, wenn weib mit einem Schmerzthema konfrontiert ist, sich mitteilen will und nicht den Raum bekommt, den sie braucht. Selbst das Trösten oder sagen wir die Form des gelebten Trostes in unserer Gesellschaft hat mehr eine Ablenkung als Ziel, als wahrhaftig das da sein zu lassen, was gerade ist.

Menschen sind oft sehr unbeholfen darin, mit Gefühlen anderer umzugehen! Etwas, das Du vielleicht kennst, oder?

Ich sage Dir:

Menschen sind unbeholfen darin, mit ihren EIGENEN Gefühlen umzugehen und können deshalb auch nicht mit den Gefühlen ANDERER umgehen!

Das gilt für andere UND für Dich. Ich lade Dich wiederholt ein, Dich in DEINEN Gefühlen, DEINEM Spüren, DEINEM Denken ernst zu nehmen.

♥ Auf meiner eigenen Reise habe ich SPÜRbar erfahren, dass meine Körperin mit ihrem Spüren – damals Schmerz – ernst genommen wurde und genau das der Schlüssel für die Heilung war. Von mir, weil ich nicht wegschauen, mich wegspüren konnte UND von meiner Begleiterin. Der Fokus der Begleitung lag auf dem Körperlichen. Meine Begleiterin hat meinen KÖRPER befragt und mittels Muskeltests die Antworten eingeholt. Mein Kopf durfte sich rausnehmen. Das heißt nicht, dass er nicht mitaktiviert war und mein Denken in Bewegung. Dass gerade mein DENKEN, meine Glaubenssätze zu diesem Schmerz geführt haben, wurde mir mit der Zeit bewusst – aus mir heraus und nicht, weil mir jemand gesagt hat, ich hätte nicht gut auf mich aufgepasst. Ich musste GAR NICHTS erzählen, sondern lag auf der Liege, wurde auf den verschiedenen Ebenen durchgetestet, und doch lag alles auf dem Tisch... also auf der Liege. ☺

Ich befand mich in einer absolut bewertungsfreien Zone, in der der Fokus auf dem Körper lag, mit der Absicht, mein System bestmöglich zu unterstützen und wortwörtlich wieder in die Gänge zu bekommen. Selbst nach meiner Ausheilung ging ich wiederholt präventiv zu meiner Begleiterin, gehe selbst jetzt – mehr als 20 Jahre später – weiter zu ihr. Ich bin inzwischen mit ihr befreundet. Sie ist EINER der Menschen, denen ich mich weiter anvertraue.

Ich gebe zu, mein Anspruch an meine BegleiterInnen war und ist hoch. Inzwischen fühle ich mich gut versorgt, probiere dennoch gerne Neues aus. Ob in Form von Methoden oder Weiterentwicklungen, und ich bin an den Menschen interessiert, die wie ich gerne unterstützen. Das hat mich zu meiner Supervisionsausbildung motiviert – sprich ich begleite Menschen, die Menschen begleiten. Auf diese Weise lerne ich Menschen in ihrem Tun kennen und verweise bei Bedarf gerne an sie weiter. Ebenso greife ich Empfehlungen auf und mache mir wiederholt ein aktuelles Bild zu den Möglichkeiten von Begleitung, methodisch und wie gesagt gerade auf persönlicher Ebene. Schließlich gehe ich davon aus, dass jeder Mensch je nach Thema, Situation und Befinden unterschiedliche Qualitäten eines Gegenübers braucht. Zudem gibt es Situationen, in denen es wertvoll ist, auf mehreren Ebenen anzusetzen und nicht nur den EINEN

Menschen an der Hand zu haben. Manche Themen sind so komplex, dass es wichtig ist, die betroffenen Ebenen zu unterscheiden. Nicht alle BegleiterInnen arbeiten integral, haben also die Ebenen des Körpers, der Gefühle, des Denkens im Überblick und beziehen diese Ebenen aktiv in den Prozess mit ein. Manche Veränderungsfelder sind so komplex, dass es eine Differenzierung in Bezug auf Themenfelder braucht. Wenn es zum Beispiel um eine Kündigung oder Scheidung geht, wo rechtliche und finanzielle Themenfelder auftauchen, gibt es Expertinnen, Experten, die nicht unbedingt die emotionale Komponente abdecken, die es ebenso zu begleiten gilt.

Blicken wir nun auf Dich als potenzielle Klientin. Es gilt ebenso hinzuspüren, was HERZstimmig und möglich für DICH ist. Geht es zum Beispiel um eine Partnerschafts-problematik, ist es nicht in jedem Fall so, dass eine Paartherapie von beiden Seiten gewünscht oder möglich ist. Wenn nur EINER der beiden aktiv werden will, gibt es ebenso Möglichkeiten. UND es kann je nach Konfliktgrad BEIDES guttun – im Einzel- als auch im Paarsetting anzusetzen. DAS gelingt manchmal besser, wenn mit verschiedenen BegleiterInnen gearbeitet wird. Dies erhöht das Vertrauen – in die Parteilosigkeit, den Prozess sowie das Vertrauen darin, dass die Veränderungen FÜR Dich sind.

Meine ersten beiden Onlinekongresse hatten unter anderem im Fokus, die Vielfalt der Zugänge (mit denen ich zum Teil arbeite) zu zeigen mit der Absicht, Optionen aufzuzeigen und Menschen kennenzulernen, die aus dem Herzen begleiten.

WENN Du Dich schon dafür öffnest, Unterstützung anzunehmen, Dein Vertrauen jemand anderem schenkst und in Folge noch für die Begleitung zahlst, ist es WIRKlich, wirklich wertvoll, eine bewusste Entscheidung zu treffen, an wen Du Dich wenden WILLST.

Du HAST einen freien Willen!

Die vielen Angebote zur Lebenshilfe, Coaches, die überall Werbung geschaltet haben, und die vielen Versprechungen, die gemacht werden, können mehr zur Verwirrung führen, als dass Du Dich GEFÜHRT fühlst.

„Treffe ich die RICHTIGE Entscheidung?"

„Wofür SOLL ich mich entscheiden?"

„Was davon wird mir WIRKlich, wirklich helfen?"

Kennst Du DIESE Fragen?

Anstatt zu glauben, nach jedem Grashalm greifen zu müssen, nimm Dir Zeit für eine Antwort. Erlaube Dir, Dich für EINES zu entscheiden, um zu beginnen, anstatt Dich mit vielem zu überfordern. Ich weiß von mir selbst, dass ich in der damaligen Zeit meines körperlichen Einbruchs allein durch dieses Um-mich-Greifen ein zusätzliches Chaos, eine weitere Verwirrung und Überforderung in mir hergestellt habe. Es gab so vieles, was mir angeblich helfen sollte, so viele Angebote, die auf mich warteten, so vieles, wofür ich Geld gebraucht hätte und womit ich doch meine Gesundheit nicht zurückkaufen konnte. Egal, welche Nahrungsergänzungsmittel und Vitaminpräparate mir noch angeboten wurden, egal, wie viele angebliche Heiler noch auf der Bildfläche erschienen.

Dein GANZwerdungsprozess ist WESENTLICH von DIR getragen – wer auch immer Dich begleitet.

Ein erfolgreicher Begleitungsprozess lebt von DEINER Bereitschaft, DEINER Aufrichtigkeit, DEINER Aktivität, DEINER Offenheit, DEINEM Vermögen, Dich anzuvertrauen!

Allein DIESE Energie, die DU in den gemeinsamen Prozess mitbringst, wird vieles ermöglichen – selbst, wenn Dir noch nicht bewusst ist, DASS alles da ist, noch bevor Du alles angesprochen hast. NICHT EINMAL habe ich erlebt, dass eine meiner Trainingspartnerinnen meinte: „Es wird Zeit, ehrlich zu sein und etwas anzusprechen, was schon die ganze Zeit da war."

Eben.

Es WAR die ganze Zeit da.

Unausgesprochen in seiner Explizitheit.

Enthalten in den scheinbar banalen Beispielen, die mutig geteilt wurden.

In keinem Fall musst Du Dich ZERteilen, sondern darfst Dir WIRKlich, wirklich den Raum, die Zeit für eine bewusste Entscheidung nehmen, was DEINE Begleitung anbelangt.

DEINE Begleitung finden

Dass Du vom Typ her jemand bist, der vieles allein geschafft hat und schafft, dass Du viel für ANDERE da warst und bist – DAS hast Du Dir vielfach bewiesen.

Jetzt, wo Du das Buch SPÜRbar liest, BIST Du gerade für Dich da. DU begleitest DICH. Du lernst Dich einmal mehr kennen und hoffentlich auch LIEBEN. Ob und wann das Muster „Bevor ich es beziehungsweise mich jemandem erkläre, mache ich es selbst" anspringt, darfst Du für Dich jeweils selbst erforschen. SELBSThilfe ist natürlich wunderbar und IMMER mit dabei – selbst in einem Prozess, in dem Du Dich begleiten lässt, denn

Alles, was Du wissen musst, ist IN Dir!

Indem Du DEINEN Erfahrungen, Geheimnissen, Gefühlen näherkommst, näher bist, BLEIBST Du näher und mehr bei Dir – selbst im Kontakt mit einem Gegenüber. Vielleicht spürst Du Dich folglich mutiger, Dich anderen zu zeigen, und doch

Nimm Dir den Raum, die Zeit, eine BEWUSSTE Entscheidung zu treffen, wer Dich begleiten darf!

Eine hilfreiche Grundprämisse für Deine Wahl:

Frage jemanden um Unterstützung, der Ähnliches durchlebt hat.

Warum solltest Du eine Beziehungsberatung bei einem Dauer-Single buchen?

Fällt es nicht leichter, mit jemandem über Scham- und Schuldgefühle zu sprechen, der selbst Erfahrung damit hat?

Wenn es Dir um Weiblichkeit geht, ist ein Weib die bessere Wahl.

Ein Thema mit Deinem Vater kann durch ein männliches Gegenüber unterstützt sein.

Manchmal gibt es auch Paare, die begleiten – die Dir je nach Situation ein männliches oder weibliches Gegenüber bieten können und bei denen der Gesamtprozess gut eingebettet ist.

Über belastende Kindheitserinnerungen spricht es sich einfacher mit jemandem, der ebenso wenig einer gesellschaftlich anerkannten Vorzeigefamilie entspringt.

...

Die gerade geteilten Gedanken sind nicht DIE Wahrheit. Vielmehr darfst Du Dich im jeweiligen Fall SELBST überprüfen, oder sagen wir überSPÜREN, ob Du beim HERZ-stimmigen Gegenüber gelandet bist. Hilfreich SIND die obigen Gedanken insbesondere DANN, wenn Du mit professioneller Begleitung im Einzelsetting wenig oder keine Erfahrung hast. Es gibt schließlich einen Grund, warum Du das bis dato wenig oder eben gar nicht in Erwägung gezogen hast. Es ist wie gesagt eine hilfreiche Grundprämisse, mit der eine erste Vorauswahl SPÜRbar unterstützend ist.

Nichts ist schlimmer – und das passiert leider öfter – als wenn Menschen (sogar über Jahre) in einer Therapie, Begleitung bleiben, weil sie sich nicht lösen können. Die Loyalitätsfalle schlägt gerade in einem Begleitsetting gerne zu. BeraterInnen, Therapeut-Innen sind auf einer – für Dich als die, die sich begleiten lässt – unbewussten Ebene manchmal wie stellvertretende Eltern. Wenn gefühlt alte Vergangenheitswunden, alte Programmierungen aufrecht bleiben, darfst Du überlegen, ob Du nicht vielleicht doch weiterziehst. Du bist nur Dir SELBST verpflichtet – sei Dir dessen immer wieder bewusst.

Wie erwähnt findet das Ganze unbewusst statt und für den Fall, dass Du in einer Situation bist, wo Du Dich aktuell begleiten lässt, hinterfrage, hinterSPÜRe gerne, ob dies auf Dich zutrifft.

Weißt Du, es gibt wahrlich VIELE unterstützende Menschen da draußen. Egal, wen Du gewählt hast oder eben noch nicht, Du wirst fündig werden. Je selbsttreuer Du bei der Entscheidung bist, desto mehr ist sie FÜR Dich. Je mehr die Entscheidung aus dem Herzen und nicht aus dem Geldbeutel heraus getroffen wird, umso mehr wählst Du DEINE Begleitung. Wer immer Dir jemanden empfohlen, vermittelt hat:

Du bist NIEMANDEM verpflichtet – außer Dir SELBST!

Vor allem, wenn jemand nett war oder ist – selbst HIER darfst Du Dir ein Okay geben, weiterzuziehen. Ebenso wenig musst Du Dich zurückhalten, wenn Du für Dich abstecken möchtest, ob das Gegenüber für Dich DER Mensch ist, den es braucht.

Wo steht geschrieben, dass Du KEINE Fragen stellen darfst?

Wer sagt, dass Du zurückhaltend sein musst, um höflich zu bleiben?

Vertraue auf die SELBSTverantwortung der potenziellen Begleitung – sollte es FÜR die Begleiterin, den Begleiter unangenehm sein, ist es DEREN Option, ebenso NEIN zu sagen. Sie sagen in dem Fall nicht Nein zu Dir als Mensch und doch Nein zu dem, was das Miteinander anbelangt. Und genau DAS darfst Du Dir SELBST erlauben. Wenn Du bereits beim ersten Anruf, der ersten Mail spürst, irgendwo in Dir hakt es – warum noch auf einen Termin einlassen?

♥ Ich erinnere mich an einen Therapeuten, den mein damaliger Partner für eine Paartherapie gewählt hatte. Dieser Therapeut meinte, er würde gerne auch noch mit mir sprechen, bevor wir einen ersten Termin machen. Ich sag es ganz ehrlich: Ich habe angerufen, bin auf der Mailbox gelandet und habe allein durch die Bandansage und WIE diese gesprochen war gewusst: NEIN! Dort gehe ich nicht hin.

Und NEIN – es geht auch nicht darum, stetig eine Ausrede zu finden, warum weib nicht da oder dort hingeht.

Fühl einmal rein – spüre hinein:

Es GIBT einen Unterschied zwischen Angst vor Veränderung und prinzipiellem Widerstand.

Nimm Dir einen SPÜRmoment für „Angst vor Veränderung" – einer Angst davor, dass Du nicht weißt, wo es Dich hinführt.

Nimm Dir einen SPÜRmoment für den „Widerstand" – gleich Veränderungsresistenz. Selbst der Widerstand lässt sich nur dann wandeln, wenn er sein darf. Denn weiterhin gilt:

Was sein darf, kann sich verändern!

An dieser Stelle möchte ich Dich einladen, Dich in Deiner Zuversicht, Deinem Vertrauen zu stärken, indem Du Dir nochmals diesen Gedanken herholst:

Ich lasse mich von meiner NOCH besseren Zukunft ziehen!

Mit dem für Dich SPÜRbar HERZstimmigen Gegenüber bist Du auf dem besten Weg dorthin – denn eines ist klar – und das erlebe ich bei ALLEN Prozessen mit Menschen mehr oder weniger intensiv:

Es kommt der Moment, an dem die Wende unaufhaltbar ist!

Eine Wende HIN zu einem NOCH besseren Leben. Und DAS, was so einladend ist, verursacht möglicherweise spätestens DANN nochmals eine Vollbremsung in Dir. Unbewusst. Die alten, langjährigen Programme wehren sich.

„Da Du offensichtlich überlebt HAST und die Veränderung, die Zukunft weiter in den Sternen steht, solltest Du dem bisher Bekannten vielleicht DOCH den Vorzug geben", so könnte eine innere Stimme laut und vehement aufbegehren – wissend, dass sie sonst für immer schweigen muss.

DU sollst in KEINEM Fall mehr schweigen. Was immer Dich bewegt – SUCHE keine Begleitung, sondern

FINDE eine Begleitung!

Finde DIE Begleitung, die Dir am meisten entspricht, zu Dir, Deinem System passt. Wenn Du mehrere Menschen zur Auswahl hast, nutze das FreiSchreiben, um Dich in Deiner Wahl zu bestärken.

Lass Dich unterstützen, profitiere von der Zeugenschaft durch ein Gegenüber – DAS macht wahrlich einen SPÜRbaren Unterschied! Und nachdem es letztlich immer und immer wieder um DICH geht, darfst Du Dir einmal mehr SELBST verpflichtet sein!

Sei Dir SELBST verpflichtet

Ob Du bereits mit einem netten, sympathischen Menschen arbeitest oder Dich aufgrund des Konsums von kostenlosen Angeboten einem Menschen verpflichtet fühlst – die einzige zentrale Verpflichtung, die Dir bedeutsam sein darf, ist jene gegenüber Dir SELBST. Und wie schon vorhin angesprochen: Du darfst MEHRERE Angebote gleichsam nutzen. Wichtig ist dabei einfach die HERZstimmigkeit, damit Du Dich vor einer Überforderung oder/und Ablenkung schützt.

Ob aufgrund verschiedener Methoden, die Dich ansprechen, oder dem Wechsel zwischen Einzel- und Gruppensetting – was immer DIR dienlich ist, DAS gilt es zu wählen.

Wähle für DICH! Auf diese Weise wählst Du nie GEGEN jemanden. Wähle FÜR Deine Veränderung – Veränderungen in Deinen Gefühlen, Deinen Gedanken, Deinen Worten, Deinen Handlungen.

Und ja: Dort, wo ein FÜR ist, ist ein Gegen – das stimmt – aber es ist kein GEGEN den Menschen.

Wo immer Du Dich für DICH und Deine Veränderung entscheidest, entscheidest Du gegen eine Methode, gegen eine Energie, die für Dich eben NICHT HERZstimmig ist. So löst Du Dich aus ungesunden Anpassungsdynamiken, die Veränderung erschweren, UND ermöglichst Dir DAS Umfeld, in dem und mit dem Du sein WILLST.

Apropos wollen: Das ist in jedem Fall das Gegenteil von MÜSSEN. Müssen beschwert sofort den Begriff der Verpflichtung, und Verpflichtungen klingen nicht wirklich nach etwas, was Menschen WOLLEN. Gerade, wenn das Gefühl der Überforderung sich ohnehin schon breitmacht, ist es mit Verpflichtungen und Verbindlichkeiten so eine Sache. Jetzt geht es aber nicht darum, Dir mehr aufzubürden, sondern Dich vielmehr zu entlasten.

Wie wäre es, ein „Ich muss..." in ein „Ich WERDE" zu wandeln?

Worte bestärken oder behindern Energien – das Fließen in Dir, mit Dir, durch das Leben.

Probiere Dich aus – schreib eine Liste mit Deinen „Ich muss…"

Sei so ehrlich wie möglich und lass den FreiSchreib-Prozess laufen. Was kommen mag, darf kommen.

Wandle in der Folge die Sätze in ein „Ich werde…"

Merkst Du, wie Dir klarer wird, was Du WIRKlich, wirklich MÖCHTEST? Sei Dir bewusst. Nicht ALLES ruft Dich, oder?

Du hast einen freien Willen!

Also, was WILLST Du? DAS wandle in ein WERDE und triff die Entscheidung, dass es so geschehen sein WIRD – orientiert und ausgerichtet auf eine noch bessere Zukunft, die schon im JETZT erfolgt ist!

Hilf Dir mit den Fragen:

Was entspricht Dir?

Was ist für Dich bedeutend?

Die Selbstverpflichtung kommt wie von selbst. Selbstverpflichtung, die bereit macht, Eigenverantwortung zu übernehmen. Eigenverantwortung, die Lust bringt, die eigene Schöpferinnen- und Gestaltungskraft FÜR Dich zu nutzen. Auf diese Weise wird Veränderungen die Belastung genommen – egal, wie intensiv und schwer so ein Prozess ist.

♥ In einem MEINER intensivsten, persönlichen Veränderungsprozesse – meiner Scheidung – sagte einer meiner Berater: „ThereSia – ich weiß, dass Du das mit Deinem Hintergrund, Deiner Persönlichkeit gut allein schaffst und doch geht es leichter, wenn Du Dich begleiten lässt!" Das HABE ich. In der Entscheidung, dass es eine Scheidung sein wird, war ich innerlich klar. Diese Klarheit konnte dennoch nicht darüber hinwegtrösten, dass meine Lebensplanung eine große, vorab unerwünschte Wende nahm. Selbst, wenn weib etwas SELBST will, heißt es nicht, dass weib mit offenen Armen in der vollen Annahme steht mit dem, was dieses Neue, dieses Anders-Wollen mit sich bringt. Es ging um 21 Jahre Beziehung – damals mein halbes Leben. Es war eine Zeit der Trauer, der Transformation, der Dankbarkeit für das, was war, und für das, was ich in mein Leben zog. Es war wie ein Ernten und SPÜRbar-Machen, wie sehr mein eigenes LebensTANZtraining mich stützte. Wie gut ich in mir verankert war und bin.

Im Falle des körperlichen Zusammenbruchs war da zuerst die Erkenntnis, dass meine Körperin ein wesentliches Zuhause für mein Leben hier auf Erden ist. Nun habe ich mehr und mehr SPÜRbar erkannt und wahrgenommen:

ICH bin der wichtigste Mensch in meinem Leben!

Geht es MIR gut, geht es den anderen gut.

So wusste ich, dass ich mit den Augen der Liebe gesehen hatte und sah, mit den Ohren der Liebe gehört hatte und hörte und mit dem Herzen der Liebe gespürt hatte und spürte – in der Begegnung mit mir, meiner Tochter und meinem damaligen Mann. Auf diese Weise war eine Scheidung ohne Rosenkrieg, mit ganz viel Wertschätzung möglich. Weder sprang ich auf die Schuldgefühle meines damaligen Mannes an, noch hatte ich Angst davor, einsam zu sein.

Wie steht es um Dein Gefühl zu

Ich bin der wichtigste Mensch in meinem Leben!

Was wird in Dir lebendig, wenn Du einmal eine Pause, eine NachSPÜRpause zu bisher Gelesenem machst?

Atme bewusst durch.

Lass es sickern.

Lass Dich in DICH hineinsickern.

Jetzt, wo Du das Buch in Händen hältst, im JETZT am Lesen bist, musst Du nicht DIE großen Entscheidungen treffen. Vielmehr darfst Du für Dich hinterfragen:

Wie kann ich noch besser für mich sorgen?

Wie kann ich mich noch wichtiger nehmen?

Wenn ich mich WIRKlich, wirklich wichtig nehme, dann...

FreiSchreib oder tanz drüber nach! Vielleicht mit

▶ Leb' Deine Träume von Luxuslärm

Dir dessen bewusst zu sein, dass Du den Rest Deines Lebens JEDENFALLS mit Dir SELBST verbringst, darf DICH motivieren, DICH zu DEINER Selbstverpflichtung einladen.

Selbstverpflichtung wiederum hat sehr viel mit SelbstFÜRsorge zu tun. SelbstFÜRsorge, die durchaus Deiner Weiblichkeit dienen darf. Für den Fall, dass Du noch keine der Anregungen aus dem Kapitel *Nährende Weiblichkeit leben* aufgegriffen hast, ist jetzt ein guter Moment dafür. Du musst nicht immer produktiv sein. Du musst nichts durchziehen. Gerne darfst Du Dich ausziehen und Dir ein Schaumbad gönnen. Okay – eventuell ist das gerade nicht möglich.

Was IMMER möglich ist: bewusst atmen.

Das war doch gerade vorhin schon.

Ja!

Stimmt!

Ich habe trotzdem nochmals bewusst geatmet. ☺

Spüre fragend nach:

Ist Verpflichtung WIRKlich, wirklich böse?

Was wird möglich, wenn Du Dich Dir SELBST gegenüber verpflichtest?

Was wird möglich, wenn Du MIT und VON anderen lernst?

Wieder gilt:

Das Vertrauen in Dir ist die Basis, um anderen vertrauen zu können!

Erinnere Dich an den Abschnitt *Dich SELBST kennen lernen:*

Das Außen kann nur das triggern, was IN Dir ist!

Im positivsten Sinne ist es im Fall einer Begleitung VERTRAUEN, das getriggert und unterstützt wird!

Verpflichte Dich Dir selbst, dem, was IN Dir ist, Raum zu geben. Erlebe es als Geschenk, dass Du viele wunderbare Menschen in Dein Feld ziehst. Die Veränderung Deiner Frequenz, die Erhöhung Deiner FREUquenz[22], wie ich es gerne nenne, öffnet Dein Herz und zieht Herzensmenschen an. Und jene, denen Du begegnest und die Dich weiter fordern, sind möglicherweise ebenso geeignet, Dich in Deinem So-Sein zu fördern. Jeder einzelne Mensch trägt die Möglichkeit in sich, für Dich auf irgendeine Art und Weise wertvoll und bedeutsam zu sein – selbst ein Arschengel, wie Robert Betz die unangenehmen Zeitgeister nennt. Ich sage lieber Modellimperativ dazu – Menschen, von denen Du lernen kannst.

22 Freude im Sinne der universellen Freude ist bei den Bewusstseinsebenen nach Hawkings sehr hoch oben und damit FÜR Deine EinzigARTigkeit.

Lernen vom Modellimperativ

Was IST ein Modellimperativ? Was leistet ein Modellimperativ?

In aller Kürze:

Ein Modellimperativ ist ein Mensch, der Dir NEUE Fühl-, Spür- und Handlungsoptionen eröffnet.

Es BRAUCHT neue, andere Optionen für Dein NEU und Anders. Lassen wir es zur Abwechslung wieder einmal auf uns wirken:

Wahnsinn ist, immer wieder das Gleiche zu tun und andere Ergebnisse zu erwarten.

Und um etwas als NEU einzuordnen oder bereit zu sein, Dich auf Neues einzulassen, unterstützt das Beginner's mind. Ich habe es jetzt lange nicht erwähnt und hoffe, dass es Dir nicht ganz abhandengekommen ist. *Weil es NICHT zu spät ist* lautet das Erklärkapitel dazu und es ist gleichsam eine Erinnerung für Dich, dass Du IMMER noch mit und an anderen Menschen lernen kannst – egal, was Dir in der Kindheit, im Heranwachsen vorgelebt wurde. UND es ist eine Einladung, immer mal an den Anfang des Buches zu blättern. Das hat nichts mit Rückschritten zu tun, sondern stärkt für die Vorwärtsschritte – VorwärtsTANZschritte.

Zurück zu Deinen EIGENEN Anfängen:

Das Beginner's mind hattest Du in Deinen ersten Lebensjahren ganz NATÜRLICH. Da gab es noch kein Vergleichen, kein Prüfen, kein Denken, kein Analysieren. Da gab es ein Beobachten und ein Nachmachen.

Angeblich war es Karl Valentin, der sagte:

Wir brauchen unsere Kinder nicht erziehen, sie machen uns sowieso alles nach.

Ob ER es war oder jemand anderer – es zeigt das auf, was beim Heranwachsen passiert. Anfänglich stellen wir das nicht in Frage, sondern passen unsere Gefühls- und

Handlungsausdrucksweisen an. Erst mit der Zeit kommt das Nachdenken, Analysieren, Zerdenken dazu – dann, wenn das Gehirn weiter heranreift. Ein Mensch beginnt mit etwa acht Jahren die Möglichkeiten des Denkens neu für sich zu entdecken. Die eigene Familie, das eigene Leben wird bis dahin nicht in Frage gestellt. Manch einer meint, das habe etwas damit zu tun, dass Mensch erst in der Schulzeit vermehrt Einblick in andere Familien bekommt und auf Grundlage dessen eigene Gewohnheiten und Lebensweisen in Frage stellt. Ich sage Dir, es hat mit der Entwicklung des Menschen, des Körpers zu tun, die FÜR den Menschen ist. FÜR das Überleben. Diese Anpassungsleistung ist wesentlich. Und dort, wo es eine De-Programmierung benötigt, sind Aufmerksamkeit und Pausen gefragt. Dies lässt die bisherige Musterunterbrechung gelingen.

Wage einen Blick, FreiSchreibe Dich in Bezug auf altbekannte Muster:

Welche Handlungsweisen waren/sind typisch für Deine Mutter?

Welche Handlungsweisen waren/sind typisch für Deinen Vater?

Welche Handlungsweisen waren/sind typisch in Deiner Familie?

Welche Handlungsweisen wurden von DIR eingefordert?

Welche Handlungsweisen hast Du übernommen?

Du merkst – ich schreibe wiederholt von Handlungsweisen und genau um diese geht es.

Je nachdem, welche Handlungsweisen in Deinem Familiensystem gezeigt wurden, bist Du einer ersten elementaren Programmierung ausgesetzt. Ich zitiere Paul Watzlawick nochmals:

Du kannst nicht NICHT kommunizieren.

Sei Dir gleichsam bewusst, KommUNIKATion ist Ausdruck, IST Handlung – zuerst noch unsichtbar im Inneren und dann von den Gedanken aus über die Worte und Taten sichtbar. Nicht immer stimmt das, was jemand sagt und tut, mit dem überein, was jemand fühlt. Hier ein paar Beispiele:

- Deine Mutter sagt, es geht ihr gut und Du spürst ihre Traurigkeit.
- Dein Vater sagt, er liebt Deine Mutter und Du spürst die fehlende Verbindung zwischen Deinen Eltern.
- Deine Eltern versuchen, etwas zu verheimlichen – ob eine Sucht, eine Affäre, ein für sie schreckliches Erlebnis – und doch nimmst Du die Anspannung in der Luft wahr.
- ...

Das Problem dieser fehlenden Übereinstimmung ist die Verwirrung, die daraus IN

DIR entsteht. Erinnere Dich, blättere nochmals vor zum „Ich-bin-falsch"-Input im Kapitel ***Superpower Verletzlichkeit.*** Selbst wenn Du einen dieser Aspekte später bei Deinen Eltern ansprichst, heißt das nicht, dass sie eingestehen, dass es anders wäre als sie SAGEN. Sie haben sich SELBST damit arrangiert, in dieser Konstellation, in dieser Lebenssituation möglichst eingepasst zu leben. Sie haben sich SELBST zum Bonsai geschrumpft und leugnen ihr Eichen-Potenzial.

Das, was ich Dir im Abschnitt ***Ungesunde Anpassungsdynamiken auflösen*** bewusst gemacht habe, gilt es jetzt, Dir in Bezug auf Deine Eltern, Deine Herkunft bewusst zu machen. Dann befreist Du Dich einmal mehr aus dieser ungesunden Nachahmungsdynamik, die so sehr prägt und Ursache dafür ist, dass das Verhalten anderer Menschen Dich an- oder aufregt.

Genau dieses An- und Aufregen, das andere Menschen – außerhalb der Familie – mit ihrem Verhalten in Dir auslösen, ist in Wahrheit wie ein Geschenk, durch das Du Dir und Deinen Mechanismen bewusster wirst. Natürlich kann es sein, dass Du Sorge hast, DIESE Menschen zu verlieren, und doch: In Wahrheit gewinnst Du etwas zurück – nämlich immer mehr Dich – mit ALL den Anteilen, die Dich ausmachen.

Sei eingeladen, mit Interesse an Handlungsoptionen durch Deinen Alltag zu tanzen. Lass Dich davon überraschen, wie fremde Menschen mit gewissen Situationen umgehen. Dafür musst Du nicht in eine fremde Kultur, in ein anderes Land reisen. Nimm wahr, wie anders das Tun der Menschen um Dich herum ist. Fühl Dich inSPIRITiert, Dich ebenso mit neuen Handlungsweisen zu erforschen.

♥ Ich erinnere mich an eine Situation, als ich bei einer Freundin eingeladen war, die neu in eine Wohnung gezogen war. Mit einem Strauß frischer Tulpen und Gebäck im Gepäck fuhr ich zu ihr, um ein gemeinsames Frühstück zu genießen. Sie empfing mich herzlich an der Tür und widmete sich zuallererst dem Blumengruß – öffnete das Papier, welches die Tulpen schützen sollte, ganz langsam, ganz vorsichtig und ließ sich mit Blick auf die bunte Vielfalt einladen, eine passende Vase zu wählen. „Nicht irgendeine, nein, DIESE Vase wird es", hörte ich sie förmlich denken. Das Wasser wurde nur bis zur Hälfte eingefüllt – die Ästhetik selbst OHNE Blumen wurde gewahrt. Dann holte sie eine Schere hervor und nahm Tulpe für Tulpe in die Hand, schnitt diese am Stil schräg nach unten hin ab, entfernte zum Teil die großen unteren Blätter und steckte Tulpe für Tulpe in die Vase – verbunden mit einem kurzen Moment des Spürens, ob denn der Platz und die Farbkonstellation in der Vase stimmig war. Die BLUMEN fanden als Erste Platz auf dem Tisch und ich war fasziniert von diesem Liebesakt, den ich gerade beobachten durfte.

Ob ich es jetzt AUCH so mache? JA! Und nein – es ist nicht so, dass ich viele Blumen geschenkt bekommen würde. Ich kaufe mir ab und zu selbst einen Blumengruß.

Was inSPIRITiert Dich bei und an DEINEN Freundinnen, Freunden?

Welche Beobachtungen haben DICH bisher erfüllt?

Welche Handlungsweisen waren für Dich vorbildlich und anregend?

Es gibt so viel InSPIRITion da draußen in der Welt! Greife sie auf, anstatt Dich angreifen zu lassen.

Erfahre Dich in Deinem neuen Handeln – in Deinem Alltag, in einem Gruppen- und Einzeltraining!

Der Tanz von Prägung und Potenzial

Der Begriff „Modellimperativ" wurde mir in der Ausbildung mit Hans Endmaya zugänglich. Insofern bin ich dankbar, dass er hier ein paar Zeilen für Dich hinterlässt, die hoffentlich dienlich sind[23].

Du hast eine Resonanz in Dir. Diese Resonanz bestimmt, wer sich in Dein Leben verirrt. Warum verirrt? Wenn Dir Deine Resonanz nicht bewusst ist, neigst Du dazu, das, was Du anziehst, zu verneinen oder zumindest eine Abneigung dagegen zu haben.

Als Frau kann das für Dich bedeuten, Dich immer wieder mit den falschen Männern, dem falschen Beruf oder falschen Freunden, kurz in „falschen" Begegnungen oder Situationen wiederzufinden. Diese unbewusste Resonanz kannst Du Dir als „unbewusstes Programm" vorstellen, das tief in Deinen hundert Billionen Zellen verankert ist, denn das Unterbewusste zeichnet sich dahingehend aus, dass es voll automatisch agiert und nichts mehr in Frage stellt. Falls Du Dich mit der Funktionsweise des Unterbewussten noch nicht auseinandergesetzt hast, hier eine kurze Erklärung:

Dein Unterbewusstes wird sehr stark von Deinem sozialen Umfeld geprägt, beispielsweise von Vater und Mutter beziehungsweise der Familie. Je jünger Du bist, desto unzensierter lässt Du Diese Resonanz tief in Deine Zellen. Sprich, Du beginnst es zu verkörpern – man nennt das auch Prägung. Mit unzensiert meine ich, dass Du als Kind noch keine Referenzwerte in Bezug auf verschiedene Familiensysteme hast, mit denen Du vergleichen kannst. In der Best-Case-Variante bist Du bei liebenden und fürsorglichen Eltern aufgewachsen.

Wichtig dabei ist auch zu bedenken, dass Du erst mit etwa elf bis vierzehn Jahren reif bist, Dein rationales Verstandesdenken zu entwickeln – davor lernst Du in erster Linie sensomotorisch über die Anschwingung, die Du über Dein Umfeld erfährst.

23 Wissend um die Wertschätzung von Hans gegenüber Menschen habe ich hier Du, Dir Dich wiederum groß geschrieben.

Ja, Du lernst in erster Linie über das soziale Verhalten Deiner Familie. Viele glauben heute noch, dass wir etwas Wesentliches lernen, wenn die Eltern sich mit uns hinsetzen und für die Schule pauken. Dieses Lernen unterscheidet sich vom Resonanzlernen insofern, dass Du damit nur Dein Kurzzeitgedächtnis trainierst. Außerdem wichtig für Dich ist, mit welcher Haltung beziehungsweise Schwingung Dir Dein Gegenüber beim Lernen begegnet, das prägt nämlich Deine Eigenresonanz!

Tja, dieses Unterbewusste hat schon so einige Menschen verwirrt. Vielleicht jetzt auch Dich! Lass uns gemeinsam diese Verwirrung bestmöglich auflösen.

Von klein auf wirst Du von Deinem Umfeld geprägt, über Körperresonanz. Deine natürliche Menschlichkeit verlangt das! Man könnte sagen, das ist ein Entwicklungs-Prinzip, das jeder Mensch durchläuft. Du übernimmst schon im Uterus jegliche Schwingung der Mutter sowie des sozialen Umfeldes, jede Faser Deines Körpers ist darauf angewiesen. Diese Initiation ist wie ein Wachrufen von etwas, das in Dir angelegt ist. Ich nenne es Dein Potenzial. Dafür brauchst Du andere Menschen, die mit Dir in Beziehung treten, und Du bist auf Gedeih und Verderb davon abhängig. Wenn Dein soziales Umfeld Dich im Sinne Deines Potenzials liebt, kann das für Dein Leben eine riesengroße positive Bedeutung haben. Meiner Erfahrung nach ist es jedoch leider so, dass diese Best-Case-Variante oft von nicht so wohlwollenden Schwingungen wie bedingungsloser Liebe getragen wird. Das hat für Dich zur Folge, dass Du nur teilweise fähig wirst, Dein mögliches Potenzial zu leben, und der Rest brach liegt, um wachgerufen zu werden.

Um dieses brachliegende Potenzial wachzurufen, braucht es andere Menschen, ein anderes Modell. Daraus ist der Begriff „Modellimperativ" entstanden. Du hast sozusagen über andere Menschen die Möglichkeit, sensomotorisch über unbewusstes Lernen Deinem Potenzial näherzukommen.

Einfach gesagt, Dich über körperliche Bewegungen wie Begegnungen auf die Suche nach Deinem verborgenen Potenzial zu machen. Wenn Du das voll bewusst machst, weil Du erkannt hast, dass in Deinem Leben etwas fehlt, lässt mich das erkennen, dass Du schon sehr bewusst bist. In der Regel zeigt sich das nur leider anders, nämlich indem weder Potenzial noch Symptome bewusst sind.

Neigst Du dazu, im Außen in Beziehung (zum Beispiel Freundschaften) die Lösung für Deinen Schmerz zu suchen? Oder neigst Du dazu zu denken, dass nur Du schuld daran bist?

Wenn Du diese Eigenresonanz nicht bewusst wahrnehmen kannst, neigst Du zu symptomatisch-toxischen Beziehungen, weil Du unbewusst immer und immer wieder die Resonanz Deines früheren sozialen Umfeldes suchst – bis Du bereit bist, den Weg des Bewusstseins zu gehen. Du lernst die verschiedenen Menschen, die Dir begegnen, zu differenzieren im Sinne von, welcher dieser menschlichen Modellimperative hält das Altgewohnte unbewusst aufrecht und welcher Modellimperativ führt Dich zu Deinem brach liegenden Potenzial. Du musst nämlich wissen, Du als Individuum bist einzigartig und das hat nichts mit Egoismus zu tun, sondern ist Dein Lebensrecht!

Wenn alle Menschen auf diesem Planeten das erkennen und anerkennen würden, wäre das, was uns Menschen am stärksten verbindet, unser Anderssein, sprich unsere individuelle Einzigartigkeit. Dann hätten wir ganz schnell Frieden auf diesem Planeten!

Das heißt, eine der Künste dieses Lebens ist die Fähigkeit, Dein Potenzial von Deiner unbewussten Programmierung durch Dein früheres soziales Umfeld zu dekodieren und Dich auf die bewusste Suche nach Deinen Modellimperativen – Deiner Potenzial-Entfaltung – zu machen. Das erfordert Trainingsdisziplin, weil das Unbewusste sich nur durch Wiederholung zu einer neuen Resonanzbewegung umformen lässt.

Ein potenzialentfaltender Modellimperativ hat sozusagen unbewusst eine Resonanz, die Du für die Entwicklung Deines vollen Potenzials nutzen kannst.

Wie funktioniert das konkret?

Das Yi-8er-Modell – ein von mir entwickelter integraler Beratungsansatz in der Begleitung von Menschen – bietet dazu viele Übungen und Trainings. Ich als Gründer beschäftige mich seit etwa dreißig Jahren mit der Entwicklung des natürlichen menschlichen Potenzials. Es geht darum, eine vorbereitete, entspannte Umgebung zu schaffen, um Dir die Möglichkeit zu bieten, Dich darin mit anderen Menschen über Bewegung und Berührung bewusster wahrzunehmen.

Sehr hilfreich ist dabei Musik oder besser gesagt die Schwingung von Musik!

Die richtige Musik schafft Dir einen Raum, um Dich voll und ganz auf Dich einzulassen, getragen vom Rahmen der Musik, und die bewusste Forschungsreise zu Deinem Potenzial zu beginnen. Das Aufspüren Deiner wahren Resonanz. Dabei erkennst Du auch Deine Dissonanzen oder anders genannt Deine Symptome.

Die anderen Menschen im Raum machen vorerst das Gleiche. Sie schwingen sich auf ihr vorhandenes Potenzial ein. Nach dieser Aufwärmphase beginnt der modellimperative Austausch. Die Menschen im Raum beginnen sich über Bewegung und

Begegnung zu berühren. Diese Berührungen (zuerst über Hände oder Arme) sind getragen von einer Grundhaltung, die wir „safe-safe" nennen. Das heißt so viel wie, wenn ich merke, dass Du Dich unsicher fühlst, dann sichere ich Dich! Dies gilt für beide Menschen, die in Begegnung sind. Hieraus bildet sich eine Art Sicherheitszaun, hinter dem natürliche menschliche Entwicklung angeschwungen wird, um brach liegendes Potenzial aufzuspüren. Dieses sogenannte modellimperative Anschwingen setzt die ersten Schritte zur Neudefinierung Deiner gewohnten Bewegungen.

Jeder Modellimperativ bewegt sich anders zur gleichen Musik und in der Begegnung mit anderen bringt das den Einzelnen zu neuen, oft noch nie gespürten Gefühlen. In diesem geschützten Trainingsrahmen ist es Dir dann sehr oft möglich, alte symptomatisch-toxische Schwingungen zu erkennen und loszulassen. Wir nennen das unbewusste Fremdbestimmung, um neuen Potenzial-Resonanzen Platz zu machen. Das bezeichnen wir bei Yi als „modellimperatives Potenzial-Training". Du kannst dieses Training so lange verfolgen, bis sich in Deinem Leben die gewünschten Lebenserfahrungen einstellen.

Das Unbewusste will bewusst erfahren werden, um Dir die Möglichkeit zu geben, un-stimmige Resonanzen zu korrigieren. Das ist mit bewusster Bewegung zur Musik und im geschützten Rahmen mit anderen Menschen möglich! So greifen wir in die tiefe Zellprogrammierung ein und haben die Chance, diese im Sinne unseres einzigartigen Potenzials zu optimieren.

Gruppen- UND Einzeltraining

Jeder Mensch hat eine für sich sehr gewohnte Möglichkeitswelt. Was immer sich mensch ermöglicht, hat etwas Wiederholendes. Diese Möglichkeitswelt unterscheidet sich im engeren Umfeld wenig von den anderen. Das liegt unter anderem daran, dass Interessen, Hobbys oder die Arbeit ähnlich sind und daraus Freundschaften entstehen. *Keine Neuigkeit, oder?*

Aber vielleicht ist die Meinung von Jim Rohn neu für dich. Er meint:

Du bist der Durchschnitt der fünf Menschen, mit denen du die meiste Zeit verbringst.

Da stellen sich natürlich die Fragen:

Wie sieht Dein Umfeld aus?

Welche fünf Menschen fallen Dir ein?

Gemeint sind hier DIE fünf Menschen, mit denen Du Dich WIRKlich, wirklich umgibst, nicht die fünf Menschen, mit denen Du gerne mehr Zeit verbringen würdest!

Warum ich das betone?

Weil es einen Unterschied macht.

Je enger die gelebten Beziehungen, desto mehr Übernahme der Verhaltensweisen. Selbst die Gesichtszüge passen sich an, wie der US-amerikanische Sozialpsychologe Robert Zajonc vor mehr als dreißig Jahren an der Universität von Michigan bestätigte. Damals legte er seinen 110 Versuchsteilnehmern Fotos von Menschen vor, die miteinander verheiratet waren. Die Bilder zeigten jeden Ehepartner einzeln – einmal zum Zeitpunkt der Hochzeit, einmal nach 25 Jahren Ehe. Die Versuchspersonen sollten ausschließlich aufgrund der physischen Ähnlichkeit eine Zuordnung treffen. Ergebnis: Die optischen Gemeinsamkeiten hatten nach 25 Jahren sichtbar zugenommen.

Ausgehend davon, dass Du nicht nur auf Äußerlichkeiten Wert legst, war ich mutig, dieses Beispiel zu bringen. Weniger die Sorge darüber, wie Du in der Zukunft aussiehst, sollte der Grund sein, zu überlegen, mit WEM Du Zeit verbringen möchtest. Vielmehr bist Du aufgefordert, für Dich wahrzunehmen, in welchem Feld von Eigenschaften, Qualitäten, Gewohnheiten Du lebst. Es geht im ersten Schritt weniger um die Fähigkeiten und Talente, die jemand mitbringt – es geht WIRKlich um dieses WIRKEN. Sei erinnert:

Du kannst nicht NICHT wirken!

Das habe ich schon eingangs erwähnt – bei *Lerne Dich SELBST kennen.* Diese Reise des Sich-selbst-Kennenlernens hat für mich gefühlt kein Ende. Allein die Veränderungen im Leben bedingen Veränderungen im Menschen. So kannst Du Dich stetig weiter selbst erfahren. Und Gleiches gilt auch für Dein Gegenüber!

Dein Gegenüber kann nicht NICHT wirken!

Sei aufrichtig im Hinspüren:

Wie erlebst Du die Energie des anderen?

WIE ist die Energie dieses Menschen?

Wodurch zeichnet er sich aus?

Was an diesem Menschen zieht Dich an, aktiviert Dich im positivsten Sinne?

Was lehnst Du ab?

Holen wir nochmals das Beispiel des Besuchs mit dem Tulpengeschenk her. Diese Liebe im Umgang mit den Tulpen hat mich berührt – HAT sich ergeben, WEIL ich Blumen mitgebracht habe. WEIL ich mit ihr alleine war und Zeugenschaft erleben durfte.

Natürlich ist die liebevolle Qualität dieser Freundin in anderen Situationen ebenso gegeben und DIESES Feld ist eines, in dem ich GERNE bade.

Hast DU die Möglichkeit, in FREUquenzen zu baden?

Welche Menschen inSPIRITieren Dich?

Welche Menschen würden Dir MEHR guttun?

Bei welchen Menschen ist es der ABSTAND, der guttut?

Es geht nicht darum, Freundschaften und Kontakte zu erzwingen. Menschen lernen von Menschen. Dafür müssen sie nicht befreundet sein – selbst wenn sich das über die Zeit aufgrund der einander nährenden Erfahrung wie von selbst ergibt. Deshalb bin ich für den Besuch von Gruppentrainings. Egal, ob es eine neue Sportart ist, die Dich lockt, ein Kochkurs, auf den Du Lust hast, die Teilnahme an einer Veranstaltung, eine Reise oder eine Ausbildung: ALL das sind Trainingsoptionen, um Deine EinzigARTigkeit zu aktivieren – Dir NEUE Handlungsoptionen und Möglichkeitenwelten zugänglich zu machen. WENN Du Dich FÜR Begegnung öffnest.

♥ Als Ausbildungsjunkie habe ich natürlich viele Gruppentrainings besucht. Für Begegnungen habe ich mich jedoch früher selten geöffnet. Die Ablehnungserfahrungen meines Systems haben mich auf der Hut sein lassen. So nett es oft im Seminarraum war, so zurückhaltend war ich, wenn es darum ging, mich außerhalb zu treffen. „Der/die will mich sicher nur wieder ausnutzen!“, war meine innere Überzeugung. Das war eine STARKE innere Überzeugung und natürlich hat sie wiederholt zu Enttäuschungen beim Gegenüber geführt. UND ich habe mich dafür zusätzlich schuldig gefühlt. Ein weiterer Grund, der mich noch zurückhaltender werden ließ. Zudem HATTE ich ja genug Menschen in meinem Leben, in den Seminaren, Kursen, die ICH angeboten habe. Und in dieser Rolle der Führung fühlte ich mich sicher – hier war es gefühlt einfacher, auf Distanz zu bleiben. Auch auf Distanz mit mir SELBST. Eine Distanz, die ich aufzulösen begann, indem ich mich – wie schon bei anderen Blockaden zuvor – mit dem konfrontierte, was mir Angst machte. Ich begann, mich ohne diesen Schutz der Führungsposition in Gruppen zu zeigen, einzubringen. Ich begann, mit einem Beginner's mind in die Begegnung zu gehen. Ich begann, Menschen außerhalb des Seminarraums zu treffen. Ich begann das Risiko auf mich zu nehmen, Ablehnung zu erfahren – mit dem Ergebnis, auf ganz viel ANNAHME zu treffen. Annahme und Wertschätzung – etwas, das meinen Glauben „Ich werde ausgenutzt“ in ein „Ich werde wertgeschätzt“ wandelte. Das heißt nicht, dass Menschen nicht weiter etwas von mir wollen – mehr dazu im nächsten Kapitel, wo es um gesunde Grenzen geht.

Wie sehr öffnest DU Dich für Begegnungen?
Was hält Dich zurück, in Begegnung zu gehen?
Welche Begegnungsräume könntest Du für Dich öffnen?

Was immer DICH noch zurückhält, den Gruppentrainingskontext FÜR Dich als Chance zu erkennen, darf von Dir – FÜR Dich – aufgelöst werden. Die Antworten, Gründe, Glaubenssätze – sie alle sind IN Dir. Manche sind lauter, manche leiser. Manche sind verborgener. Manche offensichtlicher.

Tauche FreiSchreibend ein oder nimm genau dieses Thema mit in ein Einzeltraining. Indem Du ein Echo hast, ein Gegenüber, lässt sich die Essenz dessen, was Dich WIRKlich, wirklich bewegt, einfacher heben. Die richtigen Fragen führen Dich zu Dir!

Für jetzt frage Dich gern:

Wie kannst Du Dich mehr für eine Gruppe öffnen?

Welche Ängste möchten gesehen werden?

Welche Möglichkeiten spürst Du für Dich im Gruppenkontext?

Welche Begegnungsräume Du aktuell auch immer hast – öffne Dich für NEUE Räume. Finde Räume, in denen sich Dir neue Möglichkeitswelten durch neue, andere Menschen offenbaren. Räume, in denen Du neue, anregende Qualitäten erSPÜRen darfst. Ich spreche von geschützen SPÜRräumen. Die GIBT es. Ob Du in direkten Kontakt gehen kannst/willst oder sogar Online-Gruppen-Räume hierfür aufsuchst – beides HAT Potenzial.

Egal, für welche Gruppentrainings Du Dich öffnest – sei Dir bewusst:

Aufmerksamkeit lenkt Energie.

DEIN Fokus macht den Unterschied. DEINE Absicht entscheidet über Dein Erleben. Ein Angebot für Dich:

Ich lege den Fokus auf das Mit- und Füreinander – mit der Absicht, mich in der Interaktion einmal mehr in meinen EIGENEN Qualitäten zu erfahren.

Wenn Du ein Mit- und Füreinander sehen, spüren willst, WIRST Du ein Mit- und Füreinander sehen. Wenn Du die Absicht hast, Deine eigenen Qualitäten erfahrbar zu machen, WIRST Du Deine Qualitäten erfahrbar machen.

WIE das genau aussieht, ist nicht wesentlich – es geht wiederum um das Fühlen und Spüren!

Die falschen Vorstellungen über die Welt binden Deine Ressourcen.
Du bist Schöpferin Deiner eigenen Welt.
SEI Du selbst die Veränderung, die Du Dir wünschst für diese Welt.

Indem Du Dich in Gruppentrainings neu erfährst, ändert sich für DICH die Welt und ja – selbst der Durchschnitt der fünf Menschen, mit denen Du Dich umgibst, unterliegt folglich einem Wandel. Letztlich magst Du mit DEN Menschen sein, die Dir guttun, oder? Und das dürfen gerne mehrere sein!

Aktiviere einmal mehr Deine EinzigARTigkeit in Gruppentrainings. Nähre und profitiere von verschiedenen Begegnungsqualitäten – weiblichen und männlichen. Lass Dich auf andere Menschen ein UND reflektiere, integriere Deine Erfahrungen im Einzeltraining. Diese Kombination lebe ich selbst, diese Kombination empfehle ich. Auf diese Weise wirst Du zudem darin gestärkt, Deine Grenzen und Verantwortlichkeiten gesund zu wahren, anstatt dem Gefühl von Flucht, Angriff oder Totstellen zu erliegen.

Gesunde Grenzen & Verantwortlichkeiten wahren

Rufen wir uns nochmals die Verantwortlichkeiten aus dem Kapitel ***Ablehnungserfahrungen hinter Dir lassen*** nach Marshall B. Rosenberg (Gewaltfreie Kommunikation) in Erinnerung:

Das JA zu DEINEN Gefühlen, DEINEN Gedanken, DEINEN Bedürfnissen, DEINEN Worten, DEINEN Taten, DEINEN Reaktionen auf Dein Gegenüber sind DIEJENIGEN Verantwortlichkeiten, auf die DU Dich fokussieren darfst.

Leider gibt es viele Verdrehungen von Verantwortlichkeiten in unserer Gesellschaft, die sich fortsetzen. Beginnend in der Kindheit nehmen wir diese ins Erwachsenenleben mit. Es ist wenig verwunderlich, dass es im Kontakt mit anderen Menschen gerne zu Durchmischungen, Verantwortungsverschiebungen kommt. Da das vielfach unbewusst erfolgt, möchte ich diesen Umstand einmal mehr für Dich hervorheben. Das kann Dich in Deiner gesunden Grenzziehung bestärken. Deine Wutkraft steht als MUTkraft zur Verfügung, um bei Deinem Gegenüber klar und eindeutig zu sein – indem Du klar und eindeutig in DIR bist!

Nehmen wir hierzu ein paar Beispiele aus dem Alltag:

♥ Du bist gerade sehr mit etwas in Deinem Leben beschäftigt. Der Kopf steht Dir irgendwo. Dann läutet das Telefon. Eine Freundin ruft an, von der Du weißt, dass sie wahrscheinlich etwas von Dir braucht. Hebst Du ab, um es rasch abhaken zu können? Bleibst Du bei Dir und DEINEM Fühlen und Spüren von wegen „Es ist grad viel – ich brauche meine Ruhe" und lässt das Telefon weiter läuten? Selbst wenn Dir diese Freundin wichtig ist und Du weißt, dass es ihr gerade schlecht geht, ist dennoch die Frage, wie es DIR geht.

Erkennst Du Dich wieder?

Ein anderes Beispiel:

♥ Du hast einen wichtigen Termin vor Dir und holst zuvor noch Dein Kind vom

Kindergarten ab. An der Eingangstür begegnet Dir die Mutter eines anderen Kindes, das in derselben Gruppe ist. Sie beginnt ein Gespräch mit Dir, erzählt von ihrer Freude über das letzte Muttertagsgeschenk und Du... Du lauschst weiter, obwohl innerlich der Druck steigt. Oder Du unterbrichst sie und lässt sie wissen, dass Du gerade wenig Zeit für einen Austausch hast. Was machst Du? Sagen wir, Du unterbrichst sie – nicht, weil es leichtfällt, da Du Dir gerade eine unsympathische Mutter vorstellst. Nein! Schummeln ist nicht erlaubt. Sagen wir, es ist eine ECHT liebe Frau. Hörst Du weiter zu oder wandelst Du die Wut- in Mutkraft?

Die Ausrede „Ich hab ja gar kein Kind im Kindergarten!" oder sonstige Ausschweife gelten jetzt nicht, um dem Gefühl des Erwischtwerdens zu entgehen. Ich sage das nicht, weil ich glaube, dass DU das so machen würdest, und doch, weil Du während des Lesens gerne mal schmunzeln und auflachen darfst.

♥ Noch ein Beispiel:

A In dem Büro, in dem Du arbeitest, bist Du mit einem Chef konfrontiert, der... Dich wiederholt ignoriert, Dich nicht ernst nimmt oder

B Dir in einer ruhigen, ungestörten Minute NÄHER kommt als es in diesem Bereich sein sollte.

Hier liegt es an Dir, ob Du eine gesunde Grenze ziehst. Es ist DEINE Verantwortung, wie Du auf das, was zu Dir kommt, reagierst, im besten Falle agierst. Agieren meint, Dir bewusst einen Moment zu nehmen, hinzuspüren, was es WIRKlich, wirklich braucht, was WIRKlich, wirklich hilft, und aus diesem Spüren heraus zu handeln.

DAS, was jemand anderer denkt, sagt, tut, liegt NICHT in Deiner Verantwortung und doch sind die Grundlagen für derartige Spiele der Erwachsenen bereits frühkindlich angelegt. Sie machen es oftmals schwer, eine gesunde Grenzziehung vorzunehmen. Dazu gibt es übrigens GANZ viel Theorie von Eric Berne.

Der Name kommt Dir bekannt vor? Ja?

Ich HABE ihn schon erwähnt – im Kapitel ***Ablehnungserfahrungen hinter Dir lassen.*** Er ist der Typ von der Transaktionsanalyse. Und ja – sein Buch „Spiele der Erwachsenen" ist das, das sich gerade aufdrängt – aber mehr als Gedanke denn als Kaufauftrag.

Bleiben wir in der Praxis der angeführten Beispiele. ALL diese Beispiele sind übrigens Alltagssituationen, die ich in meinen Einzelsettings bearbeite. Die eigentliche, tiefer liegende Angst vor dem Selbstausdruck wird eingeladen, sich zu zeigen. In einem geschützten SPÜRraum darf sie SEIN. Lust und Mut auf NEUES Verhalten wird entwickelt, trainiert und belebt, gelebt.

Nicht mehr WISSEN macht den Unterschied, sondern die Praxis!

Zurück zur Praxis. Ob Du es glaubst oder nicht: Du spielst nicht nur eine Opferrolle, sondern bist durchaus auch Täterin.[24] So anklagend das klingt, so liebevoll darfst Du auf die Folgebeispiele blicken, welche dieses Spiel einmal mehr aufdecken:

♥ Du willst in einem Lokal Deinen Lieblingscocktail bestellen, denn wenn der Tag heute schon so intensiv war, willst Du Dir jetzt zumindest etwas Leckeres gönnen. Dort wird Dir gesagt, dass leider die Zutaten ausgegangen sind. Alternative wird Dir keine angeboten. Geschweige denn eine Art Trost in Form eines Goodies. Du regst Dich darüber auf, was für ein Saftladen das ist. Wie wenig serviceorientiert die Angestellten sind. Du nimmst Dir vor, hier NICHT mehr herzukommen, und verlässt das Lokal zeitnah. Für den Fall, dass Du in Deinem Bild eine energische Frau siehst, die sich mit diesen Anklagen gleich noch an den Lokalbesitzer wendet und Dich in diesem Beispiel nicht erkennst – Option B ist: Dieses ganze Aufregen richtest Du an Deine Begleitung, die mit dem ganzen Thema in Wahrheit NICHTS zu tun hat und dennoch die ganze Gefühlsladung Wut serviert bekommt. Mahlzeit.

Kommt Dir das bekannt vor?

Hier ging es um den Wunsch nach einem Cocktail. In Wahrheit könnte es um alles Mögliche gehen. Zum Beispiel um eine fehlerhafte Buchung im Urlaub. Um eine fehlende Auskunft Deines Arbeitskollegen, Deiner Arbeitskollegin. Um eine fehlerhafte Zustellung Deiner Bestellung. Um eine fehlerhafte Handlung Deiner SELBST, wie zum Beispiel das fehlende Einlösen eines Gutscheins, der bald abläuft und an den Du erst NACH der Bezahlung denkst.

Fehler – Fehler – Fehler

Für den Fall, dass es schon länger her ist – es wäre jetzt KEIN Fehler, nochmals das Kapitel *Erlaube Dir Deine Fehlbarkeit* zu lesen. Es ist aber auch kein Fehler, wenn Du hier weiterliest und überlegst, ob Du SELBST noch Beispiele hast.

Ich möchte Dich nicht überladen, aber ich hätte noch EINIGE Beispiel mehr, denn GANZ ehrlich...

24 Opfer? Täter? Einen Retter gibt es auch noch in der Theorie des Drama-Dreiecks, auf die ich mich beziehe – wiederum eine Theorie, die nicht allumfassend verstanden und doch SPÜRbar gemacht werden kann.

ICH weiß, dass ich GENAUSO drauf war und mir auf diese Weise weiß Gott was vorenthalten habe. Was HABE ich es mir dadurch oft erschwert. WIE ungut war ich doch für mein Umfeld! Nicht IMMER und doch immer wieder. Vor ALLEM dann, wenn ich mich SELBST nicht gut versorgt habe.

Entsprechend bist Du eingeladen: ***Sei Dir SELBST verpflichtet.*** Das ist ein wesentlicher Gegenpol zum inneren Ungleichgewicht – nicht nur hinsichtlich männlich und weiblich. IN Dir gilt es, Frieden zu finden – denn die Selbstanklage wird in derartigen Situationen leider ebenso angeheizt. MIR war mein Verhalten HOCH unangenehm, sobald ich mich wieder abgekühlt hatte. Du erinnerst Dich?

„Wenn ich NICHT wäre, wäre es so viel schöner und einfacher für die anderen!"

DAS war wie erwähnt LANGE einer meiner hindernden Glaubenssätze – und eine damit aktiv gehaltene Grenzüberschreitung mir SELBST gegenüber, verbunden mit dem Glauben, ich bräuchte ANDERE, die mich vom Gegenteil überzeugen. LETZTLICH konnte nur EIN Mensch mich vom Gegenteil überzeugen: ICH selbst.

Aber musste ich das alles allein meistern? NEIN!

Ich habe mich anderen anvertraut – vertraue mich Dir mit ganz vielem aus meinem Leben an und wünsche mir, dass sich Deine Wut- in eine Mutkraft wandelt, sodass Du Dein VollWeibSein leben kannst!

Du bist nicht weniger Weib, wenn Du andere um Unterstützung bittest. Vielmehr wirst Du mehr und mehr zu einem weiblichen Vorbild, indem Du dieses

„WEIL ich BIN, ist das Leben auch für andere so viel schöner und freudvoller!"

verKÖRPERst – etwas, das besser und besser gelingt, je tiefer Du in Deinem Körper verankert bist.

Beam me up, Scotty - von der Reise zurück in meine Körperin

Ich war lange Zeit nicht in meiner Körperin zuhause.
Ich habe alles unternommen,
um mich nicht spüren zu müssen. Meine Seele war auf Reisen.
Sie hat sich in meiner
Kindheit in Sicherheit gebracht. Ein Großteil meiner
Erinnerungen liegt im Nebel, weil
ich schlichtweg nicht da war. Ich war nicht anWESENd.
Es hat viel Blut, Schweiß und Tränen gekostet,
um mich auf die Erde zu holen. Und
um zu bleiben. Ich wollte hier keine Wurzeln schlagen.
Heute kann ich aus tiefstem Herzen sagen, ich liebe es,
hier auf Erden zu wirken und
meine Seele tief in meiner Körperin zu verankern.
Um den Himmel auf die Erde zu holen, brauchst du stabile
und tragfähige Wurzeln.
Es braucht dein JA zum Leben.
Es braucht deine Entscheidung, hier sein zu wollen.
Dann wachsen diese Wurzeln.
Nur dann.
Jeder Samen wächst zuerst tief in die Erde.
Er verankert sich, um wachsen zu können.
Und erst danach ragt er nach oben und wird sichtbar.
Verankere dich hier auf der Erde.
Heb nicht ab in himmlische Sphären, ohne dich zu erden.

Erde dich.
Immer wieder.
Ich weiß, es ist verlockend sich wegzubeamen und sich selbst zu entfliehen.
Suchst du dein Seelenheil hoch oben?
Außerhalb von dir selbst?
Und wenn du es gefunden hast, was machst du dann?
Wohin darf es fließen?
Deine Körperin ist das Gefäß, das deiner Seele Heimat gibt.
All deine Anteile, die sich in Sicherheit gebracht haben, können erst dann in dich eintauchen, wenn du ihnen einen sicheren Hafen bietest.
Es ist so WESENtlich, dass du dich und deine Seele verKÖRPERst,
damit du Brücke sein kannst zwischen Himmel und Erde.

Verankere Dich in Deinem Körper

♥ Die größte Wende, der damals größte Schock und rückblickend eines der größten Geschenke für mein SPÜRbar besseres Leben lag in meinem Körper. Mein Körper hatte 2002 w.o. gegeben, weil ich wortwörtlich „walked over" war – nämlich durch mich selbst. Ich überging mich wortwörtlich. Ich selbst. Der wenige Schlaf, das viele Tun, das viele Ablenken – insbesondere von meiner Herkunftsgeschichte – kosteten Energie. Selbst das Schlaf- und Aktivitätsprotokoll, das wir im Zuge eines Uni-Seminars führen mussten, hatte mich nicht gewarnt. Vielmehr war ich voll gehypt davon, wie viel ich schaffte und wie wenig ich schlief. Drei bis vier Stunden Schlaf im Durchschnitt schlugen sich zu Buche – und ich mir damit so manche Nacht um die Ohren. Es kam nicht nur einmal vor, dass ich mehr als dreißig, vierzig Stunden durchgängig wach war.

Dass ich dabei auf einem körpereigenen Drogentrip war, verstand ich damals nicht. Das wurde mir erst bewusst, als ich das Buch „Die Schlaf-Revolution" von Arianna Huffington las. So, wie sie selbst zusammenbrach, brach auch ich zusammen. Mein System war geschwächt, mein Leben unverdaulich – mein Körper in seinem Verdauungsprozess unfähig. Anfänglich schleichend, wegdenkbar und dann mit voller Wucht und unaufhörlich. Schmerzhafte Darmkoliken sowie eine unglaubliche Müdigkeit aufgrund der vielen inneren Entzündungen waren zu meinem Alltag geworden. Der zusätzlich rasche und starke Gewichtsverlust machten dies sichtbar. Ich fühlte mich wahrlich zerstört und war wenig überrascht zu erfahren, es sei eine Auto-Immunkrankheit. Das hieß, mein System arbeitete gegen mich selbst. Da war es auf dem Tisch: Ich war gegen mich.

Ich war gegen meine Geschichte, die ich nicht mehr ändern konnte. Ich war gegen die Wahrheit, gegen das, was sie für MICH bedeutete, wie es sich für MICH anfühlte. Ich war gegen die Wand gefahren und am Boden der Tatsachen gelandet.

Ich konnte nur noch eines:

SEIN.

Damit kam die Wende – eine HINwendung zu mir. Damals wusste ich noch nicht einmal:

Was sein darf, kann sich verändern!

Ich habe aufgehört zu kämpfen. Ich habe es aufgegeben, alles allein zu machen. Ich habe angefangen zu empfangen. Ich habe begonnen, Unterstützung anzunehmen – für meine Körperin UND von Frauen.

♥ Die Aussicht, meinen Darm mehr und mehr rausschneiden zu müssen, einen seitlichen Darmausgang zu haben, und der Glaube an Alternativen, an einen höheren Sinn für das, was mir passierte, haben mich mutig gemacht, alternative Wege zu gehen, den Fokus auf den KÖRPER zu legen – auf seine Heil-, Transformations- und Entwicklungskraft. Das heißt nicht, dass ich die Schulmedizin ausklammerte.[25] Gleichsam geht es nicht darum, Dir zu sagen, was DU tun sollst. Ich war meinem Körper gegenüber demütig geworden. Bis dahin sah ich ihn in erster Linie als funktional an, nun wurde mir schmerzhaft, SPÜRbar bewusst, dass ich OHNE Körper NICHT am und im Leben sein konnte. ICH war es, die wiederholt sagte und danach lebte: „Schlafen kann ich immer noch, wenn ich tot bin!". ICH war es, die das gleichsam ändern konnte und zur SPÜRbaren Einsicht kam:

Leben kann ich, wenn ich lebe.

Was bist Du ohne Körper?

Wie bist Du mit Deiner Körperin?

Wie fühlst Du Dich IN Deiner Körperin?

Was sagst Du Dir gerne und damit Deiner Körperin?

Du bist vielleicht nicht so radikal in Deinen Aussagen von wegen „Wenn ich tot bin". Das war in meinem Fall wohl deshalb so, weil ich als Tochter eines Totengräbers einen anderen Zugang zum Sterben entwickelt hatte und das mehr als Scherz sah – einen Scherz, über den meine Körperin letztlich nicht mehr lachte. Und ich auch nicht.

Bevor DIR das Lachen vergeht, nimm Dir diesen Moment mit Dir, Deiner Körperin und schenke Dir bewusste Aufmerksamkeit. Erkenne an, dass Deine Körperin seit Beginn Deines Lebens immer bei Dir, für Dich da war, um Dir überhaupt die Erfahrung

25 MEIN Weg ist nicht unbedingt Deiner – lass Dich WIRKlich, wirklich gut begleiten – schulmedizinisch, ganzheitlich – besonders, wenn Du ebenso von Deinem Körper ausgebremst bist.

Leben zu ermöglichen. Egal, was Du erlebt hast, gespürt hast, durch und mit Deiner Körperin ist das möglich geworden.

Deine Körperin ist Fühl-, Spür- und Handlungsinstrument UND beinhaltet Deine DNA – den manifestierten Ausdruck Deiner EinzigARTigkeit. Um DEINE EinzigARTigkeit ins Leben zu manifestieren, brauchst Du wiederum Deine Körperin.

Egal, welche Einschränkungen Du möglicherweise hast, Du darfst darauf vertrauen, dass Deine Körperin FÜR Dich ist. Ab jetzt darfst DU einmal mehr für Deine KÖRPERin sein – Dich in Deiner Körperin verankern, Dich in DIR verankern. Jetzt ist zudem ein guter Zeitpunkt, um in einen Dialog zu gehen – mit Deiner Körperin, so wie ich ihn im Kapitel ***Von Vorsprüngen und Abkürzungen*** angeregt habe. Ob Du an dieser Stelle aktiv wurdest oder ohnehin weißt, wie es geht – Du brauchst in keinem Fall zurückblättern, denn Du wirst serviciert:

Ein Dialog, nennen wir es in dem Fall ein Papiergespräch, ist das, wozu Du eingeladen bist. Einfach abwechselnd „I:" für „Ich" und „K:" für „Körperin" auf dem Papier niederschreiben, den beiden jeweils eine Stimme geben und in ein Gespräch gehen, das niedergeschrieben statt laut ausgesprochen wird. Ein Gespräch lebt davon, dass Menschen einander zuhören, sich ab und zu unterbrechen und keinesfalls einer einen Monolog hält, bei dem der andere gar nicht zu Wort kommt.

In der Annahme, dass Du das eine oder andere Körperfeedback schon erhalten hast, öffnest Du Deiner Körperin mit dem Papiergespräch Raum, gehört zu werden – ohne, dass Deine Körperin lauter und lauter und lauter werden muss. Zudem gibt es wahrlich wertvolle präventive Zugänge zur Gesunderhaltung Deiner Körperin, die Du vielleicht motivierter als bisher aufgreifen kannst, wenn Du anerkennst oder im FreiSchreiben SPÜRbar erfährst, dass es da WIRKlich, wirklich jemanden gibt, für den das wertvoll IST. Du WEISST wahrscheinlich, was gut und gesund für Dich, Dein System ist – ob ein Spaziergang, ein Essen aus frischen Zutaten, PAUSEN –, aber zu wissen heißt nicht, danach zu leben. Noch nicht. Also los! Nimm Dir Zeit für Zeit – FreiSchreibZeit!

Wenn Du Dir zehn bis fünfzehn Minuten dafür genommen hast, nimm Dir ein paar Minuten mehr und spür nach, was da ist. Gib den ErSPÜRnissen einmal MEHR Raum. Lass Dich WIRKlich, wirklich in Dich hineinsinken – das ist ein Garant dafür, dass Du Dich einmal weniger verlierst, einmal weniger gegen Dich bist. Wir beide wissen, wie sehr die Äußerlichkeiten, die angeblichen Schönheitsideale dazu geführt haben, dass der Stolz auf Deine Körperin, Deine eigene Weiblichkeit verloren gegangen ist. Auch wenn mehr Kilos auf der Waage sind, wird Verankerung oft nicht unterstützt. Selbstkritik, Selbstanklage entkoppeln Dich von Deiner Körperin. Und für den Fall, dass Du es nicht weißt und weil ich es nennenswert finde: Die bei Frauen am häufigsten durchgeführte Schönheitsoperation ist jene an den Schamlippen.

Ist es nicht wahrlich traurig, wie sehr Frauen sich für ihren Körper schämen?

Wie sehr sind Frauen beeinflusst, dass sie sogar eine Operation durchführen lassen an einer Stelle, die wohl SEHR selten von anderen gesehen wird?

Wie steht es mit Dir und einer Schönheitsoperation?

Hast Du darüber auch schon nachgedacht?

Ich sage übrigens nicht, dass es verwerflich ist. Die Frage ist, was bezweckst Du damit? Und ändert es WIRKlich, wirklich etwas?

Ich kenne Frauen, für die sich etwas geändert hat, UND ich kenne Frauen, für die sich NICHTS geändert hat. Letztlich geht es darum, dass Du liebevoll mit DIR bist! Indem Du Dir liebevoll näher und näher kommst, bist Du mehr und mehr MIT Dir unterwegs. Lass Dich nochmal besser gelingen mit dieser Ausrichtung:

Lass mich mit den Augen der Liebe sehen, mit den Ohren der Liebe hören und mit dem Herzen der Liebe spüren.

Ob Augen, Ohren, Herz – all das bezieht sich auf Deine KÖRPERin. Deine KÖRPERin ist Dir dienlich. Deine KÖRPERin ermöglicht Dir genau DIESE Ausrichtung auf Liebe. Mit dieser Ausrichtung und dem Fokus auf Deine Körperin wirst Du von einer Kopffüßlerin zur LebensTÄNZerin. Als Lebenstänzerin beziehst Du den GANZEN Körper mit ein und weißt aus DIR heraus, wie Du die Bewegungen des Lebens am besten meisterst.

„Ich hatte mich verloren, dabei stand ich die ganze Zeit neben mir…“ – so oder so ähnlich mag es sich bis jetzt angefühlt haben. AB jetzt hast Du die Möglichkeit, einmal mehr MIT Deiner Körperin durchs Leben zu tanzen und anzuerkennen, dass Deine Körperin IMMER FÜR Dich da und MIT Dir unterwegs ist – als mobiler Mentalanker!

Dein mobiler Mentalanker

Ich lade Dich JETZT ein, bewusste Beziehungsqualität mit Deiner KÖRPERin, mit DIR zu leben, und dies gelingt unter anderem, wenn Du Deine Körperin als mobilen Mentalanker siehst.

Weißt Du, was ein Mentalanker ist?

In meiner Mentaltrainerausbildung ging es GANZ viel um Mentalanker, die wir für uns nutzen können – die Du für DICH nutzen kannst. Indem wir dem Geist, dem Mentalen einen Fokus geben und ihn mit einer Absicht verbinden, wollen wir uns bewusst an etwas erinnern, uns in unserer Motivation, in unserem Handeln unterstützen.

Hier ein paar Beispiele:

- Ein Armband, das Dich an Deine innere Ruhe erinnert.
- Ein Krafttier – ob auf einer Karte oder als Statue –, das Dich an Deine innere Kraft erinnert.
- Ein Post-it mit einer positiven Aussage über Dich, um Dich an Deine SELBSTliebe zu erinnern.
- Eine Tasse, die Du Dir mit Kaffee oder Tee füllst, um Dich daran zu erinnern, dass Du für ein bestimmtes Projekt aktiv sein willst.
- Ein Song oder ein Duft, der Dich zum Dranbleiben motiviert.
- Eine Zahl, die Du mit etwas Bedeutungsvollem verbindest, wie zum Beispiel ich die Uhrzeit 19:11, die für meinen Geburtstag, den 19. November, steht oder Dreifachzahlen wie 111, 222 usw., denen ich eine Symbolik zuspreche.

Diese Beispiele zeigen auch, DASS und WIE wir den Dingen BEWUSST Bedeutung geben. Sie beweisen wiederholt, dass wir SchöpferInnen- und Gestaltungskraft IN uns tragen.

WIR entscheiden darüber, ob wir Nährendes oder Beschwerendes in den Fokus bringen.

Du entscheidest darüber, ob Du Nährendes oder Beschwerendes in den Fokus bringst.

Dafür braucht es natürlich Bewusstheit – Bewusstheit und eine SPÜRreferenz, die Dich in der Folge leitet.

Was ich mit SPÜRreferenz meine?

Lass uns ein SPÜRexperiment machen!

Legen wir SPÜRreferenzen in DIR fest!

Ich habe gerade zwischen NÄHRENDEM und BESCHWERENDEM unterschieden.

Wir könnten es auch als LEICHT oder SCHWER benennen, oder auch STIMMIG oder UNSTIMMIG.

SPÜR gerne hin, welche Worte es für Dich sind, mit denen Du das SPÜRexperiment machen möchtest.

Es geht darum, in DIR den Unterschied wahrzunehmen, IN Dir zu forschen. DEIN Leicht, DEIN Schwer, um DEINE SPÜRreferenz, einen Referenzwert spürbar wahrzunehmen. Nimm Dir bewusst ein bis zwei Minuten, um Dich einzig und allein auf den EINEN Referenzwert zu fokussieren, und dann nochmals ein bis zwei Minuten für den ANDEREN Referenzwert. Beginne mit LEICHT. Verbringe ein bis zwei Minuten mit dem Beobachten Deiner Körperin, was in ihr wahrnehmbar ist, wenn Du das Wort LEICHT in Dein System gibst. Nimm WIRKlich, wirklich wahr:

Wie ist Dein Atem?

Wird es in Deiner Körperin eng oder weit? Wenn ja, wo?

Was passiert mit Deinem Denken?

Was ändert sich in Deinem Fühlen?

Gibt es innerliche oder äußerliche Bewegungen in diesem Zusammenhang?

Tauchen Erinnerungen auf?

Bilder?

Was immer wahrnehmbar IST, ist wertvoll. Sei wirklich mit dem Beginner's mind interessierte Forscherin in Dir selbst. Da Du Deinen Körper als mobilen Mentalanker IMMER dabeihast, ist es geradezu notwendig, Deine Referenzwerte zum LEICHT zu haben. Ebenso erSPÜRE den Referenzwert zu SCHWER, um folglich besser wahrzunehmen, wo ein SCHWER anspringt.

Mit diesen beiden Referenzwerten wirst Du immer besser zu einer HERZstimmigen Antwort finden. Welche Fragen sich Dir auch immer stellen mögen:

Mit einer HERZstimmigen Antwort meine ich eine Antwort, die DEINEM Sein entspricht und möglicherweise etwas anderen bedarf als Deine GEWOHNTEN Jas oder Neins.

Apropos: Da GERADE die Jas und Neins vielfach verdreht wurden, ist es besser, das SPÜRexperiment mit anderen Worten zu machen. Wie oft wurde JA gesagt, wo NEIN gemeint war? Wo wäre ein JA gut gewesen und kam ein Nein heraus – aus Scham, Schuld oder fehlender Erlaubnis gegenüber Dir selbst?

Den Fokus auf das Nährende zu legen mit der Absicht, HERZstimmige Antworten zu finden, ist jedenfalls ein SEHR tanzbarer Weg! Die Kraft von Fokus und Absicht betone ich gerne wiederholt und habe sie auch vielfach in dieses Buch einfließen lassen. Doch wird es Dir vielleicht (noch) nicht bewusst aufgefallen sein. Was für ein Glück, dass Du das Buch nochmals lesen kannst – geht es doch nicht darum, MEHR Bücher zu lesen, sondern das, was Du liest, zu verKÖRPERn.

UND das Buch ist wunderbar als Mentalanker nutzbar. Wann immer Du es siehst, darfst Du Dich mit Deiner Weiblichkeit, Deinem Spüren, Deinem Empfangen von dem, was ist, verbinden. Das ist EINE Möglichkeit. Eine Möglichkeit von vielen.

Wie steht es um Deine Lust auf Mentalanker?

Wie fühlt sich die Verbindung mit Deinem mobilen Mentalanker an?

Ich bin jedenfalls ein Fan und nutze nicht nur gerne die körperlichen Vorteile, sondern habe mir beispielsweise bewusst diverse Armbänder anfertigen lassen, verwende gerne bewusst ausgewählte Tassen, Notizbücher und Stifte für die verschiedenen Projekte – etwas, das MIR bewusst ist, MICH bestärkt und dem Umfeld nicht unbedingt auffällt.

Also?

Welche Mentalanker möchtest Du nutzen?

Wofür möchtest Du sie nutzen?

Egal welche Mentalanker Du wählst – sie bringen Dich letztlich immer auch zurück in Deine Körperin, Deinen mobilen Mentalanker! Mentalanker sind wie ein Anstoß für Dein INNERES. Sie sind DIE Anstöße, die Du für Dich SELBST wählst, und die damit im positivsten Sinne manipulativ und veränderungsunterstützend für Dein SEIN sind.

Ob der Fokus auf einem Gegenstand, einer Sache, einem Musikstück, einem Duft liegt – verbunden mit der Absicht, dass Du an eine bestimmte Qualität, eine Aufgabe erinnert wirst, förderst Du die Beziehungsqualität mit Dir, Deiner Körperin.

Auf diese Weise erhöht sich die gefühlte Wertigkeit zu Deiner Körperin, was wiederum ein Geschenk ist – ein Gegengewicht zum Bodyshaming.

Sie liebevoll ins Zentrum zu stellen, bringt, wie erwähnt, viele Vorteile. Hier nochmals zur Erinnerung:

- Deine Körperin ist IMMER mit Dir unterwegs.
- Deine Körperin ist IMMER im JETZT – kann Dich im JETZT verankern. Eine kleine bewusste Berührung durch Dich selbst – eine Selbst-Umarmung – und der Moment bekommt wieder mehr Ruhe.
- Deine Körperin bietet wundervolle Selbstregulationsmöglichkeiten:
    - angefangen mit dem Atem, den Du unter anderem allein durch Dein Beobachten veränderst, denn

      Was sein darf, kann sich verändern!
    - Dein bewusstes, tieferes Atmen in Deinen Bauch bringt Dir Entspannung, lässt Dich in Dich hineinsinken.
    - Deine Mundwinkel nach oben zu ziehen, erhöht den Serotonin-Spiegel und eine freudige Leichtigkeit stellt sich ein.
    - Die bereits erklärte Schmetterlings-Umarmung, bei der Du die Hände vor Deinem Körper überkreuzt, sodass sie auf Deinen Schultern landen, und dann abwechselnd sanft auf die Schulter klopfst, reduziert Deinen inneren Stress.
- Du kannst MIT und WEGEN Deiner Körperin im Leben sein.
- Deine Körperin trägt Deine EinzigARTigkeit IN Dir mit – egal, ob und wie viel Du auslebst oder nicht.
- Deine Körperin drängt mit ihrem Entwicklungs- und Wachstumsschub immer in die für DICH richtige Richtung.
- Deine Körperin dockt an Deine Körperweisheit an.
- Deine Körperin stellt SPÜRreferenzen für Dich zur Verfügung.

Und wie anders ist es doch, Dich mit DEINER Körperin in den Fokus zu nehmen und SPÜRbar gute Entscheidungen für Dich zu treffen, statt Dich im Auftauchen von anderen Körpern zu verlieren. Sei es, weil Du Dich optisch benachteiligt fühlst oder der jeweilige Mensch eine Energie in sich trägt, die Dich abstößt.

Genieße Dein wundervolles Zuhause, nimm Deine Körperin ernst und wichtig und beginne, sie ähnlich wie Dein Auto einem regelmäßigen Service – sprich SPÜRcheck – zu unterziehen. UND sei eingeladen, Deine Weiblichkeit körperlich zu unterstreichen, Dich von angenehmen Stoffen ummanteln zu lassen, einen guten Duft aufzutragen, Dich zu schmücken, zu schminken – was immer Dir und Deiner Körperin wertvoll ist, Dich einmal MEHR weiblich und wunderschön zu fühlen. Zu sagen „Deine Körperin wird es Dir danken", wäre wahrlich grotesk, wenn Du doch davon ausgehen darfst, dass sie so unglaublich bedingungslos FÜR Dich ist!

Ich möchte Dich dann doch noch zur Entschleunigung einladen – denn DAS bringt wahrlich einen Turbo für Dich und all das, was Du in Deinem Leben erreichen willst.

Entschleunigung bringt Turbo

Ich beginne mit einer Einladung zur Entschleunigung, denn...

Der Kopf ist schnell und flüchtig – der Körper ist langsam und am Punkt.

Diese Dynamik des Kopfes führt dazu, dass die alten Muster und hindernde Glaubenssätze wirken. Diese Dynamik zu unterbrechen, heißt, in einen bewussten Kontakt mit dem Körper zu gehen. Der Körper stellt in seinem Drang, sich (Dich) zu entwickeln und zu wachsen, bereits DAS bereit, was es für DICH braucht – egal ob es um Beziehungsqualität oder ein Gefühl von Erfolgreich-Sein geht. Dieser Verbindung von Kopf und Körper Aufmerksamkeit zu geben, ist es, wozu ich Dich einlade, wenn ich von Entschleunigung spreche.

Und das sage ICH – jemand, der in vielen Dingen ein ziemliches Tempo draufhat, sei es, dass ich unglaublich schnell sprechen, schreiben, auf der Tastatur tippen, Inhalte lernen, erfassen oder Projekte planen und umsetzen kann. Selbst mein Studium habe ich unter Mindeststudienzeit abgeschlossen und hierfür ein Leistungsstipendium erhalten.

SPÜRst Du diese Geschwindigkeit?
Was MACHT Geschwindigkeit, Tempo mit Dir?
Wie steht es um DEINE Geschwindigkeit?
Erlebst Du NATÜRLICHE Zeit mit Dir, in Deinem Tun?

Natürliche Zeit steht für DEIN individuelles Tempo, entspricht DEINEM Rhythmus, entlang DEINES Zyklus – etwas, das aus Deinem INNEREN kommt, frei von Antreibern aus dem Außen. FreiSchreiben lebt wie das NachSPÜRen VON dieser Verbindung zu Dir, zu Deiner Körperin. Nähre diese Verbindung gerne JETZT.

Es ist ein Beitrag für Deine LeistungsVITALITÄT. Leistungsvitalität heißt, Leistung vital und gesund bereitstellen zu können. Leistungsvitalität ist etwas anderes als LeistungsFÄHIGKEIT. LeistungsFÄHIGKEIT ist ein Begriff, der eher Wettbewerb impliziert, der in der Ausrichtung auf ein ENDziel orientiert ist – sprich MÄNNLICH ist. LeistungsVITALITÄT ist mehr WEIBLICH – bezieht die Komponente des SEINs mit ein, hat etwas Ruhiges und ist doch zugleich einmal mehr kreierend, schöpferisch. Leistungsvitalität hat im Fokus, WIE du etwas tust. Um Leistungsvitalität zu ermöglichen, zu erHALTen – bei all dem Vielen HALT in sich zu haben – gelingt durch bewusste Entschleunigung, bewusste Musterunterbrechung. Auf diese Weise bekommt Dein System die Chance, sich zu erholen, zu sortieren, NEUES einfließen zu lassen.

Nehmen wir es bildlich – und weil das Gedankenkarussell im Kapitel *Von Vorsprüngen und Abkürzungen* bereits vorgekommen ist – mit dem Bild des Karussells:

Wie möchtest Du in ein Karussell einsteigen, wenn es ständig am Laufen ist?

Wie soll NEUES in das Karussell und damit in Dein Gehirn kommen, wenn nichts Neues einsteigt?

Wie soll ein Service am Karussell durchgeführt werden, um die Sicherheit zu wahren, wenn es stets in Betrieb ist?

Die Entschleunigung, um die es geht, die Entschleunigung im KOPF, gelingt über den Körper. Ich sag es gleich – das mag jetzt durchaus paradox klingen und doch hat sich bewiesen, dass die FORDERUNG des Körpers den Kopf in seiner Entschleunigung fördert.

Wie kannst Du Deinen KÖRPER fordern?

Zum Beispiel mit Geschwindigkeit.

Und was ich hier BESONDERS gerne empfehle und selbst – zu Studienzeiten unbewusst und SEHR oft – gerne als Pause einschiebe: Springschnurspringen.

Wenn Du keine Springschnur hast, ist SPRINGEN ohne Seil ebenso wunderbar und möglicherweise sogar weniger ärgerlich. Das Hängenbleiben an der Schnur ersparst Du Dir. Die Erfahrung, ErSPÜRung solltest Du Dir nicht ersparen und um die Übung mit mehr Leichtigkeit gelingen zu lassen, hier ein paar meiner Springschnurspring-Songs für Dich:

- **Happy Feelings von After12**
- **Back – Original Mix von Obstinate**
- **Breeze – Original Mix von Cairn**

Ich merke, wenn ich hineinhöre, möchte ich selbst gleich wieder losspringen… und mache das jetzt einfach gleich noch – gefühlt mit DIR!

Wie war es?
Warst Du aktiv?
Welche Gedanken sind Dir gekommen?
Was in Dir war im Widerstand?
Gab es eine Lust in Dir?

Ich hatte beim Niederschreiben gezögert. „Will ich jetzt um sechs Uhr morgens WIRKlich springschnurspringen?"

Ich war zwar schon einige Zeit wach und wollte die Morgenzeit vor allem dem Schreiben und nicht dem Schnurspringen widmen, und doch – meine Körperin hat mich beim Reinhören in die Musik gerufen. Dem bin ich gefolgt. Das hat belebt. Selbst ein Song erfrischt, lockert durch, und DIESE Energie gebe ich mit hinein in dieses Buch, das ein WIRKbuch ist. Ein WIRKbuch, das FÜR Dich ist. Manches muss weib vielleicht erst ausprobieren, kennenlernen und selbst herausfinden, WAS nährt und wirkt – vom Kopf gut in den Körper, in die Körperin hilft.

Mir ist schon bewusst, dass Schnurspringen nicht DIE Bewegung ist, die den meisten Menschen von Beginn an liegt. Genau DAS, was nicht so einfach ist, unterstützt jedoch die Verbindung von Körper und Kopf. Der Kopf ist gefragt, die Aufmerksamkeit auf den Körper zu richten – wahrzunehmen, was passiert. Es ist zentral, die Geschwindigkeit als auch die Koordination von Händen und Füßen anzupassen, um es noch besser gelingen zu lassen. Indem der Fokus auf den KÖRPER, die Körperlichkeit gelegt ist, wird der Kopf DORT hingelenkt – zum Körper, IN den Körper. Genau diese Verbindung zwischen Kopf und Körper gilt es zu verstärken und der Kopf beruhigt sich, dockt an die Körperweisheit an. Verfällt der Verstand in Selbstgeißelungsgespräche, Selbstkritik, verändert sich das Gefühl in Dir, die Bewegung macht weniger Spaß und misslingt. Oh Wunder! Das überrascht Dich doch nicht wirklich, oder?

Erkennst Du, wie DU Freude an Bewegung steuern kannst?

Da sind wir wieder beim WIE des Tuns, bei der LeistungsVITALITÄT. Wenn Du – so wie ich früher – die Einkaufsliste während des Trainings im Kopf durchgehst oder sogar während des Sports jemanden anrufst, wird LeistungsVITALITÄT nicht unterstützt. Das heißt nicht, dass das schlecht ist – weiß mensch doch, dass es ganz im Gegenteil sehr förderlich ist, Bewegung mit konkreten geistigen Aufgaben zu verbinden. Mit KONKRETEN geistigen Aufgaben, die Dir DIENLICH sind.

Natürlich beschert es weniger Ärger, wenn Du beim Einkauf später nichts vergisst, und doch brauchst Du Deine Körperin, um den Einkauf ÜBERHAUPT machen zu können. Banal, einfach klingend und wenig BEWUSST bewusst:

Wohin Du auch immer tanzen willst – Du kannst es nur MIT Deiner Körperin tun.

Solange Du im Denken so ein Tempo fährst, neigst Du dazu, Dich selbst zu überholen und dem TUN im Sinne von Erledigungen den Fokus zu geben. Das ist zwar auch Bewegung, jedoch ist es bewegend und doch nicht in DEINER natürlichen Zeit, auf JENE Weise, wie es AUCH sein kann. Deshalb ist es so zentral, DASS Du Dich in Dir verankerst. Deshalb fällt es anfänglich so schwer, in der Ruhe zu SEIN.

Über eine INTENSIVE körperliche Bewegung lenkst Du die Aufmerksamkeit ganz und gar in Deine Körperin, in Dein System. Wenn Du Dich richtig forderst, gibt es kein Denken mehr und danach ist eine unendliche Ruhe möglich. Eine Ruhe, die Du eventuell nicht einmal beim Meditieren zuwege bringst.

Meditation zu nutzen, um den Geist zur Ruhe zu bringen, IST wundervoll. Leider wird uns Meditation als etwas verkauft, das auffordert, das Denken abzuschalten. Und schon sind die Ersten im Stress, weil sie wahrnehmen, dass da noch etwas ist, warum so viele Gedanken im Kopf aktiv sind. Ich sage Dir, zum Glück ist da noch etwas – eine höhere Instanz, das Bewusstsein IN Dir. DAS ist der Geist und DAS ist etwas anderes als Dein bisher angesprochener Kopf, Dein DENKEN. Genau DIESEN Geist kannst Du für Dich einsetzen, um Deinen Fokus aus der Position des Geistes, des Beobachters, der Beobachterin heraus auf das Denken zu richten. Nichts anderes geschieht in Wahrheit beim FreiSchreiben und insofern ist das FreiSchreiben eine mögliche Vorübung zum Meditieren. Zumindest erklärt sich so, warum viele Meditationen geführte Meditationen sind, bei denen das Denken abgeholt und die Ausrichtung des Denkens gesteuert wird. Ob das für DICH stimmig ist oder was DU genau brauchst, um in diese Qualität der Stille zu kommen, darfst Du für Dich herausfinden.

Ob es die RUHE Ruhe ist oder die Ruhe nach einer körperlichen Verausgabung – beides sind mögliche Wege. In einer klassischen Yoga-Einheit wird übrigens mit der Totenstellung, dem Savasana, geendet. Dein Leben muss aber nicht enden, um die Totenstellung letztlich genießen zu können. Dein Training, Dein SPÜRtraining, wird den Unterschied machen.

Je vielfältiger die ErSPÜRnisse sind, umso mehr Qualitäten entdeckst Du an Dir – zum Beispiel die Qualität der RUHE. DIESE ist wesentlich, damit Du zum „Wesen-ICH" wirst.

♥ Wenn Du das Wesen eines Sees in Dir trägst, wo alle Wassertropfen miteinander verbunden sind, und die Gedanken Kieselsteinmanöver sind, die für Bewegung sorgen, liegt es an Dir, inwieweit die Kieselsteine absinken dürfen und der See sich wieder beruhigt. Diese Beruhigung, diese satte Stille lässt das Wasser wieder klar werden. Von der Oberfläche aus wird der Boden sichtbar – der Boden DEINER EinzigARTigkeit, die sich ins Leben gebären darf. Indem Du Dein Denken wiederholt zur Ruhe bringst, nährst Du DEINE Klarheit, DEINE Ausrichtung auf DEINEN Fokus, auf DEINE Absicht, für DEIN Leben und IN Deinem Leben zu tanzen.

SPÜREN ist zentral, geistiges Zähneputzen in Form des FreiSchreibens ist ein Schlüssel. Je nach Typ findest Du in der körperlichen Verausgabung einen weiteren Schlüssel. Was immer Du wählst, es ist eine Möglichkeit des Dialogs mit Deiner Körperin.

Sei einmal mehr IN und mit Deiner Körperin im Dialog, anstatt in Gedanken wegzulaufen. Erlebe, wie Entschleunigung einen Turbo für Dich bereithält, und sammle bestärkende ErSPÜRnisse!

ErSPÜRnisse sammeln

Beim ErSPÜRnisse-Sammeln rege ich vor allem die VIELfalt an, denn je unterschiedlicher die Erfahrungen sind, umso eher werden Aspekte Deiner Selbst aktiviert, zu denen Du bis dato weniger Zugang hattest. Wo das ***Lernen vom Modellimperativ*** an Menschen orientiert ist, hast Du die Möglichkeit, Bewegungsvielfalt mit Deiner KÖRPERin zu erforschen.

Es geht darum, dass das Zusammenspiel zwischen innerer und äußerer Bewegung immer wieder einen Ausgleich findet und

Ausgleich gelingt nicht durch ein Mehr vom Selben.

So, wie alltägliche Bewegungen in ihrem wiederholten Gleichklang unbewusst passieren und damit wenig bewusst gespürt werden, spürst Du ebenso wenig, wenn der Aktivitätsgrad dessen, wie Du tust, gleich bleibt.

Wie ich das meine?

Im vorherigen Kapitel haben wir von Entschleunigung gesprochen. Noch BEVOR Du das Kapitel gelesen hast, hättest Du vielleicht vor allem mit Einladungen zur Ruhe, zur Stille, zum Atmen gerechnet. Nicht, dass dies gänzlich ausgespart wurde. Da fällt mir ein – das mit dem ATMEN, das wäre wieder mal ein guter Impuls für Dich:

ATME.

Was jetzt?

Jetzt plötzlich atmen?

♥ Je nachdem, wie aufgewühlt es in Dir ist, wirst Du diese Einladung ganz befreit aufgreifen oder eine gewisse Irritation spüren. Ein bisschen so ähnlich, wie wenn Du gerade mit vollgepackten, schweren Einkaufstaschen Richtung Auto gehst und Dich jemand anspricht, sodass Du stoppen musst.

Du kennst diesen unangenehmen Beigeschmack?

Ein anderes Beispiel:

♥ Dein Schreibtisch geht über mit Aufgaben und Du hast Dich gerade richtig gut in den nächsten Arbeitsprozess eingefunden. Plötzlich kommt Dein Chef zur Tür herein. Wieder – das Gefühl einer Zerreißprobe.

Oder:

♥ Du hast das Haus, die Wohnung für Dich – der Mann ist mit den Kindern unterwegs und Du hast endlich Gelegenheit, in Deinem neuen Buch zu lesen, nachdem Du noch alles in Ordnung gebracht hast. Plötzlich hörst Du jemanden an der Tür und die ganze Meute kommt zwei Stunden früher, als Du vermutet hast.

Gut – die Enttäuschung wird fürs Erste geschluckt und der Funktionieren-Modus ist schon wieder aktiviert.

Diese Beispiele kommen Dir bekannt vor?

Diese Beispiele erinnern Dich an...?

Sie zeigen ALLE, wie sehr das System der jeweiligen Frauen unter Strom steht.

Sie demonstrieren, wie sehr sie vor allem das TUN gewohnt sind.

Diese Beispiele beweisen, mit WIE WENIG Atmen mensch überleben kann – obwohl es im Yoga so schön heißt:

ATEM ist Leben!

Viele Menschen leben nach einem Muster, das sie ÜBERleben lässt. LEBEN ist etwas anderes. Schauen wir uns hierzu das Sanskrit-Wort Pranayama an. Es setzt sich aus Prana (Lebensenergie/Atmung) und Ayama (beherrschen, kontrollieren) zusammen. Anstatt das Leben FLIESSEN zu lassen, wird es beherrscht, kontrolliert. Genau dieser Kontrolle darfst Du über das SPÜREN auf die Schliche kommen – ÜBER das Wahrnehmen der Kontrolle, denn durch WAHRnehmen darf es sich verändern. Du musst hierfür NICHTs tun. SEIN genügt, denn:

Was sein darf, kann sich verändern!

Der Atem ist EIN Parameter, der hierfür hilfreich ist. So leite ich vor einer Körperübung gerne an, das Atemvolumen auf einer Skala von eins bis zehn zu prüfen. Eins ist sozusagen die Qualität, die Mensch wählt, wenn er wahrnimmt, dass er offensichtlich am Leben ist und sich doch merklich eingeschränkt fühlt beim Atmen. Zehn würde er wählen, wenn er merkt, dass das Volumen so groß ist, dass mensch sich beinahe wie ein Staubsauger fühlt, der die Umgebung mitverschlucken könnte, wenn er zu einem kräftigen Atemzug ansetzen würde. ☺

Auf zehn war übrigens noch nie jemand. Auch nicht auf eins. Dafür sind die Menschen, mit denen ich trainiere, zu bewusst. Dass für sie noch Potenzial wartet, sich selbst einmal mehr zu leben, motiviert sie, weitere ErSPÜRnisse zu sammeln.

Vielleicht kannst Du jetzt besser, leichter durchatmen, hm?

Sei eingeladen, ein bisschen mit Deinem Atem zu verweilen. Mit Deiner Lebensenergie – Deinem Prana. Lass es fließen. Lass Deinen Atem fließen. Gib die Kontrolle ab und vertraue Dich dem Leben an. Nimm wahr:

Es atmet Dich.

Durch bewusstes MIT-der-Bewegung-Sein sammelst Du wertvolle ErSPÜRnisse. Jetzt gerade beim Atmen und gerne und vielfältig im Alltag. Nimm wahr, wie Du das Buch in Deinen Händen hältst. Wenn Du aufstehst und zum Beispiel auf die Toilette gehst, nimm Dein Gehen, Deinen LebensTANZ wahr. Nimm wahr, mit welchem Fuß Du den ersten Schritt machst. Wenn Du später in die Dusche steigst, sei eingeladen hinzuspüren, zu erforschen, wie es ist, wenn Du Dich eincremst, das Wasser über Deine Haut fließt. So sehr, dass Du es spüren kannst – frei und in einem geschützten Mit-Dir-Sein. All die Bewegungen Deines Alltags werden so zu einem Tanz, den Du durch Musterunterbrechungen erweitern kannst. Eine der leichtesten und gleichsam forderndsten Musterunterbrechungen ist es, Deine dominante Seite auf Pause zu schicken und der anderen Seite Raum zu geben. Sagen wir rechts ist dominant:

Zähneputzen mit der linken Hand statt der rechten.

Den ersten Schritt mit dem linken Bein setzen.

Den Hula Hoop von links nach rechts spielen.

Die Balanceübung mit dem linken Bein ausführen.

Das Rad nach links schlagen.

...

Egal, um welche Bewegung es geht – ob der Griff zum Besteck oder das Rudern am See – in jeglicher Bewegung steckt die Möglichkeit, diese Musterunterbrechung zu ermöglichen. Meine eigene Musterunterbrechungsmotivation wurde übrigens SEHR gesteigert, als ich 2010 bei meinem NIA-Whitebelt[26] saß. Ann Christiansen hat angeregt, gewohnte Bewegungsabläufe zu verändern, und folgendes Beispiel gebracht, in dem ich mich sehr betroffen, getroffen und ertappt gefühlt habe:

26 NIA steht für neuromuskuläre integrative Aktion und meint im Wesentlichen ALLE Sinne umfassendes Bewegen.

♥ Angenommen, beim erfolgreichen Businessmann, der den ganzen Tag nur am Checken und Umsetzen ist, ist die Frage, ob er WIRKlich, wirklich den Ausgleich im Kickboxen findet, oder ob es nicht eine interessante Alternative wäre, sich in die Badewanne zu legen.

Puh.

Badewanne.

DAS hat gesessen.

Mir ist schon klar, dass mensch eine Badewanne BRAUCHT, damit er sich reinlegen kann. Ob er es MACHT?

ICH war mehr der Typ (weib beachte die männliche Form), der eine rasche Dusche bevorzugte. Nicht nur, dass gefühlt unglaublich viel Wasser verschwendet wurde (ein anderer Glaubenssatz, den ich auflösen durfte) – nein, auch Zeit, die anders, effizienter genutzt werden könnte.

Das Badewannen-Beispiel hat mich natürlich voll geflasht und nein – ich bin nicht gleich am Abend in ein schönes Schaumbad gestiegen, um mich zumindest eine Stunde auszuklinken. Und DOCH habe ich genau das über die Zeit gelernt, habe geübt, die Qualität der Stille für mich zu entdecken, habe mich auf Stille eingelassen. Ich habe erfahren, dass ich mit dem, was sich mir in der Stille zeigt, umgehen kann. Das waren vor allem Tränen, die ich dachte, zurückhalten zu müssen – in der Angst, sie könnten mich überwältigen. Tränen, die kommen und kamen und mich nie überwältigen. Deshalb und in Wahrheit GERADE deshalb sitze ich jetzt hier an meinem Computer und schreibe dieses Buch für Dich.

Was kannst Du für DICH tun?

Welche Handlungen möchtest DU verändern?

Welche Musterunterbrechungsideen fallen Dir für DICH ein?

Gib Deiner Kreativität Raum und schreib mir gerne DEINE Ideen per Mail!

Wir lernen immer voneinander!

All die gewohnte Aktivität, der Du erliegst, hat die Ursache in einem NICHT-spüren-Wollen. Und WEIL Du so spürig BIST, leitet es Dich zu viel Aktivität, die Dich ablenken soll – Dich ablenkt, von DIR selbst. Dabei wartet eine wahrliche ReichHALTigkeit in Dir, welche sich Dir durch Deine ErSPÜRnisse offenbart. Es ist Zeit, einmal mehr ReichHALTigkeit in Dir zu entdecken und Dich in Deinem So-Sein zu bestärken!

ReichHALTigkeit IN Dir

Blicken wir auf das Wunderwerk Körper, wird rasch deutlich: Alleine der Umstand, dass Du aus etwa hundert Billionen einzelnen Zellen bestehst, spricht für ReichHALTigkeit. Diese ReichHALTigkeit für Dich zu nutzen, ist mit folgenden Mantras, folgenden Aktivierungssätzen möglich:

Ich aktiviere die Seelenessenz in jeder Zelle meines Körpers.

LIEBE in JEDER Zelle meines Körpers.

DANKBARKEIT durchdringt jede Zelle meines Körpers.

Ich spreche diese Sätze am liebsten am Morgen aus – denn am Morgen sind wir noch am wenigsten von den Ablenkungen des Lebens berührt und sehr nah bei uns. Ich spreche sie mehrmals. Spüre nach. Ich habe sie jetzt gerade laut ausgesprochen – auch, wenn bei mir, wo ich diese Zeilen schreibe, der Tag vorangeschritten ist. Ein angenehmer Schauer durchdringt mein System...

Wie ist es bei Dir?

Ist es Dir möglich, diese Sätze auszusprechen?

Alternativ oder ergänzend ist Schreiben eine Option.

Was fühlst, spürst Du?

Was fühlst, spürst Du im Falle des Widerstands?

Welche Aspekte Deiner ReichHALTigkeit wollen sich Dir zeigen?

Gönn Dir NachSPÜR- und FreiSchreibZeit und erfahre dann, was ICH mit ReichHALTigkeit meine.

Der Ursprung zu ReichHALTigkeit liegt im Wort abunDANCE. Das ist das englische Wort für Fülle und Reichtum. Als abunDANCER begleite ich Menschen, die diese Fülle IN sich entdecken dürfen, um darin einen inneren HALT zu finden. Aus dieser ReichHALTigkeit heraus entsteht eine neue Sicherheit, sich selbst auszudrücken.

Die Menschen werden angeleitet, die wesentlichen Antworten IN sich zu finden – was in Begleitung, mit einem Spiegel, einem Echo leichter gelingt. So wird das unbewusste Bewusste zum bewussten Bewussten.

Damit es besser verständlich wird, ein Beispiel:

Erst in dem Moment, wo Du selbst glaubst, dass Du eine Sache gut kannst, wirst Du das entsprechende Kompliment aus dem Außen annehmen können. Du kannst Dein Gelingen, diese Fähigkeit, die Du hast, als Talent erkennen. Als Qualität. Als EinzigARTigkeitsmerkmal. Selbst, wenn jemand anderer etwas Ähnliches macht, lebt das, was immer Du tust, von DIR und Deinem So-Sein. Du wählst Deinen Fitnesstrainer, Deine Video-Kochrezepte-Einflüsterin, selbst Deinen Bäckermeister, Deine Friseurin, wen auch immer entlang der Kombination aus Fähigkeit plus Sympathie und dies wiederum zeugt von der einzigARTigen Frequenz des jeweiligen Menschen. Nicht anders ist es umgekehrt, warum die Menschen zu DIR kommen!

Leider haben wir in unserer Gesellschaft (noch) keine umfassende, wertschätzende Feedbackkultur. Die Menschen sind zwar schnell, wenn sie sich aufregen wollen, haben jedoch kaum Verbesserungsvorschläge, noch wären sie fähig, es selbst besser zu machen. In mir taucht da immer dieses Bild des übergewichtigen Mannes auf, der mit einer Chipstüte in der einen und einem Bier in der anderen Hand vor dem Bildschirm sitzt und sich lauthals darüber beschwert, wie lahm der Fußballer doch über das Feld läuft.

Wer immer glaubt, DIR sagen zu können, was an Dir NICHT stimmt, dass DU Dich bewegen sollst, lass die Bewegungen aus DIR heraus entstehen. Sei in Kontakt mit Deiner inneren bunten Welt – einer Welt, die sich für mich über das Gedicht *The Guest House / Das Gästehaus* von Rumi so bildhaft zeigt. Hier meine deutsche Übersetzung für Dich:

Das Gästehaus
Der Mensch ist ein Gästehaus.
Jeden Morgen eine neue Ankunft.
Eine Freude, eine Depression, eine Gemeinheit,
ein Moment der Bewusstheit:
Sie kommen als unerwartete Besucher.
Heiße sie ALLE willkommen und bewirte sie.

Selbst, wenn es sich um eine Bande Kummer handelt,
die durch Dein Haus fegt
und die Möbel hinauswirft –
erweise JEDEM Gast die Ehre.
Vielleicht räumt er Dich leer
– für NEUE Freuden!
Der düstere Gedanke, die Scham, die Bosheit:
Begrüße sie lachend an der Tür
und bitte sie herein.
Sei dankbar für JEDEN, der kommt,
denn JEDER ist Dir geschickt
– als ein Führer des Jenseits.

Dieses Gedicht zeigt, dass Du MEHR bist als das EINE Gefühl, das sich je nach Situation, Lebensphase mehr zeigt, mehr aufschreit. Entsprechend sei eingeladen, Dich in Deinen Worten nicht unnötig festzunageln und den Raum für alles, was AUCH ist, offenzuhalten.

Mache aus einem
„Ich bin verärgert" ein „In mir ist etwas verärgert".
„Ich bin wütend" ein „Etwas in mir ist wütend".
„Ich bin traurig" ein „Da ist ganz viel Traurigkeit in mir".

Natürlich kommt es vor, dass ein Gefühl so intensiv ist, dass es den GANZEN Raum ausfüllt. Und genau DAS ist es, was Du teilen kannst. Ich kann Dich nur einladen wahrlich achtsam mit diesen kräftigen Schöpferworten des „Ich bin" umzugehen.

Denn egal, was alles IN Dir ist – all das macht Dich aus. DU musst nichts hervorheben, wegstreichen – alles darf sein. DU darfst sein. Du BIST!

Ich bin...

Wie würdest Du den Satz mit diesem Eingangsstatement fortsetzen, ganz aus dem Bauch heraus?
Was kommt Dir unmittelbar in den Sinn?
Lass die Worte aus Dir fließen!
Schreibe in Form einer Liste – ALLE Deine Ich-bin..., die Dir einfallen.
Du verstehst nicht?

Gerade noch sage ich, Du darfst achtsam sein mit dem „ich bin" und jetzt sollst Du aufschreiben, was da alles kommt?

Aber klar doch!

Ich weiß, es ist ein ebensolcher Sickerwitz und deswegen nicht oft genug erzählt:

Was sein darf, kann sich verändern!

Wenn Du Dich aufgrund der neuen Impulse von wegen „ETWAS in DIR" mit jeder Ich-bin-Aussage gegeißelt fühlst, bist Du im Gefühl des Widerstands. Widerstand fühlt sich wie an? Was sagen Deine SPÜRreferenzen aus dem Kapitel *Dein mobiler Mentalanker*? Leicht? Schwer? Nährend? Beschwerend?

Na dann....

Ab geht's! Stift und Papier her und los!

Es ist immer gut, den Status zu haben, BEVOR Du in das Training einsteigst. Die eine Sache ist es, mit Skalen zu arbeiten, wie zum Beispiel beim Atem, wie ich es im Kapitel ***ErSPÜRnisse sammeln*** beschrieben habe. Die andere ist es, aufrichtig mit Dir wahrzunehmen, wo Du stehst, und genau DAS anzuerkennen. Wortwörtlich betrachtet ist es wesentlich zu wissen, wo Du STEHST. Denn von dort aus STARtest Du. Was wäre ein Navigationsgerät für eine Hilfe, wenn es nicht wüsste, wo Du gerade BIST?

In Deinem Fall ist Dein Navigationsgerät das Herz. Je offener es ist, desto besser können die Signale aus dem INNEREN empfangen werden. Und falls Du es nicht ohnehin ahnst, überleg Dir kurz, wo Dein Herz sitzt. Es sitzt im INNEREN und damit ist das mit dem Offen-Sein natürlich gleichsam eine Öffnung nach außen hin. Das bedeutet RISIKO – ich weiß, und doch ist Risiko etwas anderes als Gefahr.

Spürst Du den Unterschied zwischen den beiden Worten?

Das Wort Risiko kam schon mehrmals in diesem Buch vor – an Stellen, wo es darum ging, mutig etwas zu wagen, wissend, dass Du die Konsequenz der Entscheidung überleben wirst und Dir vielleicht noch einmal klarer wirst, was Deine gesunden Grenzen anbelangt. Würdest Du wahrlich eine Gefahr wittern, würde Dein Instinkt Dich in jedem Fall zurückhalten.

ReichHALTen – ich meine ReichHALTigkeit erlebbar machen – heißt, Dich in einer bekannten Situation NEU auszuprobieren, um festzustellen, was NOCH in Dir ist. Genau DAS habe ich im Kapitel *Gruppen- UND Einzeltraining* angeregt und mehrmals angesprochen, als es um das Stichwort Musterunterbrechung ging.

Wenn Dein System wiederholt die Erfahrung macht, DASS anderes, neues Verhalten möglich ist und NICHTS Schlimmes passiert, sondern Du sogar positives Feedback bekommst, DANN schiebt das Wachstum förmlich in Dir an. Das Wachstum von etwas, das schon in Dir angelegt ist. Der Samen, der WEISS, dass er eine Eiche ist und eben kein Bonsai.

Bekommst Du Lust auf Risiko?

Bist Du bereit, Neues auszuprobieren und NOCH mehr von Dir, IN Dir kennenzulernen?

Was immer bisher Gewohnheit war – es darf noch mehr gewonnen werden, zurückgeholt werden an Ausdrucksmöglichkeiten, für Dich und für Deine Umgebung, denn

Du bist ein Geschenk für diese Welt!

Damit dieses Geschenk sich entfaltet, ausgepackt wird, bist Du gefragt, die bisherigen Trainingsimpulse aufzugreifen, umzusetzen und einmal mehr zu SEIN – nämlich DIE, als die Du gedacht bist! Deine Zellen wissen bereits um Deine Einzigartigkeit, Deinen Blueprint, Deine DNA, Deine Seelenessenz. Name it und bestärke Dich:

Ich aktiviere die Seelenessenz in jeder Zelle meines Körpers.

LIEBE in JEDER Zelle meines Körpers.

DANKBARKEIT durchdringt jede Zelle meines Körpers.

Möge jede Zelle beschwingt werden mit diesen Worten und Du einmal mehr SPÜRbar verstehen, dass es wichtig ist, in BeWEGung zu kommen und zu bleiben – in FREUDvoller Bewegung.

Ich bin da

Ich bin da
Ich höre auf mein Herz
Ich vertraue meinen Sinnen
Ich folge der Weisheit meiner Körperin
Anstatt den lauten Stimmen im Außen
Ich bin da
Ich bin Mensch unter Menschen
Und ich bin frei
Meine Wahrheit aus dem Herzen zu sprechen
Eine Welt stirbt
Damit eine andere geboren werden kann
Darauf wurde ich in vielen Leben vorbereitet
Ich bin dabei
Und stehe in der ersten Reihe
Wir sind im Übergang
Ich werde da sein
Bis die Presswehen zu Ende gehen
Und das Neue das Licht der Welt erblickt.
In tiefer Verbundenheit
Von Herz zu Herz

FREUDvolle BeWEGung

Wie geht es Dir inzwischen mit der Einladung zur Bewegung?
Kannst Du der FREUDE an Bewegung bereits etwas abgewinnen?
Ist es immer noch mühsam, dass DU aufgefordert bist, etwas zu tun?
Letztlich geht es ja um ein Tun, um zu SEIN – Dein Tun mit SEINsqualität anzureichern.
Erkennst Du den Mehrwert der Verankerung im Körper?
Wie wesentlich der Einbezug Deiner Körperin ist?

Das ganze Leben IST Bewegung und Deinen Mann zu stehen bedeutet im schlechtesten Fall einen Zustand, wie im Zentrum des Gedankenkarussells zu stehen – mit der fehlenden Aussicht, Dich daraus zu befreien, rasseln doch die Gedankenfetzen ständig um Dich herum, halten Dich gefangen, halten Deine ReichHALTigkeit in Dir gefangen.

Das wäre zuuuuu schade!

Es geht nicht darum, dass Du Dich jetzt gleich in einen Fitnesskurs einbuchst. Das wäre ein super Trick. Vielleicht machst Du es gar wie ich:

♥ Ich hatte mich nach meinem Körper-W.O. zur Fitnesstrainerin ausbilden lassen. So wollte ich mich selbst bei der Stange halten. Natürlich haben mir die regelmäßigen Kursstunden gutgetan, doch war ich mehr bei den TeilnehmerInnen als bei mir. Es HAT mir Spaß gemacht, mich zu bewegen, die Leute zu unterhalten, Witze zu machen, Aerobic-Kabarett zu bieten und entsprechend gerne sind die Leute gekommen. Nichtsdestotrotz habe ich gespürt, dass etwas fehlt. Dass etwas nicht stimmig ist. Ein Gefühl, das zu Worten gefunden hat, nachdem ich aus meinem NIA-Whitebelt heraus war:

Hatte ich Bewegung bisher als funktional betrachtet im Sinne eines „Der Körper soll funktionieren", wandelte sich nun meine Wahrnehmung. Mein Fokus wanderte zum SPÜREN meines Körpers, zu einem Wahrnehmen, SPÜREN des Körpers IN Bewegung.

GeNIAl[27] sage ich gerne, denn natürlich ist in dieser Verbindung mit dem Körper ein anderes Training möglich – ein Training in FREUDE, selbst, wenn es fordert. Diese Verbissenheit, die ich bis dato (nicht nur im Training) an den Tag gelegt hatte und die sich nachts mittels Zähneknirschen zeigte, wurde aufgedeckt. Die Spannungen, die ich in meinem Körper trug, wurden mir SPÜRbar bewusst und irgendwann machte es Klick und ich wusste, ich konnte keine klassischen, funktionalen Fitnessstunden mehr halten. Irgendwann fand ich es NICHT mehr so toll, wenn mir die Leute beim Eintreffen in den Bewegungsraum stolz berichteten, wie schmerzhaft ihr letzter Muskelkater war und angedauert hat. Mir wurde bewusst:

Menschen WOLLEN sich spüren!

Dass sie den Weg über den Schmerz gehen, ist ihnen sicher selbst nicht bewusst – MIR war das nicht bewusst. Es gibt außerdem wenige geschützte SPÜRräume, in denen weib sich bewegend mit anderen erforschen kann, und doch GIBT es sie – nicht nur bei mir.

In Deinem Alltag gibt es wie erwähnt viele Gelegenheiten, in denen Du Bewegungen mit FREUDE anreichern kannst. Wir bewegen uns im Alltag so viel.

♥ Wenn ich jetzt die Zeilen in den Computer tippe, tanzen meine Finger über die Tasten. Angeregt durch die aktuellen Worte, wippe ich meinen Nacken, um Entspannung zu fördern – etwas, das Du übrigens auch beim Lesen tun kannst. UND ich hole mir ab und zu ein neues Glas Wasser, Tee, Kaffee, mache einen Besuch auf der Toilette und gehe dann auch wieder einkaufen, koche mir etwas etc. etc. etc.

Im Alltag ist einiges möglich, oder was denkst Du?

Apropos DENKEN:

„Du DENKST so viel!"

Schon mal gehört?

Und Dich dabei gleichsam unverstanden gefühlt?

Aus meiner Sicht ist genau diese Aussage „Du denkst so viel" eine Fehlinterpretation dessen, was sich in Deinem System WIRKlich, wirklich abspielt. Dein System ist MEHR als Dein Kopf. Dein System ist mehr als Dein Körper und doch ist der Körper als Dein Zuhause zentral für das, was Dich in Deinem Leben bewegt. Wortwörtlich betrachtet IST Deine Körperin der Ort, wo sich Bewegungen abspielen – im Innen als auch im Außen.

27 Immer, wenn ich NIA in einem Wort lese, kann ich fast nicht anders als…

Entsprechend bedeutet dieses „Du denkst so viel" in Deinem Fall wohl auch:

Du spürst so viel und versuchst, über das Denken Antworten darauf zu finden, warum es so ist, wie es ist!

Was immer Du schon als Kind als überfordernd erlebt hast, führte dazu, Dich aus dem Körper in den Kopf – vom Spüren ins Denken zu bringen. Das hat verhindert, all der Dichte des Spürens, dem Schmerz ausgeliefert zu sein. Die Gedanken haben Dir Halt gegeben, einen Exit. Das hat sich bewährt und zu einem Muster entwickelt, das Dich zu einem wissbegierigen Menschen hat werden lassen – einem Menschen, der verSTEHEN will. Im VerSTEHEN passiert jedoch noch nicht die Bewegung, die es braucht, um das Neue, das Andere ins Leben zu bringen. Du erinnerst Dich – ich habe es lange nicht wiederholt...

Wahnsinn ist, immer wieder das Gleiche zu tun und andere Ergebnisse zu erwarten.

Der KÖRPER, die VerKÖRPERung erlaubt Dir Bewegung. Du hast einen mobilen Mentalanker für Dich, mit Dir – egal, wo Du hinTANZT. Der Treibstoff, der Dir hierfür dient, SIND die Emotionen – E-Motions, von denen ich schon zu Beginn des Buches gesprochen habe.

Dass der KÖRPER jedoch so eine GRUNDLEGENDE Rolle spielt, um WIRKlich, wirklich Beziehungsqualität zu leben UND erfolgreich in Deinem Leben zu sein – zu SEIN – DIESE zentrale Aussage an den Buchanfang zu stellen, hätte Dich vielleicht nicht zu diesem Buch greifen lassen. Wenn Du das Buch bis hier gelesen hast, zeigt sich einmal mehr, dass Du sehr WOHL ein schlaues Weib bist und wahrlich Hirn UND Herz hast. DORT galt es, Dich zuerst abzuholen – wissend, dass Du Dich weiterverführen lässt, auf die w eiteren Seiten. Und keine Angst – ich starte jetzt keine Hardcore-Trainings-Anleitung, wie Du Deinen Körper bestmöglich in Bewegung bringst und hältst. Schließlich ist es ja nicht so, dass Du KEINE Bewegung in Deinem Leben hast. Du hast vorhin möglicherweise für Dich nachgespürt, welche Bewegungen DU so machst.

Ich blicke mit Dir hin:

Schon am Morgen braucht es eine erste Rolle, ein Aufrichten, um aus dem Bett zu kommen. All das Aus- und Anziehen, das dazwischenliegende Zähneputzen, Duschen, Haarewaschen, Dich-in-der-Küche-Versorgen, Taschepacken, Wo-auch-immer-Hingehen... und so weiter und so weiter.

Merkst Du eigentlich, wie viel Bewegung Du machst?

Vielleicht hast Du Kinder und die jagen Dich noch mehr durch Deinen Alltag?

Denkst Du bei Bewegung normalerweise an Sport?

Hast Du vielleicht sogar einen Schrittzähler dabei?

Inwieweit ist Bewegung für DICH funktional?

Hast Du Dich in meiner Geschichte mit dem Muskelkater erkannt?

Vom FreiSchreibend NachSPÜREN bekommst Du jedenfalls keinen Muskelkater.

Welche Bewegung Du machst, ist in Wahrheit weniger zentral als das WIE!

Ich wiederhole mich gerne – vor allem, wenn Du davon ausgehst, dass Dein Körper Dein Fühl-, Spür- und Handlungsinstrument IST. Er ist der Raum, über den die inneren Bewegungen nach außen gehen – die äußeren Bewegungen das Innere berühren.

Sei einmal mehr eingeladen zu

FREUDE an Bewegung

und werde Dir bewusst, dass Freude an Bewegung, an den Lebensbewegungen ein Ergebnis einer gesunden Gefühlsperformance ist. Wenn Du Dich nochmals aktivieren und auffrischen willst, was eine gesunde Gefühlsperformance ausmacht, lies gerne nochmal das Kapitel *Dein WENDEpunkt bekommt Raum im JETZT.* Die Kurzzusammenfassung dazu lautet: Alles ist erlaubt, nichts wird bewertet und Du hast einmal mehr Energie für Deinen LebensTANZ zur Verfügung...

...weil Dein LebensTANZ NOCH schöner werden darf!

In mir

In mir wohnt meine Wahrheit
Sie ist immer da
Sie raunt mir ins Ohr
Sie schubst mich
Sie holt mich aus meiner Komfortzone
Sie ist wild
Sie ist lebendig
Sie ist klar. Glasklar.
Sie kann mich halten
Und mich fallen lassen
In mich selbst hinein
Manchmal mag ich sie nicht hören
Aus Angst
Und manchmal zweifle ich,
ob sie recht hat
Und mach sie klein
Und sperr sie weg
Hinter tausend Türen
Es braucht Mut, ihr zu folgen
Sie ist nichts für Angsthasen
Sie rüttelt
Und weckt auf
Aus dem Dornröschenschlaf
Und ich folge ihr
In mich selbst hinein
Denn ich spüre, es gibt keine Alternative mehr
In mir

Dein LebensTANZ darf NOCH schöner werden

Mit der TANZansage für ein lebendiges Leben bist Du in das Buch eingestiegen und jetzt nähern wir uns dem Ende des Buches, einem Ende, das wiederum nur einen Anfang für NOCH mehr Freude in Deinem LebensTANZ einleitet.

Du hast inzwischen vielerlei Impulse und InSPIRITionen erhalten, die Dich in Deinem LebensTANZ bestärken und nähren. Das Konzept der Zeit wurde auf eine andere, schmerzbeFREItere Ebene gehoben. Du hast Lust bekommen, TROTZ und WEGEN des bisher Erlebten einen anderen Weg zu tanzen – Dich aus dem Wahnsinn zu lösen, der sich durch die stetige Wiederholung ergibt. Du hast Raum bekommen, die Schmerzen, denen Du begegnet bist, einer Transformation zu übergeben. Du hast erfahren, dass DU Dich begleiten lassen kannst. Einmal mehr ist Frieden in Dir entstanden.

Was immer war, war. Was immer ist, ist und wandelt sich gleichsam. Denn was immer kommen wird, darf mit Vertrauen und einem belebten JETZT-Magnet DEM entsprechen, was Du Dir an Freiheit und Frieden im Jetzt ERMÖGLICHST. Dafür musst Du nicht wissen, was das konkret sein wird. Du weißt um die Möglichkeit, Zeitlinien zu verlassen und andere Zeitlinien zu betreten. Du weißt um Deine Schöpferinnen- und Gestaltungskraft und um den Umstand, dass Du bewusster eine Wende in Deinem Leben einleiten kannst. Damit ist das Leben weniger konfrontativ und Du bist eher bereit, es zu empfangen – DAS zu empfangen, was es FÜR Dich bereithält.

Du hast Dich mit Deiner Vergangenheit, den weiblichen Linien Deiner Familie beschäftigt. Deine EinzigARTigkeit wurde einmal mehr in Erinnerung gerufen und aktiviert. Die Einladung zur Selbstbegegnung hat sich als wesentlich für Deine Beziehungsqualitäten offenbart. Was immer Beziehung VOR dem Buch für Dich bedeutet hat, es gibt einen neuen Zugang, der öffnet, eröffnet und heilsame Begegnungen anzieht. Deine Selbstliebe wurde eingeladen und gefördert. InSPIRITionen, wie

Du Weiblichkeit einmal mehr leben, in den Alltag einbinden kannst, wurden vermittelt.

Dem All-ein-Sein wurde der Schrecken genommen. Du hast Dich von ungesunden Anpassungsdynamiken befreit – kommst vom Reagieren immer mehr ins Agieren – weißt, dass Du fehlbar sein DARFST und in der Verletzlichkeit eine Superpower steckt.

Die Risikobereitschaft für Neues, für Begegnungen mit anderen wurde angeregt – wissend, dass Du Deine gesunden Grenzen wahren kannst und die Verantwortlichkeiten geteilt sind. Du musst weder Opfer noch Täterin sein. Du darfst DEINER Wahrheit glauben – musst sie weder verteidigen noch rechtfertigen oder absegnen lassen. Du bist einzig und allein DIR verpflichtet und hast den besten Buddy an Deiner Seite, den Mensch haben kann: Deine KÖRPERin. Sie beinhaltet Deine DNA, Deine EinzigARTigkeit und hat sich dem Wachstum, der Entwicklung verschrieben!

Du hast Antworten IN Dir gefunden, Antworten, die angedockt an Deine Körperweisheit als Leitsterne fungieren. Was Du gelesen hast, konntest Du mittels Beginner's mind in einer frischen Qualität erSPÜRen. Du bist bereit und offen für neue Optionen – Handlungsoptionen. Selbst das DENKEN als Handlungsoption wurde eingeladen, die Kraft des Fokus und der Absicht zu nutzen. Das Feld der unbewussten Bewusstheit wurde verkleinert – Bewusstheit ist angewachsen. Bewusstheit wird weiter wachsen – mit den Augen der Liebe, den Ohren der Liebe, dem Herzen der Liebe. Und gerade, weil Du weißt, dass das Herz, DAS Navigationsgerät IN Dir ist, bist Du mutiger, dem zu folgen, was Dein Herz Dir sagt, DAS zu wählen, was HERZstimmig ist.

Du merkst, dass dort, wo bisher eine gedachte Gefahr war, vielleicht doch nur ein Risiko ist. Du hast SPÜRreferenzen aufgebaut, weißt, was Dich nährt und beschwert. Du hast ein Gefühl dafür, was leicht und was schwer für Dich ist. Und Du weißt, dass einmal MEHR SPÜRreferenzen und ErSPÜRnisse möglich sind, indem Du Dich auf andere Menschen – anregende und aufregende Modellimperative – einlässt. Ob Du ein Gruppen- oder ein Einzelsetting wählst – Du triffst die Entscheidung, mit DER Begleitung zu sein, bei der DU das beste Gefühl hast, eine HERZstimmigkeit spürst. Wieder gilt Selbstverpflichtung vor Selbstvernichtung, denn Du bist ein wunderbares Geschenk für die Welt – für Dich und andere. Wo immer Du jetzt stehst oder tanzt – es darf immer noch befreiter von Druck und Überforderung sein, darf immer purer, authentischer, selbsttreuer werden.

Wie geht es Dir jetzt, nach dieser Kurzzusammenfassung?

Hast Du das Gefühl, Du hattest ein paar der angeführten Punkte schon wieder vergessen?

ICH sage Dir: Du hast sie nicht vergessen – sie sind einfach wieder in den Hintergrund gewandert und dürfen wiederholt erinnert werden.

Du darfst DICH erinnern. Dieses Buch mag vielleicht bald fertiggelesen sein – es löst sich aber danach nicht auf, sondern ist weiter für Dich da. Als Mentalanker, als WIRKbuch, als Lesebuch, das FÜR Dich ist und nicht nur für Dich. Es macht WAHRLICH Sinn, das Buch wiederholt zu lesen, die Übungen aufzugreifen und mit Menschen in Kontakt zu treten, mit denen Du Dich darüber austauschen kannst. GANZ einfach gelingt das, wenn Du ein paar weitere Exemplare kaufst, sie an liebe Freundinnen verschenkst und ihr Euch dann entsprechend austauscht. Ebenso kannst Du Dich mit anderen Leserinnen verbinden, kannst Dich mit MIR verbinden. Ob Du das über meine Kursangebote (persönlich, live UND online) machen willst oder für den Beginn meinen Newsletter abonnierst – Du entscheidest.

Du entscheidest und tanzt DEINE Schritte für Dich, FÜR Dich und SEHR gerne bin ich an Deiner Seite. Lass mich wissen, wie es Dir jetzt geht – wenn Du das Buch fertiggelesen hast. Teile es mit mir. Teile es mit der Welt.

Ich fühle, ich spüre, dass dieses Buch so wesentlich ist, um der Weiblichkeit in unserer Welt wieder mehr Raum zu geben. Eine Weiblichkeit, die ein Heilbeitrag für das Miteinander der Menschen ist – von Frauen zu Frauen – von Frauen zu Männern – von Männern zu Männern – von Menschen zu Menschen.

Für Dich hast Du ermöglicht, einmal mehr LebensQUALITÄT in den Mittelpunkt zu stellen. Du befreist Dich Stück für Stück von Abhängigkeiten aus dem Außen, erlebst, wie das offensichtliche Glück IN Dir SPÜRbar wird, und gleichsam merkst Du, wie wenig es in Wahrheit dafür braucht.

DEIN LebensTANZ ist nicht dafür gedacht, dass Du eine Performance für das Außen ablieferst, um dafür beklatscht und bedankt zu werden. Es geht darum, dass Dein LebensTANZ Dir wahrlich hilft, DEINE Gefühle gut zu performen. DEIN Fühlen und Spüren wahrzunehmen. DIR zu vertrauen. In DEINEM Fühlen und Spüren. DEINE Wahrheit in den Fokus zu rücken und auf diese Weise die Begegnungsqualität mit Dir weiter aufzubauen. Dich noch mehr kennen und lieben zu lernen, um folglich Beziehungsqualität mit dem Außen erlebbar zu machen und das Gefühl DEINES Erfolgreich-Seins wahrlich in jeder Zelle Deines Körpers zu spüren – Liebe und Dankbarkeit in jeder Zelle Deines Körpers zu spüren.

Ich weiß noch, wie mich Bronnie Wares Buch „5 Dinge, die Sterbende am meisten bereuen" berührt hat. Sie war Palliativ-Krankenschwester, sprich hat Patienten während der Sterbephase begleitet und diese Antworten gefunden, wenn es darum ging, zu ergänzen „Ich wünschte...

- ich hätte den Mut gehabt, mir selbst treu zu bleiben, statt so zu leben, wie andere es von mir erwarten.
- ich hätte nicht so viel gearbeitet.
- ich hätte den Mut gehabt, meinen Gefühlen Ausdruck zu verleihen.
- ich hätte den Kontakt zu meinen Freunden gehalten.
- ich hätte mir mehr Freude gegönnt."

Wenn Du ebenso wie ich am Ende Deines LebensTANZes sagen willst:

„Ich bin dankbar für...

- meinen Mut, mir selbst treu geblieben zu sein und MEIN Leben gelebt zu haben!
- meine bewusste SPÜRzeit, die mir Pausen eingeräumt hat und mich Antworten IN mir finden ließ!
- mein Zulassen und Zeigen meiner Gefühle!
- die wundervolle Verbindung zu den Menschen um mich herum!
- all die kleinen und großen Freuden, die ich mir gegönnt habe!",

dann bist Du hoffentlich so wie ich motiviert, diese tägliche bewusste Entscheidung für den LebensTANZ, für LebensQUALITÄT, für SPÜRzeit, für DICH zu treffen, um Dein Leben in DER Version zu leben, die DIR entspricht.

Darauf tanze ich – auf DEINE Version – und zwar mit diesem Song:

▶ Auf das was da noch kommt von Max Giesinger & LOTTE

Deine VERSION leben

Ja, Du liest richtig – ich habe VERSION geschrieben und nicht Vision.

Menschen werden motiviert, ihren Purpose, den Zweck ihres SEINs, ihre Lebensaufgabe zu finden. Vielleicht weißt Du von Dir, dass Du Dich lange nach dem Sinn des Lebens, DEINES Lebens gefragt hast. Dass Du Antworten – möglicherweise noch immer – darauf SUCHST, was Du in Deinem Leben TUN sollst, um an dieser Stelle festzustellen, dass Dein SEIN die Antworten liefert. Dass Dein SEIN Antworten FINDET. Dass die neuen Zugänge Dein SEIN motiviert haben. Du weißt inzwischen, dass DEINE Antworten sich IN Dir finden. Entsprechend wirst Du nicht zwingend MEHR finden, wenn Du einen nächsten, weiteren VISIONsworkshop machst. Und wenn Du einen buchst, dann entwächst das, was Du über und für Dich erfährst, aus DIR heraus – auf Basis DEINES Fokus, DEINER Absicht.

Vielen Menschen fehlt die VerANKERung in sich, in ihrem Körper und die Bewusstheit für Fokus und Absicht. Mit dem Wort Vision lässt sich demnach viel Geld machen. Menschen werden mehr abgelenkt, als dass sie wirklich bei sich ankommen, zu sich geführt werden. Ebenso wird viel Kraft verschleudert, wenn die Menschen im Widerstand dagegen sind, wo sie im Leben stehen. Der Blick zum Widerstand verhindert, die Schöpferinnen- und Gestaltungskraft und die damit verbundene Magnetwirkung vertrauensvoll im JETZT zu aktivieren und die Zukunft zu empfangen.

Weiblichkeit empfängt – nimmt an – DAS was ist. Annehmen was ist heißt nicht, frei von Hoffnung oder Motivation zu sein, etwas zu ändern, zu tun. Es ist ein TUN aus dem SEIN heraus.

Da fällt mir das arabische Sprichwort ein:

Glaube an Gott, aber binde die Kamele fest.

Du HAST Schöpferinnen- und Gestaltungskraft – gerade, WENN es um Dein Leben geht. Dass die BESTE Version dessen, wie Du DEIN Leben lebst, aus Dir heraus, aus

Deinem INNEREN geleitet wird, hast Du bereits erSPÜRt. Ebenso wurdest Du wiederholt darauf aufmerksam gemacht, dass es nicht um die Äußerlichkeiten und das Offensichtliche geht. Es gibt nichts zu erreichen, sondern vor allem den WEG zu genießen, den Weg zu TANZEN – egal, welche Musik das Leben spielt.

Deswegen funktionieren die klassischen Visionsworkshops nicht, wenn die Anbindung zu Dir SELBST fehlt. Die VerANKERung mit Deiner Körperin hilft, Dich entlang Deiner DNA, Deiner Zellen in Deiner EinzigARTigkeit im Leben auszudrücken.

Eine liebe Freundin und Kollegin von mir hat das einmal schön zusammengefasst. Sie meinte, sie habe zumindest vier Visionsworkshops besucht, um letztlich festzustellen, dass es darum geht, zutiefst SIE SELBST zu sein, so tief wie nur irgendwie möglich. Und wenn wir davon ausgehen, dass der Widerstand gegen uns selbst wertvolle Kraft verschleudert, schleudern wir doch all das, was uns hindert, wir selbst zu sein, zurück zu den etwaigen Absendern.

Unsere Welt wird sich nicht so schnell ändern. Die damit verbundenen Frustrationen, die innere Leere, die Unzufriedenheit der Menschen will aufgelöst werden. Es gibt viele SUCHENDE. Und gerade in der spirituellen Szene scheint die Lösung in der Vision zu liegen. In der besten Absicht wird davon gesprochen, dass wir unsere Vision leben sollen und doch wird darüber vergessen, dass wir in dieser Zeit inkarniert sind – FLEISCH geworden sind. Der Körper ist wesentlich, Deine Körperin für Dich, um Dein Wesen-Ich auszudrücken. Und zurückblickend auf das Kapitel ***Entschleunigung bringt Turbo*** möchte ich Dich erinnern, dass die Entschleunigung und Ruhe des Gedankenkarussells eintreten, wenn Du DICH spüren kannst – in der Ruhe UND in der Bewegung.

Wenn Du Dich weiter in Retreats und Selbstfindungsangeboten erfahren willst, sei eingeladen, einmal mehr darauf zu achten, dass die GANZheit Deines Selbst angesprochen wird – Dein Körper, Deine Gefühle, Deine Gedanken. Frage nach, lass Dich von Deinem HERZEN leiten und FINDE, was Dir dienlich ist. Entkomme der Geschäftemacherei. Indem Du besser verstehst, WAS eine Vision ist, was DEINE Vision ist, dass es um Dein Fühlen und Spüren aus dem INNEREN geht, findest Du Antworten und Ausdrucksmöglichkeiten, um DEINE Vision in Deiner VERS ON zu leben. Entspringt eine Vision aus Deinem wahrhaftigen Selbst, offenbart sich Dir, wie Leben für Dich am besten gelingt. Du wirst aktive Mitschöpferin Deines Lebens. Handelst Du aus einem Glauben, einem gesellschaftlichen Konzept heraus, oder was auch immer Du gelernt hast, erliegst Du einer Illusion. Angefüttert mit Erwartungshaltungen aus dem Außen willst Du Dinge, die für DEIN Leben NICHT vorgesehen sind. Damit bleibt Deine eigentliche Vision unmöglich und Du weiter beschäftigt.

Hast Du schon einen Visionsworkshop gemacht?

Du kennst diese Suche nach DEINEM Lebenssinn?

Vielleicht hat sich diese Suche jetzt beruhigt, wo Du einmal mehr mit Dir in Kontakt gekommen bist?

Natürlich bist Du im Zentrum der Auseinandersetzung mit Dir. Das heißt nicht, dass Du Dich nicht unterstützen und begleiten lassen kannst, wenn es Dich ruft. Triff Deine bewusste Wahl.

Egal, wie viel Du Dich schon mit universellen Gesetzen beschäftigt hast:

Das Leben bringt Dir immer das, was Du willst!

Wenn Du Deine Vision SUCHST, sorgt das Universum dafür, dass Du mit dem Suchen beschäftigt bist. Wenn Du eine glückliche Beziehung ERSEHNST, wirst Du immer ein Stück weit im Unglücklichsein baden, um die Sehnsucht nach der glücklichen Beziehung aufrechterhalten zu können. Wenn Du im Job erfolgreich sein willst, wird Dir immer ein Stückchen davon fehlen, was Dich ganz und gar zufrieden macht – vor allem Dir SELBST gegenüber.

Wenn Du Dich erinnerst:

Alles, was Du wissen musst, ist IN Dir!

FINDE Deine Antworten in Dir!

Dann darfst Du einmal mehr darauf vertrauen, dass DAS, was es braucht, um NOCH mehr von Dir zu leben, ZU Dir kommt! Deine Lebenssteine SIND angelegt, vorhanden – es geht lediglich darum, die Magnetwirkung zuzulassen und mit mehr Sicherheit SPÜRbar zu wissen:

Ich lasse mich von meiner NOCH besseren Zukunft ziehen!

Eine Zukunft, die Du mit leichtem Gepäck antreten darfst!

▶ Leichtes Gepäck von Silbermond

Ein Song, den ich Dir nahelegen möchte, geht es doch in Wahrheit prinzipiell darum, bereit zu sein, das, was nicht mehr zu einem passt, loszulassen. Oder wie Marie Kondo es empfehlen würde – frage Dich:

„Macht X mich noch glücklich?"

Wie Marie Kondo als Beraterin fürs Aufräumen, Ausmisten und Ordnunghalten bekannt ist, kann diese Frage Dich ermutigen, weiterzugehen und mit dem X abzufragen, wo es für DICH an der Zeit ist loszulassen.

Hier ein paar Gedanken, was X alles sein kann:

- Gewohnheit X
- Hobby X
- Tätigkeit X
- Wohnsituation X
- Aufgabenstellung X
- Mensch X

Diese Frage ist eine wertvolle Ergänzung zu Deiner SPÜRreferenzen, die wir im Kapitel ***Dein mobiler Mentalanker*** erforscht haben. Ging es dort insbesondere um Entscheidungen für NEUES, für das, was aus dem Außen auf Dich zukommt, ist die Marie-Kondo-Frage etwas, das sich dem Nährwert von Gewohntem zuwendet. Bei Gegenständen und Kleidung ist diese Frage weniger konfrontativ oder belastend, wenn wir davon ausgehen, dass vieles, was in Wahrheit zu viel ist, ohnehin in Schränken versteckt ist und wir vielleicht nicht einmal mehr wissen, dass und was wir so viel haben. Damit stellen wir uns diese Frage auch nicht. Diese Fragen sollten wir aber stellen, wenn wir mit leichtem Gepäck durchs Leben tanzen wollen, UNSERER Version des Lebens Raum geben wollen.

Wenn wir die Frage stellen:

„Macht X mich noch glücklich?"

bekommen wir eine hilfreiche Orientierung, was an Veränderung ansteht. Indem wir trotz der Gewohnheit und einer eingespielten Selbstverständlichkeit mit dieser Frage erkennen, dass etwas gehen darf, fällt die Loslösung leichter. Umgekehrt wird Dir wieder bewusst, was in Wahrheit NICHT selbstverständlich ist, und der Raum der Dankbarkeit lädt das Glücklich-SEIN wieder ein. UND Dankbarkeit ist eine Grundlage für Deine VERSIONserfüllung.

Wenn Du darauf vertraust, dass Deine Vision IN Dir ist, wirst Du sie wie ein Magnet ganz natürlich aus Dir heraus in Dein Leben ziehen. Du wirst DAS leben, was DIR entspricht – DEINER Version Mensch – mit dem, was Du in das Leben mitgebracht hast. Darauf TANZ ich! Tanz Du auf DICH!

Tanz auf Dich

So, wie es nicht wichtig ist, dass Du genau weißt, wie Dein Leben in der Zukunft aussieht, so wenig wichtig ist es zu wissen, welche Musik in Deinem Leben spielt, welche Veränderungen auf Dich warten. Es geht nicht darum, im übertragenen Sinne einen Song in Dauerschleife zu hören und eine Choreografie zu perfektionieren. Es geht darum, Dich mit jedem möglichen Song, den das Leben spielt, zum Tanzen eingeladen zu fühlen – befreit vom Widerstand, hin zur Annahme. Indem das, was ist, sein darf und Du in SPÜRbarer Verbindung mit Deiner Körperin bist, ergeben sich die Bewegungen, Deine LebensTANZschritte aus Dir heraus. Wie immer die inneren Bewegungen sind, Dich anregen, findest Du im Erlauben der inneren Bewegungen die ÄUSSEREN Bewegungen – sprich jene Ausdrucksmöglichkeiten, die DIR entsprechen. Es geht nicht um große oder kleine Bewegungen und Veränderungen. Es geht um das Dranbleiben an DIR – Dir immer wieder den NEUstart zu erlauben, Dich mit dem Beginner's mind neu zu erforschen, zu entdecken –, indem Du zum Beispiel Dir unbekannte, willkürliche Musik aufdrehst und schaust, was passiert.

In der Annahme, dass Du diese Songs NICHT kennst oder NICHT mit ihnen tanzen würdest, bieten sie Dir eine optimale Trainingsmöglichkeit:

- **My Enemy von CHVRCHES, Matt Berninger**
- **The River von Geoffrey Oryema**
- **La marcheuse von Christine and the Queens**
- **Free Tibet von Highlight Tribe**
- **The Story von Brandi Carlile**
- **Minimum von Charlie Cunningham**
- **Heart of Courage von London Music Works**
- **Andrew's Song von IMAscore**
- **Krigsgaldr von Heilung**

▶ Crystallize von Lindsey Stirling

▶ Throwback von Michael Patrick Kelly

▶ Guitaria von Deep Dive Corp.

Lass mich gerne wissen, welche dieser Songs Dich ansprechen, wo Du in Abwehr gehst oder auch welche Songs aus Deiner Sicht noch auf eine derartige Liste gehören!

Ob die Musik Dich zu Boden zieht, Du auf dem Boden rollst, das Herz gen Erde oder in den Himmel tanzen lässt – Du darfst alle Ebenen in den Tanz miteinbeziehen. ALLE Deine Körperseiten aktivieren. Vergiss den klassischen Disco-Step des Hin und Her. Löse Dich davon zu glauben, es müsse locker sein. Du darfst Dich in Deiner Kraft, in Deiner Leichtigkeit spüren – in Deinem Männlichen, Deinem Weiblichen, Deinem INDIVIDUELLEN. Wie schon bei ***ErSPÜRnisse sammeln*** lade ich Dich zur Musterunterbrechung ein. Wieder lebt, belebt der Tanz sich durch die Vielfalt – belebst Du DEINE Vielfalt.

Ich sage es nochmals: Es geht nicht ums Performen, um keinen Auftritt, den Du LEISTEN musst. Es geht um das Training mit dem, was aus dem Außen kommt, friedvoll umzugehen – aus einem inneren Frieden, dem Beginner's mind heraus zu erlauben, Dich bewegen zu lassen.

Schließe gerne die Fenster, die Vorhänge, drehe das Licht ab, schließe Dich in einem Raum ein – was immer es braucht.

Augen zu und tanzen!

Wie war das für Dich?

Nimm Dir FreiSchreib- und NachSPÜRzeit!

Neue ErSPÜRungen sind Grundlage für neue Erfahrungen in Deinem Leben und manchmal braucht es ein bewusstes, gezieltes Body-Reset.

Meine Lieblings-Body-Reset-Übung möchte ich Dir noch mitgeben – denn sie unterstützt das Verankern in Deiner Körperin und damit die Verwurzelung in Dir, eine Verwurzelung, die bei Veränderungsprozessen so gefragt ist. UND sie aktiviert neue Möglichkeiten in Deinem Tanz, Deinem LebensTANZ.

Die 5-Stages-Übung[28]: Angelehnt an die fünf Entwicklungsstadien des Körpers, welche ich im Kapitel ***Erlaube Dir Deine Fehlbarkeit*** erwähnt habe, geht es um die fünf Bewegungsfelder, die der Körper durchläuft, um vom Liegen ins Stehen zu kommen.

28 Das 5-Stages-Programm habe ich über NIA kennen und lieben gelernt. Ein Anleitungsvideo findest Du auf meinem YouTube-Kanal abunDANCER.at.

Lege den Fokus auf den Körper und verbinde Dich mit der Absicht, eine Neuaus- und -aufrichtung für Dich zu ermöglichen. Bevorzugst Du hierfür eine Videoanleitung, findest Du eine von mir online – gleichsam kannst Du die Übung durch die Worte mitspüren, die Bilder in Deinem Kopf wirken lassen.

♥ Beginne im Liegen, lasse die Bewegungen fließen, als ob Du im Mutterbauch die volle Bewegungsfreiheit genießt. Rolle Dich vom Rücken auf den Bauch, vom Bauch auf den Rücken und lass Hände und Beine sich in den Raum hineinbewegen.

Dann lande auf dem Bauch – echsengleich. Eine Seite kurz, eine Seite lang. Einmal den Ellbogen und das Knie der einen Seite zueinander gezogen, auf der anderen Seite lang. Wechsle die kurze und lange Seite jeweils ab – gerne am selben Platz oder ziehe Dich mit Deinen Saugknöpfe-Händen und der Kraft, dem Druck aus den Knien über den Boden.

Danach komme in den Vierfüßler-Stand, in die Bankstellung, wie sie auch genannt wird. Spüre die Kraft in Deinen Handgelenken, die Balance durch die vier Säulen und beginne dann, mit der Balance zu spielen. Hebe abwechselnd ein Bein, einen Arm. Werde zu einem Bären, einem Tiger, der elegant – mit locker hängendem Bauch – über den Boden wandert. Oder hol Dir das Bild eines fröhlichen Säuglings – werde zu diesem fröhlichen Säugling, der eine neue Bewegungsfreiheit und Geschwindigkeit im Krabbeln entdeckt.

Diese Vorübungen stärken Deine Beine, um ins Stehen zu kommen. Dieses Stehen meint nicht, dass Du gleich hochspringst und herumläufst – nein. Es ist ein Stehen, das neu entdeckt, versucht, gelernt wird. Ausgehend vom Vierfüßler-Stand, drückst Du Deine Zehen in den Boden und wanderst mit den Händen zurück zu den Beinen. Das Becken bleibt in Bodennähe. Die Knie sind gebeugt. Du setzt Dich in die Hüfte, bleibst in dieser Hocke und probierst aus, wie es ist, wenn Du abwechselnd einen Arm nach oben ziehst, als ob Du etwas von oben greifen wollen würdest. Sichere Dich gerne mit der freien Hand. Stütze Dich am Boden ab. Ich weiß, dass diese Position für die meisten Menschen anfänglich die schwierigste ist. Gleichsam hast Du sie über die vorherigen drei Stadien vorbereitet. Schau, dass Du ein bisschen in dieser Position spielst, Dich ausprobierst – sofern Dein Arzt, Deine Ärztin Dir nicht explizit aufgetragen hat, derartige Bewegungen zu unterlassen. WENN Du merkst, es fällt schwer, dann gehe ZURÜCK – in die vorherige Position, den Vierfüßler-Stand. Widerstehe dem Impuls aufzustehen.

Sei erinnert:

Der Kopf ist schnell und flüchtig – der Körper ist langsam und am Punkt.

Gib Deinem Körper die Zeit, die er braucht. Wechsle ZURÜCK und ermögliche Dir nach und nach eine Qualität im Standing – in DEINEM Standing, DEINEM Stehen im Leben. Denn Stehen ist nicht gleich Stehen!

Du spürst, was ich meine, oder?

Wenn diese Steh-Position – inklusive der vorangegangenen drei Stadien – trainiert wurde, stärkt sich die Anbindung an Mutter Erde, bleibt diese Verbindung aufrecht, selbst, wenn Du Dich nach oben erhebst – anfänglich hoch bis auf die Zehenspitzen, um auf ihnen trippelnd einige Schritte zu gehen. Das eigentliche Gehen, das Abrollen von der Ferse über die Fußsohle hin zum Fußballen, erlebst Du dann in einer neuen Qualität. Es ist ein Gehen, das Lust macht aufs TANZEN. Auf eine Form des Tanzens, die Deine Weiblichkeit nährt!

Ich selbst habe diese Übungen über Monate hinweg täglich gemacht und baue sie weiter gerne in meinen Alltag ein, weil ich um den NÄHRwert für das Weibliche weiß, um die Transformationskraft in Bezug auf das Weibliche, und so kann ich Dich nur von Herzen dazu einladen.

Lade Dich ein – mache Dir bewusst:

Ich kann mich immer wieder NEU aus- und aufrichten!

Um Deine Motivation FÜR diese Übung zu unterstützen sei erwähnt, dass im Rahmen von Forschungen nachgewiesen ist, dass das Auslassen oder Überspringen von Entwicklungsstadien Einfluss auf das Gesamtsystem Mensch hat. Das ist etwas, das zum Beispiel in der Ergotherapie Berücksichtigung findet. Die Ergotherapie ist ein Therapie-Ansatz, der davon ausgeht, dass Aktiv-Sein, Bewegen heilende Wirkung hat. Aktivitäten werden gezielt ausgewählt und häufig geht es um das NACHholen von Bewegungen, die FÜR die Entwicklung förderlich sind. Auch, was die Gehirn-Entwicklung anbelangt. Ob Sprachentwicklung, das räumliche Vorstellungsvermögen, die Konzentrationsfähigkeit, das Gleichgewichtsvermögen, die Reaktionsfähigkeit, die Sprungkraft und Schnelligkeit oder die Koordinationsfähigkeit – all das sind Beispiele dieses Zusammenhangs zwischen körperlichem Bewegen und geistigem Vermögen.

Die Übung des Durchbewegens durch die fünf Entwicklungsstadien ist eine schöne und simple Möglichkeit, diesem menschlichen Bedürfnis nach Bewegung nachzugehen.

Es ist eine DER Übungen, die wunderbar einfach in den Alltag eingebaut werden können, „so viel einfacher und doch gleichsam effektiv wie der Sonnengruß", wie eine meiner Teilnehmerinnen meinte.

Vielleicht hast Du das Video schon längst angeschaut und kugelst schon am Boden herum, während ich noch dabei bin, die letzten Zweifel auszuräumen.

Für den Fall, dass Du noch NICHT aktiv geworden bist – SPÜR nach, OB diese Übung für Dich umsetzbar ist und wo Du in Wahrheit vielleicht nach Ausreden suchst.

Und NEIN – ich bin NICHT gegen die Kontaktaufnahme mit Deinem Arzt! Möglicherweise IST es wichtig, mit Deinem Arzt Rücksprache zu halten, ob diese Übung für Dich geeignet ist. Dann gehe dem nach! NUR DU WEISST, wenn Du nach Ausreden suchst...

Deine Lust auf den LebensTANZ ist hoffentlich nicht mehr ausredbar! Und ja – das Stadium TANZEN ist definitiv ein Stadium, das von dieser Übung aus und all den sonstigen InSPIRITionen und Übungsanleitungen im Buch aktiviert wird – ein Stadium, zu dem aktuell noch wenige Menschen gekommen sind, aber mit Dir sind wir EINER mehr!

Yes!

Darauf tanz ich!

Du musst nichts suchen. Finde! Es ist alles da!

Alles ist da

Sei Dir wiederholt bewusst…

Ich bin. ICH bin. Ich BIN.

Alles, was ich wissen muss, ist IN mir!

Lass mich mein LEBEN mit den Augen der Liebe sehen, mit den Ohren der Liebe hören und mit dem Herzen der Liebe spüren!

Ich brauche niemand anderen, um LIEBE zu spüren.

MEINE Weiblichkeit leben gelingt durch den RückHALT MEINES Männlichen.

MEINE Männlichkeit leben gelingt durch MEINE weibliche SchöpfungsKRAFT.

Mein GANZwerdungsprozess ist WESENTLICH von MIR getragen – wer auch immer mich begleitet.

Nicht mehr WISSEN macht den Unterschied, sondern die Praxis!

Das Vertrauen in MICH ist die Basis, um anderen vertrauen zu können!

Ich bin NIEMANDEM verpflichtet – außer mir SELBST!

Ich bin FINDEND unterwegs!

Ich HABE einen freien Willen!

Mein Alltag bietet vielfältige Erfahrungs- und ErSPÜRungsschätze.

Bewusstheit ermöglicht Veränderung – Tanzschritt für Tanzschritt für Tanzschritt.

Welche Bewegung ich mache, ist in Wahrheit weniger zentral als das WIE!

Ich kann mich immer wieder NEU aus- und aufrichten!

Wohin ich auch immer tanzen will – ich kann es nur MIT meiner Körperin.

Entwicklung hat aus MIR heraus stattgefunden – FINDET aus mir heraus statt.

Ich bin immer mit mir unterwegs – das ist meine Chance!

Es sind die Schritte, die mich voranbringen – so klein sie auch sein mögen.

Ich lebe immer von Moment zu Moment zu Moment.

Ich werde einmal mehr DIE, als die ich gedacht bin!

Ich erlaube mir, ich SELBST zu sein!
Ich nehme mir Zeit für Zeit!
Wenn ich ICH bin, verändere ich die Welt FÜR mich.
MEINE Wahrheit darf MEINE Wahrheit sein.
NUR ICH weiß, WIE sich MEIN Leben für MICH anfühlt.
Ich bin der wichtigste Mensch in meinem Leben!
Wie kann es NOCH besser werden?
Etwas NOCH Besseres wartet auf mich!
Die Freude im JETZT ist die schönste Freude im JETZT!
JETZT ist eine GUTE Zeit für eine GUTE Zeit.
Es muss NICHT WIRKlich, wirklich weh tun, damit ich in die Gänge komme.
Im Leben geht es weniger um LebensQUANTITÄT
als mehr um LebensQUALITÄT!
Ich entscheide darüber, ob ich Nährendes oder Beschwerendes
in den Fokus bringe.
NIEMAND ist vor Irrtümern, Fehlern geschützt und doch macht es einen
Unterschied, ob ich MIR meine Fehlbarkeit erlaube oder nicht.
Was immer ich mir SELBST geben kann, ist das, was ich anderen geben kann.
Entscheidungen sind für einen gewissen ZeitRAUM stimmig
– idealerweise HERZstimmig.
Jeglicher noch so kleine Erfolg IST ein Erfolg, den ich feiern darf!
Ich gestalte das WIE von Beziehungen mit.
Ob Informationen nach guten oder schlechten Nachrichten klingen,
entscheide ich.
Die NICHT-Pause ist DER Energie- und Zeitfresser!
Es atmet mich.
Je mehr RAUM ich habe, umso FREIER fühle ich mich in meinem Ausdruck!
Was immer mich bewegt, es GIBT AUCH die Möglichkeit des JETZT.
Das Leben ist mehr als ein Entweder-Oder!
Wahre Freiheit ergibt sich durch Optionen!
Das Leben ist nicht immer so überraschend, wie es scheint.

Indem ich bereit bin, einen hindernden Gedanken, Glauben in mir sterben zu lassen, wird Energie FÜR mich und mein Leben frei!
WIE ich mich mit meiner Vergangenheit fühle, kann sich verändern.
Mich selbst spüren heißt, MICH in MEINEM Leben spüren!
Meine Unvoreingenommenheit nährt das Feld von Unvoreingenommenheit in der Welt!
Ich bin Schöpferin meiner eigenen Welt.
Was immer ich FÜR mein Leben erdenke und im JETZT schon SPÜRE, erwartet mich!
Mein INNERES bestimmt mein Äußeres.
WIE sich das Leben anSPÜRt, ist wesentlicher als das, was es nach außen hin abbildet, zeigt.
Ich HABE Schöpferinnen- und Gestaltungskraft!
Weiber gebären MEHR als Kinder in die Welt!
Ich aktiviere die Seelenessenz in jeder Zelle meiner Körperin.
LIEBE in JEDER Zelle meiner Körperin.
DANKBARKEIT durchdringt jede Zelle meiner Körperin.
Ich lasse mich von einer NOCH besseren Zukunft ziehen!
Wie immer meine weiblichen Vorbilder waren und sind, ist es einmal mehr an der Zeit, ein vorbildliches Weib zu werden!
Ich bin ein Geschenk für die Welt!

Für den Fall, dass Du schon mit Affirmationen gearbeitet hast, geht es bei diesen Aussagen nicht nur darum, Dich in alldem zu bestärken. Es ist empfehlenswert, über das FreiSchreiben zu den einzelnen Sätzen immer tiefer und tiefer in Dich hineinzudringen, nachzuspüren, wo Schleier und Schatten vorhanden sind, darübergelegt sind und AUCH gesehen werden wollen. Denn weiter gilt:

Das, was sein darf, kann sich verändern!

Mit jedem Moment mehr und mehr mögen diese Aspekte in Deinen Zellen aktiviert und erinnert werden. Mit jedem Moment mehr und mehr mögest DU Deinen gesunden Selbstausdruck finden. Möge Dein Vertrauen und das Gefühl der Sicherheit anwachsen, sodass Dein inneres Männliches Dein inneres Weibliches stützt und bestärkt.

Möge auf diese Weise Deine ausbalancierte Weiblichkeit der Welt DAS gebären, was dem Wachstum der WELT dient.

Und hierfür geht es darum, dass Du in die Welt hinaustanzt! Auch wenn Horst Eckert alias Janosch über Sartre meint, mensch könne in der Küche sitzen bleiben, weil das Paradies auf Erden ohnehin in der Seele sei, sag ICH Dir – TANZE in die Welt hinaus! Erlebe getanzte Lebensfreude. Lebe DICH! Gerade, WEIL Du Weib bist und weil der Spruch „Frauen gehören in die Küche“ ausgedient hat, das Bewegungsfeld zu eng macht.

Das Abenteuer Leben wartet auf Dich, und zwar außerhalb des bekannten Entertainmentparks, der Dich mit den Gedankenkarussells, der Gefühlsachterbahn und dem Kopfkino von dem ablenkt, was AUCH gelebt, geliebt werden will und KANN.

Wage Dich in DEIN Abenteuer Leben. Erinnere Dich: Risiko ist etwas anderes als Gefahr. Mit all der ***ReichHALTigkeit IN Dir*** bist Du bestens ausgestattet, DAS zu leben, was von DIR gelebt werden MÖCHTE!

Das Unvermeidliche – im besten Sinne – ist zu erwarten!

Wenn DAS nicht abenteuerlich klingt!

Das darf sich ruhig kribbelig anfühlen UND Du darfst darauf vertrauen:

Einige Deiner ALTEN Gefühls-Gedanken-Verbindungen haben sich bereits verändert. Das Buch ist nicht SPÜRlos an Dir vorbeigegangen. Du weißt um die Bedeutung der HERZstimmigkeit und die Magnetwirkung, mit der DU Dein Leben ZU Dir holst. Noch einmal:

Du musst nicht konkret wissen, was kommen wird, sondern darfst vertrauen. Das Leben ist FÜR Dich. Das Leben wartet auf DICH. Deine EinzigARTigkeit möchte ausgedrückt werden.

DEINE Zeit ist gekommen. DEINE Schöpferinnen- und Gestaltungskraft darf noch bewusster eingesetzt werden. Du darfst einmal mehr SEIN. DU sein. WEIB sein!

Die wahre Macht der Frauen

Es geht nicht darum, gegen etwas anzukämpfen.
Das nimmt dir jegliche Kraft.
Es geht nicht darum, dich klein zu machen, um dann das Opfer zu spielen.
Das nimmt dir deinen Wert.
Es geht nicht mehr darum, Spielchen zu spielen.
Das nimmt dir deine Klarheit.
Es geht nicht mehr darum, wer recht hat.
Das nimmt dir deine Würde.
Es geht darum, aus deinen Rollen zu fallen, um in dir selbst zu landen.
Wisch dir die Schminke aus dem Gesicht.
Leg die alten Kleider ab. Sie passen nicht mehr.
Und dann schau in den Spiegel.
Mit liebevollem Blick.
Als würdest du eine Freundin betrachten.
Beende den Kampf in dir.
Beende den Kampf gegen äußere Umstände.
Beende den Kampf gegen dich selbst.
Kehre heim.
Du wohnst bereits in dir.
Dein Zuhause ist dein Schoßraum.
Dort sitzt deine wahre Macht.
Dort entsteht alles Leben.
Von dort aus fließen wir in diese Welt.
Dort ist deine Quelle.
Dort bist du.
Kehre heim.

NachSPÜRung

Bevor Du dieses WIRKbuch weglegst:

Atme.

Atme Dich.

Atme den Moment.

Atme tiefe Dankbarkeit.

Atme und öffne Dich für das, was JETZT ist.

Atme und vertraue Dir, Deiner Körperin, Deiner GANZheit.

SPÜRE.

SPÜRE Dich.

SPÜRE den Moment.

SPÜRE tiefe Dankbarkeit.

SPÜRE und öffne Dich für das, was JETZT ist.

SPÜRE und vertraue Dir, Deiner Körperin, Deiner GANZheit.

Mögen diese beiden Pyramiden Dich an Deine IN-Dir-liegende Basis erinnern. Mögest Du in Deiner EinzigARTigkeit weiter gestärkt werden. Was immer sich Dir zeigt, eröffnet, verdaue es FreiSchreibend oder lasse Dich begleiten.

Komme gerne wieder zu diesem Buch zurück.

Du hast eine Basis für Dich gelegt. Du BIST geSTARtet. Du BIST auf dem Weg.

Die Zeit ist gekommen, einmal mehr Deine Frau zu tanzen und nicht nur Deinen Mann zu stehen.

Das LebensTANZtraining unterstützt Dich einmal mehr darin, BeziehungsQUALITÄT zu leben und erfolgreich zu SEIN.

DANKE, dass es so ist.

DANKE, dass Du Dir diese Zeit FÜR Dich genommen hast.

Möge die Energie der Dankbarkeit Dich nähren, motivieren, dranbleiben lassen!

Daran glaube ich – dafür danke ich Dir!

Danksagungen

DANKE.

An Dich, liebe Leserin, die Du bis hierher gelesen hast.

DANKE.

An den Menschen, der Dich mit dem Buch beschenkt hat...
und wenn es Du selbst warst, gleich nochmals ein Hoch auf Dich!

DANKE.

An alle, die dieses Buch noch weiter verschenken und auf diese Weise den Dominoeffekt des Friedens und der Freude mitausweiten.

DANKE.

An alle, die mir bei der Bucherstellung zur Seite gestanden haben – mit ihrem Zuspruch, ihrem Umsetzungssupport und ihrem Mitfreuen, ihrer HERZensenergie, sodass dieses Buchbaby das Licht der Welt erblickte.

DANKE.

In tiefer Dankbarkeit für mein Leben, all das, was ich erlebt habe und erleben werde – und das mich zu dem Menschen hat werden lassen, der ich bin und noch sein werde!

DANKE.

ThereSia

Ressourcen FÜR Dich

Die WICHTIGSTE Ressource bist Du SELBST – Du trägst alles IN Dir. Mit den richtigen Impulsen aus dem Außen kommst Du dem näher, öffnest Dich dafür. Im Rahmen dieses Buches hast Du vielerlei Übungsanleitungen und InSPIRITionen erhalten, die Du im Wesentlichen für Dich alleine machen kannst. Und doch hilft ein Gegenüber zur Motivation, eine Gruppe, mit der Du gemeinsam auf Reisen, FreiSchreib-, LebensTANZ-Reisen bist.

Gerne mit mir, mit Angeboten über www.abunDANCER.at. Ob es ein Retreat, ein Kurs, ein Wochenende sein soll – ich trainiere live, persönlich mit Dir UND online. Auf meiner Onlineplattform finden sich im Rahmen meiner KommUNIKATions- und FreiSchreibkurse vielerlei Erklär- und InSPIRITionsvideos sowie FreiSchreib-Einladungen, die noch tiefer gehen als jene, die Du bisher kennenlernen durftest.

Für den Fall, dass Du die Lust am FreiSchreiben entdeckt hast und die Vielfalt der Schreibzugänge weiter kennenlernen möchtest, empfehle ich Dir meinen Journal-to-the-Self-Kurs. Das Schreiben ist ein wunderbares und kostengünstiges Selbthilfetool, das ich nicht missen möchte. Mein Leben hat sich mit dem Schreiben wahrlich verändert und nein – nicht, weil es darum ging, ein Buch für die Öffentlichkeit zu schreiben, sondern darum, mich MIR zu öffnen. Mit dem Journal-to-the-Self-Kurs bekommst Du eine wertvolle Schatzgräberinnen-Kiste. Mit 18 Methoden – für ungeübte als auch geübte FreiSchreiberInnen, ob es um eine bestimmte Lebenslage geht, Du Entscheidungen zu treffen hast oder einfach Dein Zeitmanagement verbessern möchtest. Eine Box mit Schreibimpulsen gibt es auf Wunsch gerne auch: Ich spreche vom Kartendeck „Finde ReichHALTigkeit schreibend in DIR".

STARte Dein eigenes Schreibheft zur Entdeckung Deiner inneren ReichHALTigkeit. Ob Du hierfür gleich noch das Begleit-Buch „LebensTANZtraining – Das Schreibjournal für lebendiges FrauSEIN" wählst, wo Du neben den Fragen aus diesem Buch auch leere Seiten zum Befüllen findest, oder indem Du Dir ein für Dich besonderes Notizbuch selbst organisierst oder Dich für mein „Schreibjournal – 5 Minuten für Deine FREUquenz-Erhöhung" entscheidest, was immer es wird, sei es Dir dienlich, um dranzubleiben.

Erlaube Dir die Möglichkeit von externen Ressourcen. Erlaube Dir Deine Schöpferinnenkraft und erlebe Dich als Muse Deiner selbst.

Wenn Dich die Texte von Elvira Falkensteiner berührt haben und Du mit ihr gerne in Kontakt gehen möchtest, ist auch das möglich. Finde mehr zu ihr und ihrem Wirken auf www.elvirafalkensteiner.com.

Ich verstehe natürlich, wenn Du die eine oder andere Information vertiefend recherchieren möchtest, den einen oder anderen Verweis auf andere AutorInnen aufgreifen, und doch:

Gerne empfehle ich nochmals das wiederholte Lesen, das SPÜRbare Lesen, Sickernlassen der Inhalte.

Die ReichHALTigkeit ergibt sich nicht durch mehr Fülle im Außen, sondern das FÜHLEN ins Innere. All die ReichHALTigkeit ist im Spüren, FreiSchreibend aufdeckbar.

Neben dem Buch findest Du über www.abunDANCER.at Ressourcen, die ich Dir zum Teil kostenlos zur Verfügung stelle. Ob Audios, Videos, Geschriebenes. Es geht um das Aufrechterhalten einer gewissen Frequenz, die Du Dir bis jetzt ermöglicht hast. Der Entzug, den ich bei *Ungesunde Anpassungsdynamiken auflösen* angesprochen habe, HAT geSTARtet und es liegt an Dir, ob Du dranbleibst. Ich lade Dich ein:

Sei eine Meisterin, die übt!

Ups – ich meinte:

Sei eine Meisterin, die TANZT!

abunDANCER e.U.
www.abunDANCER.at
Enzersdorfer Str. 45/8
2340 Mödling